決定版

花の名前が探せる 花合わせに便利

四季の花色図鑑

Encyclopedia of Flower Colors for Four Seasons

講談社編

講談社

花を楽しみましょう

身近に咲く花、入手できる花を、花色別に、季節ごとに配列しました。
花の色や形から、花の名前を調べられます。花と仲よくなるには、まず名前を知ることからスタートします。
さあ、寄せ植えや花壇づくりを楽しみましょう。花色や開花期、草丈などのデータは、花を選ぶときのポイントです。
日照や土壌の条件、栽培などのデータを参考にして育て、楽しんでください。

決定版 四季の花色図鑑 目次

花を楽しみましょう……2
本書をお使いいただくために……5

桃色 Pink ……8
春……8
夏……19
秋……31
冬……33

赤色 Red ……36
春……36
夏……42
秋……51
冬……55

青・紫色 Blue & Purple ……58
春……58
夏……68
秋……80
冬……82

橙色 Orange ……86
春……86
夏……90
秋……95
冬……96

黄色 Yellow ……98
春……98
夏……107
秋……114
冬……116

白色 White ……118
春……118
夏……130
秋……141
冬……144

その他 Other Colors ……146
春……146
夏……147
秋……148
冬……149

カラーリーフ Plants with Colored Leaves ……150
赤系……150
黄系……151
白系……152
緑系……153

四季の花色図鑑 植物名索引……154

本書をお使いいただくために

花色と開花期から花が検索できる画期的な図鑑

本図鑑は、草花、花木、山野草、ハーブ、果樹などの身近な花や、園芸店などで見かける新しい花、葉や実を観賞する植物を、観賞期と花色や実色、葉色で分類しています。花の名前を知らなくても、開花期と花色から名前と育て方が調べられます。また、同時期に咲くほかの花が一目でわかるので、花合わせに便利です。また、葉の観賞価値の高い植物を「カラーリーフ」として葉色別に紹介しています。寄せ植えや花壇の植栽などに役立ちます。

花の名前が探せる
図鑑は、花色（実色）を桃色、赤色、青・紫色、橙色、黄色、白色、その他の7つに分け、開花期（観賞期）により、春（3～5月）、夏（6～8月）、秋（9～11月）、冬（12～2月）に分類しています。花色と開花期で花が探せます。

花合わせに便利
花色、開花期、好む土壌水分、草丈などから、使い方に合わせた花が選べます。

花の基本情報が一目でわかる
開花期をカレンダーで、花色（実色）、葉色、香りの有無、栽培適地、日照条件、土壌条件、草丈（樹高）をアイコンで表示、植物の基本情報が、文章を読まなくてもわかります。

おおよその50音順に配列
おおよその50音順に配列しているので、花の名前がわかっているときは、索引を引かなくても目的の花が探せます。なお、花色が複数あるものは、なるべく2つ以上の花色の写真を紹介しています。

花の栽培がわかる
「特徴」と「栽培」には、それぞれの植物の利用の仕方や、咲かせ方や育て方のコツを記載しています。

項目データの見方

各植物は、原則基本色を「マスター項目」として、すべての情報を記載しています。その植物にほかの花色がある場合は、「花色項目」として掲載するようにしています。花色項目には、植物名、花色、実色、葉色、香り、開花期、観賞期、マスター項目のページを記載しています。

マスター項目

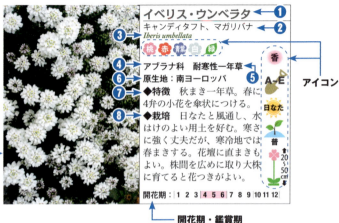

花色項目

イベリス・ウンベラタ 119
桃 赤 青紫 白 緑　　香
開花期：1 2 3 4 5 6 7 8 9 10 11 12

アイコンの説明

花色：桃 赤 青紫 橙 黄 白 他
実色：桃 赤 青 橙 黄 白 他
葉色：赤 黄 白 緑　　＝斑入り
香り：香＝あり　香＝なし
植栽ゾーンマップ：育てられる地域 A-E
日照：日なた　半日陰　日陰
草丈・樹高： 60〜123cm

好む土壌水分：
乾＝乾燥気味の土壌が適する
普＝水はけ、水もちのよい土壌が適する
湿＝保水性のある土壌、湿地性の植物に適する
水＝水につかっている土壌　水生植物に適する

データについて

❶**植物名**：写真の植物の一般的に使われている名称。一般的な漢字表記を適宜記載。なお、''は品種名。学名の場合は慣用的な読み方をカタカナ表記し、属名と種小名の間に・を入れた。

❷**別の名称**：和名、別名、通称名、学名、英名など、①の植物名以外に使われる名称。なお、漢字表記がある場合は適宜記載。

❸**学名**：世界共通の植物の名称で、他の語と区別するためにイタリック体で表記される。本書ではなるべく新しい学名を記載した。なお、次のような略号を使用した。
　hybrids／交雑種を意味する。
　sp.／speciesの略表記で不明の種を示すのに使用。spp.は複数形。
　ssp.／亜種（subspecies）の略表記。
　var.／変種（varietas）の略表記。
　×／交雑種を意味する記号。
また、植物名が広範囲な植物を含む場合は、属名のみを表記した。

❹**科名**：生物の分類学上の一段階。旧科名は（ ）でくくった。

❺**耐寒性と園芸的分類**：
●耐寒性の有無を耐寒性、非耐寒性で表示し、その中間的なものを半耐寒性とした。
耐寒性／関東地方以西で戸外で越冬するもの。
半耐寒性／関東地方南部で軽い防寒をすれば越冬できるもの。
非耐寒性／関東地方南部でも戸外で越冬できないもの。
●園芸的分類を以下のように分けた。
一年草／発芽から生育、開花、枯死までの期間が1年以内の植物。
二年草／発芽から生育、開花、枯死までの期間が1年以上2年未満の植物。
多年草／2年以上生育する植物。非耐寒性の室内用の観葉植物や洋ラン類は多年草と表記した。
宿根草／多年草のうちで、おもに戸外で育てるものについては宿根草と表記した。また、宿根草のうち、非耐寒性または暑さに弱くて夏越しできないものでタネから繁殖しやすいものは一年草扱いされるので、（一年草）と表記した。
球根／多年草のうちで地下部の葉、茎、根などに養分を蓄え、次年度はそこから発芽、生育するもの。
木本（もくほん）／永年生存し、茎が木質化する植物。いわゆる花木や庭木など。
高木／木本のうち、幹が太くなり、樹高300cm以上になるもの。
低木／樹高300cm未満、あるいは株元から分枝し、ブッシュ（灌木）状の樹形となるもの。
常緑／一年中、葉が枯れないもの。
落葉／冬は地上部の葉が枯れるもの。
つる性／茎が細長く、ほかのものに絡むか、巻きひげなどでよじ登って生育するもの。

❻**原生地**：その植物か、その植物の親となった植物が自生しているおもな地域。

❼**特徴**：その植物を見分けたり、利用するためのポイントなどを記した。

❽**栽培**：その植物を栽培するポイントや、花を長く楽しんだり、翌年も開花させたりするコツなどを記した。

植栽ゾーンマップ

最低月気温の平均値データに基づいて、日本全国を5つのゾーンに分けた。植物の冬越しの目安に使用する。

ゾーン	温度	
A	寒冷地	−17.8℃
B	冷涼地	−12.2℃
C	平暖地	−6.7℃
D	温暖地	+1.7℃
E	暖地	

アイコンの見方

◆**花色・実色・葉色**：おもに観賞する部分で、花色と実色は桃色、赤色、青・紫色、橙色、黄色、白色、その他の7グループに分類した。

葉色は、赤系、黄系、白系、緑系の4グループに分類した。赤系は赤褐色（銅葉）、赤紫、黒など、黄系は黄、黄金、ライムなど、白系は銀、灰白色など、緑系は濃緑、青緑などを含む。

斑入り葉は多いほうの葉色や見た目のイメージで分類した。

◆**香り**：とくに香りがよいものを記した。

◆**栽培適地**：その植物の栽培適地を植栽ゾーンマップで表記した。樹木、宿根草、球根は庭植え可能なゾーン。適地以外では、一年草扱い、または室内に移動するなどして栽培可能。一年草はポット苗を入手すれば日本全国で栽培できる。観葉植物などは冬に室内に取り込むなど、日照と耐寒温度を守れば日本全国で栽培できる。

なお、便宜上、植栽ゾーンマップのAを寒冷地、Bを冷涼地、Cを平暖地、Dを温暖地、Eを暖地とした。

◆**日照条件**：日照条件を次のように定義した。なお、植物によっては季節により日照条件が異なることがあるが、より適しているほうを記している。

　日なた／1日のうち4時間以上直射日光が当たる状態。

　半日陰／1日のうち2～4時間日光が当たる状態。あるいは日なたの半分くらいの明るさのある状態。

　日陰／1日のうち日の当たる時間が2時間以下だが、ある程度日照がある状態。

◆**好む土壌水分**：その植物が好む土壌の状態を記した。なお、通常の植物の水やりの基本は、鉢土の表面が乾いたら、鉢底から水が出るまでしっかり静かに注ぐこと。

◆**草丈・樹高・つるの長さ**：草花は開花期の草丈など、木本は観賞できる高さや生長する高さなど、つる性植物はおおよそのつるの伸びる長さ。

◆**開花期・観賞期**：花を観賞するものは開花期、実ものは実の観賞期、カラーリーフは葉の観賞期を記載した。

※本書の記載は、関東から関西の平野部を基準にしています。なお、花色、日照条件、草丈（樹高）、開花期（観賞期）などは、気候条件、栽培条件、品種、個体差などにより異なることがあります。

※学名及び科名は『The Royal Horticultural Society A.Z Encyclopedia of Garden Plants』『日本花名鑑』、「植物分類表」（アボック社）などから引用。なお、旧科名は適宜（　）に記した。

桃色
Pink

淡いパステルから鮮やかなショッキングピンクまで、
幅広い色味を含みます。
色味によって印象やかわいらしさが変化し、
寄せ植えや花壇に春の到来を告げ、
夏には彩りを添え、
冬には暖かさを加えます。

アクイレギア
セイヨウオダマキ
Aquilegia vurgaris

桃 赤 青紫 黄 白 他 緑

キンポウゲ科　耐寒性宿根草
原生地：北半球温帯

◆特徴　ユニークな花形と多彩な花色が人気。八重咲きも。
◆栽培　日なたを好むが夏の暑さに弱いので落葉樹の下に植える。水はけのよい用土を好む。花がら摘みをこまめにすると次々に花が咲く。タネまきは9月に。

香 B~C 日なた 普 20~70cm

開花期： 1 2 3 4 5 6 7 8 9 10 11 12

アセビ　馬酔木
アシビ
Pieris japonica

桃 白 緑

ツツジ科　耐寒性常緑低木
原生地：日本、中国

◆特徴　壺状の小さな花を房状につける。園芸品種は花も葉も大きい。
◆栽培　適応力は強いが西日が当たらない場所がベスト。花穂は秋にできるが、乾燥すると蕾が落ちるので、天候に応じて水やりする。

香 B~D 日なた 日陰 普 50~300cm

開花期： 1 2 3 4 5 6 7 8 9 10 11 12

春

アークトチス　ハーレクイーングループ 098

桃 赤 橙 黄 白 緑　香

開花期： 1 2 3 4 5 6 7 8 9 10 11 12

アグロステンマ 118

桃 白 緑　香

開花期： 1 2 3 4 5 6 7 8 9 10 11 12

アケボノフウロ　曙風露
ゲラニウム・サンギネウム
Geranium sanguineum

桃 白 緑

フウロソウ科　耐寒性宿根草
原生地：地中海沿岸

◆特徴　葉は基部まで深く切れ込む。花弁は5枚で、大きく目立つ。
◆栽培　日なたと風通し、水はけのよい用土を好む。ロックガーデンにもよい。高温多湿に弱く蒸れやすいので、間引き剪定をして通風を図る。

香 A~D 日なた 乾 20~50cm

開花期： 1 2 3 4 5 6 7 8 9 10 11 12

アイビーゼラニウム
ツタバゼラニウム
Pelargonium Ivyleaved Group

桃 赤 青紫 白 緑

フウロソウ科　半耐寒性宿根草
原生地：南アフリカ

◆特徴　茎は横に伸び、肉厚の葉はアイビーを思わせる。
◆栽培　日なたと風通しがよく乾燥ぎみを好むので、コンテナや吊り鉢向き。夏は半日陰に、軒下などで霜に当たらなければ越冬する。伸びすぎた茎は切り、挿し芽に利用。

香 D~E 日なた 乾 30~50cm

開花期： 1 2 3 4 5 6 7 8 9 10 11 12

| 桃 | 春 | 赤 | 青・紫 | 橙 | 黄 | 白 | その他 |

アッツザクラ
ロドヒポキシス
Rhodohypoxis baurii

桃 白 緑

キンバイザサ科　半耐寒性球根
原生地：南アフリカ
◆**特徴**　春植え球根。6弁のかわいい花が咲き、密植すると見事。
◆**栽培**　日なたを好む。水はけのよい用土に植え、数年はそのままでよい。鉢植えは真夏には半日陰に。葉が枯れたら鉢のまま球根を乾燥。

香　A～D　日なた　普　10～15cm

開花期：1 2 3 4 5 6 7 8 9 10 11 12

アリウム・クリストフィー
Allium christophii

桃 緑

ネギ(ユリ)科　耐寒性球根
原生地：地中海東部、トルコ
◆**特徴**　小花は星形で金属性の光沢がある。
◆**栽培**　日なたと水はけのよい用土を好む。球根植えつけは10～11月、寒さに強いが過乾燥を避ける。開花後は花がらを取り、肥料を与え球根を肥大させる。

香　C～D　日なた　普　40～60cm

開花期：1 2 3 4 5 6 7 8 9 10 11 12

アネモネ　058

桃 赤 青紫 白 緑　香
開花期：1 2 3 4 5 6 7 8 9 10 11 12

アルストロメリア　086

桃 赤 橙 黄 白 緑　香
開花期：1 2 3 4 5 6 7 8 9 10 11 12

アルメリア
ハマカンザシ
Armeria maritima

桃 白 緑 赤

イソマツ科　耐寒性宿根草
原生地：ヨーロッパ
◆**特徴**　細長い花茎の先端に球状に花が咲き、まるでかんざしのよう。
◆**栽培**　海岸に自生していたので乾燥に強い。日なたを好むが、高温多湿に弱いので水やりは控えめに。大株になったら秋に株分けを行う。

香　A～D　日なた　乾　10～20cm

開花期：1 2 3 4 5 6 7 8 9 10 11 12

アマリリス
ヒッペアストラム
Hippeastrum Hybrids

桃 赤 白 緑

ヒガンバナ科　半耐寒性球根
原生地：中南米
◆**特徴**　巨大輪の花が咲く。オランダからの温度処理ずみ輸入球根は冬に室内で開花。
◆**栽培**　日なたと水はけのよい用土を好む。球根植えつけは4月、球根の頭が見えるように浅く植える。南関東以西では庭植えでそのまま越冬。

香　D　日なた　普　30～70cm

開花期：1 2 3 4 5 6 7 8 9 10 11 12

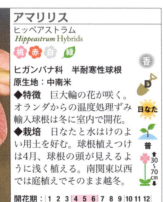

イカリソウ　碇草、錨草
Epimedium spp.

桃 青紫 白 緑

メギ科　耐寒性宿根草
原生地：日本、中国、地中海沿岸
◆**特徴**　ユニークな形の花と、ハート形の葉を観賞する。
◆**栽培**　半日陰を好むが、春と秋は日に当てる。植えつけ時に腐葉土を十分に施用するとよい。生育は旺盛で丈夫。鉢植えは地上部が枯れる冬も水やりが必要。

香　C～D　半日陰　普　20～40cm

開花期：1 2 3 4 5 6 7 8 9 10 11 12

アラビス
Arabis caucasica

桃 白 緑

アブラナ科　耐寒性宿根草(一年草)
原生地：ヨーロッパ南部
◆**特徴**　山岳地帯に自生する可憐な花。草丈が低く、這うように広がる。
◆**栽培**　花壇より鉢植えやロックガーデン向き。日なたを好み耐寒性もある。耐暑性がないので一年草扱い。風通しのよい半日陰なら夏越し可能。

香　A～E　日なた　普　10～15cm

開花期：1 2 3 4 5 6 7 8 9 10 11 12

イキシア　119

桃 赤 青紫 橙 黄 白 他 緑　香
開花期：1 2 3 4 5 6 7 8 9 10 11 12

イチゴ　苺　036
桃 赤 白 赤 緑　香
開花期：1 2 3 4 5 6 7 8 9 10 11 12

Pink —9—

春

イベリス・ウンベラタ 119

桃 赤 青紫 白 緑　香
開花期：1 2 3 4 5 6 7 8 9 10 11 12

オステオスペルマム
アフリカンデージー
Osteospermum Hybrids

桃 青紫 橙 黄 白 緑　香

キク科　半耐寒性宿根草
原生地：南アフリカ
◆特徴　ディモルフォセカとの交配品種もふえ、カラフルに。
◆栽培　日なたと水はけのよい用土を好む。南関東以西では雨の当たりにくい軒下などで越冬し大株になる。鉢植えは開花中は半日陰の方が花もちがよい。

D-E　日なた　普　30～50cm

開花期：1 2 3 4 5 6 7 8 9 10 11 12

ガザニア 086

桃 赤 青紫 橙 黄 白 緑　香
開花期：1 2 3 4 5 6 7 8 9 10 11 12

エゴノキ 119

桃 白 緑　香
開花期：1 2 3 4 5 6 7 8 9 10 11 12

オリエンタルポピー 086

桃 赤 橙 白 緑　香
開花期：1 2 3 4 5 6 7 8 9 10 11 12

カーネーション 037

桃 赤 橙 黄 白 緑　香
開花期：1 2 3 4 5 6 7 8 9 10 11 12

カスミソウ　霞草 120

桃 白 緑　香
開花期：1 2 3 4 5 6 7 8 9 10 11 12

アケボノエリカ
エリカ・ヴェントリコーサ
Erica ventricosa

桃 緑

ツツジ科　非耐寒性常緑低木
原生地：南アフリカ
◆特徴　葉は針状、長い壺形の小さな花を枝先に集める。
◆栽培　日なたと水はけのよい酸性土を好む。鉢植えでは根が深く張れず水切れに弱いので、鉢土の表面が乾いたら早めにたっぷり与える。耐寒性がないので冬は室内で。

A-E　日なた　普　30～60cm　香

開花期：1 2 3 4 5 6 7 8 9 10 11 12

ガーベラ 037

桃 赤 橙 黄 白 緑　香
開花期：1 2 3 4 5 6 7 8 9 10 11 12

カリフォルニアライラック 060

桃 青紫 白 緑　香
開花期：1 2 3 4 5 6 7 8 9 10 11 12

イモカタバミ　芋片喰
オキザリス
Oxalis articulata

桃 白 緑

カタバミ科　耐寒性球根
原生地：南アメリカ
◆特徴　花の先端に比べ基部は濃いピンク色。雑草化するほど繁殖力が強い。
◆栽培　日なたを好む。過湿になると球根が腐るので、水はけのよい用土で育てる。混み合ってきたら間引くように掘り上げる。

C-E　日なた　普　10～30cm　香

開花期：1 2 3 4 5 6 7 8 9 10 11 12

カリン　花梨
Pseudocydonia sinensis

桃 黄 緑

バラ科　耐寒性落葉高木
原生地：中国
◆特徴　春の花は可憐、秋の金色の果実は芳香を放ち、果実酒などに利用。
◆栽培　日なたと水はけのよい用土を好む。横に枝が広がらないので狭い庭にも植えられる。剪定は冬、徒長枝は元から切って樹高を調節する。

B-E　日なた　普　300～800cm　香

開花期：1 2 3 4 5 6 7 8 9 10 11 12

Pink
—10—

カルミア
アメリカシャクナゲ
Kalmia latifolia

桃 赤 白 緑

ツツジ科　耐寒性常緑低木
原生地：北アメリカ

◆特徴　半球状の花序で、蕾は金平糖、花は広げた傘のようで、にぎやか。
◆栽培　日なたと水はけのよい用土を好む。夏の西日の当たらない場所に腐葉土などを入れて植える。寒さに強く強健。鉢植えは水切れに注意。

開花期：1 2 3 **4 5 6** 7 8 9 10 11 12

クルメツツジ　久留米躑躅
Rhododendron Kurume Azalea Group

桃 赤 白 緑

ツツジ科　耐寒性常緑低木
原生地：日本

◆特徴　日本で改良された品種群。比較的小型で、小輪だが花つきがよい。
◆栽培　酸性土を好むのでピートモスや鹿沼土を混ぜ込んで植える。日なたを好むが、乾燥を嫌うので夏の西日は避ける。剪定は花後に行う。

開花期：1 2 3 **4 5** 6 7 8 9 10 11 12

カンガルーポー　　　100

桃 赤 橙 黄 他 緑　香

開花期：1 2 **3 4 5** 6 7 8 9 10 11 12

キンギョソウ　金魚草　　　037

桃 赤 橙 黄 白 赤 緑　香

開花期：1 2 **3 4 5 6** 7 8 9 10 11 12

クリンソウ　九輪草
ジャパニーズプリムローズ
Primula japonica

桃 赤 白 緑

サクラソウ科　耐寒性宿根草
原生地：日本

◆特徴　山地の湿潤なところに生える山草。花は散形につき数段重なる。
◆栽培　半日陰を好むが、冬～春は日が当たる池の縁などに植えるとよい。乾燥と夏の暑さに弱いので、鉢植えは西日を避け、水やりは多めに。

開花期：1 2 3 **4 5 6** 7 8 9 10 11 12

ケマンソウ　華鬘草
タイツリソウ
Dicentra spectabilis

桃 白 緑

ケシ(エンゴサク)科　耐寒性宿根草
原生地：アジア北東部

◆特徴　花はハート形。開花しながら生長し夏以降は休眠。
◆栽培　暑さと乾燥に弱いので、風通しのよい半日陰に植える。冬の寒風に注意。鉢植えは地上部が枯れた休眠中も、乾燥しすぎないよう水やりを続ける。

開花期：1 2 3 **4 5 6** 7 8 9 10 11 12

クレピス
モモイロタンポポ、センボンタンポポ
Crepis rubra

桃 白 緑

キク科　耐寒性一年草
原生地：イタリア南部

◆特徴　タンポポとは別種。よく分枝して花つきはよい。
◆栽培　日なたと水はけのよい用土を好む。タネまきは9～10月、小苗のうちに花壇や鉢へ定植。強い霜や寒風を避ける。開花中は花がら摘みと追肥を。

開花期：1 2 3 **4 5 6** 7 8 9 10 11 12

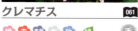

クレマチス　　　061

桃 赤 青紫 白 他 緑　香

開花期：1 2 3 **4 5 6 7 8 9 10** 11 12

サイネリア　　　087

桃 赤 青紫 橙 黄 白 緑　香

開花期：1 **2 3 4 5** 6 7 8 9 10 11 12

春

シノグロッサム
シナワスレナグサ
Cynoglossum amabile

桃 青紫 白 緑

ムラサキ科　耐寒性一年草
原生地：中国
◆**特徴**　ワスレナグサに似るがやや大型、切り花にも向く。
◆**栽培**　日なたと水はけのよい用土を好む。タネまきは秋、移植を嫌うので、苗の根を傷めないように定植。咲き終わった花茎を切るとわき芽が伸びて次の花が咲く。

香　A-E　日なた　普　30〜50cm

開花期：1 2 3 4 5 6 7 8 9 10 11 12

サクラ　桜
ソメイヨシノ、ヨシノザクラ
Cerasus

桃 白 他 緑

バラ科　耐寒性落葉高木
原生地：日本、東アジア
◆**特徴**　ソメイヨシノは最も多く栽培される代表種。ヒカンザクラ、ヤマザクラ、八重桜などが日本の春を彩る。
◆**栽培**　日なたで風通しのよい場所を好む。大きく育つものが多いので、庭植えにする場合は品種を選ぶ。

香　B-D　日なた　普　1000〜1500cm

開花期：1 2 3 4 5 6 7 8 9 10 11 12

シバザクラ　芝桜　122

桃 赤 青紫 白 緑　香

開花期：1 2 3 4 5 6 7 8 9 10 11 12

シャクナゲ　石楠花　122

桃 赤 青紫 黄 白 緑　香

開花期：1 2 3 4 5 6 7 8 9 10 11 12

サツキ　皐月
サツキツツジ
Rhododendron Satsuki Group

桃 赤 白 緑

ツツジ科　耐寒性常緑低木
原生地：日本
◆**特徴**　ツツジの仲間では開花はもっとも遅い。花色が多様で華やか。
◆**栽培**　日なたと水はけのよい酸性土を好む。多湿にも乾燥にも強く強健。花芽分化は夏、花後すぐなら強く刈り込んでも翌年も開花。

香　C-E　日なた　普　30〜100cm

開花期：1 2 3 4 5 6 7 8 9 10 11 12

ジャーマンアイリス　061

桃 赤 青紫 橙 黄 白 他 緑　香

開花期：1 2 3 4 5 6 7 8 9 10 11 12

シャクヤク　芍薬　039

桃 赤 黄 白 緑　香

開花期：1 2 3 4 5 6 7 8 9 10 11 12

ジギタリス　061

桃 赤 青紫 黄 白 緑　香

開花期：1 2 3 4 5 6 7 8 9 10 11 12

シザンサス　038

桃 赤 青紫 白 緑　香

開花期：1 2 3 4 5 6 7 8 9 10 11 12

シレネ・ディオイカ
レッドキャンピオン
Silene dioica

桃 白 緑

ナデシコ科　耐寒性宿根草
原生地：ヨーロッパ
◆**特徴**　分枝した枝先に小さな花を次々に咲かせる。八重咲きもある。
◆**栽培**　日なたと水はけのよい用土を好む。丈夫で育てやすく、こぼれダネでふえる。花と葉はハーブとして利用できる。

香　A-E　日なた　普　50〜80cm

開花期：1 2 3 4 5 6 7 8 9 10 11 12

Pink

| 桃 | 春 | 赤 | 青・紫 | 橙 | 黄 | 白 | その他 |

ジンチョウゲ　沈丁花
チョウジグサ、ズイコウ
Daphne odora

桃　白　緑　　香
ジンチョウゲ科　耐寒性常緑低木
原生地：中国
◆特徴　枝先にかたまって小花が咲く。春の香りの代表種。
◆栽培　半日陰と水はけのよい用土を好む。細根が少なく大株の移植は困難。花芽分化は夏、剪定する場合は花後すぐに。通風が悪いとカイガラムシが多発。
開花期：1 2 3 4 5 6 7 8 9 10 11 12

B～D
半日陰
普
50～200cm

セキチク　石竹
カラナデシコ
Dianthus chinensis

桃 赤 橙 白 緑　　香
ナデシコ科　耐寒性宿根草（一年草）
原生地：中国
◆特徴　草丈低く、花弁の縁に細かい切れ込みが入る。
◆栽培　日なたと水はけのよい用土を好む。タネまきは秋、本葉7～8枚で定植。花が咲き終わったら草丈の1/3を切ると再開花。暑さに弱いので一年草扱い。
開花期：1 2 3 4 5 6 7 8 9 10 11 12

A～E
日なた
普
10～30cm

シュッコンネメシア　062
桃 青紫 白 緑　　香
開花期：1 2 3 4 5 6 7 8 9 10 11 12

スズラン　鈴蘭　124
桃 白 緑　　香
開花期：1 2 3 4 5 6 7 8 9 10 11 12

ゼラニウム
テンジクアオイ
Pelargonium Zonal Group

桃 赤 青紫 橙 白 緑　　香
フウロソウ科　半耐寒性宿根草
原生地：南アフリカ
◆特徴　四季咲き性が強く、南関東以西では周年開花。
◆栽培　日なたと水はけのよい用土を好む。霜や雨に弱いのでベランダや軒下がよい。寒冷地では冬は室内へ。草丈が伸びすぎたら切り戻して追肥するとまた花が咲く。
開花期：1 2 3 4 5 6 7 8 9 10 11 12

D～E
日なた
乾
20～50cm

スイートアリッサム　123
桃 青紫 赤 橙 白 緑　　香
開花期：1 2 3 4 5 6 7 8 9 10 11 12

タイム
コモンタイム、タチジャコウソウ
Thymus vulgaris

桃 緑　　香
シソ科　耐寒性常緑低木
原生地：地中海沿岸
◆特徴　花は小さい。芳香のある枝葉を料理用のハーブにも利用。斑入り葉もある。
◆栽培　日なたと風通し、水はけのよい用土を好む。高温多湿に弱いので傾斜地や石組みの間などに植え、花後に刈り込んで通風を図る。
開花期：1 2 3 4 5 6 7 8 9 10 11 12

A～E
日なた
乾
15～30cm

スイートピー　039
桃 赤 青紫 橙 白 緑　　香
開花期：1 2 3 4 5 6 7 8 9 10 11 12

スターチス　062
桃 青紫 橙 黄 白 緑　　香
開花期：1 2 3 4 5 6 7 8 9 10 11 12

イブキジャコウソウ　伊吹麝香草
タイム
Thymus serpyllum ssp. *quinquecostatus*

桃 緑　　香
シソ科　耐寒性常緑低木
原生地：日本、東アジア
◆特徴　クリーピングタイムの仲間で日本産のハーブ、岩地に生える。
◆栽培　日なたと風通し、水はけのよい用土を好む。生育旺盛で蒸れに弱いので斜面などに植え、グラウンドカバーに。肥料は少なめでよい。
開花期：1 2 3 4 5 6 7 8 9 10 11 12

A～E
日なた
乾
10cm

春

スパラキシス 039
桃 赤 橙 黄 白 緑　香
開花期：1 2 3 4 5 6 7 8 9 10 11 12

チオノドクサ 063
桃 青紫 白 緑　香
開花期：1 2 3 4 5 6 7 8 9 10 11 12

デージー 039
桃 赤 白 緑　香
開花期：1 2 3 4 5 6 7 8 9 10 11 12

ニゲラ 064
桃 青紫 白 緑　香
開花期：1 2 3 4 5 6 7 8 9 10 11 12

タツタナデシコ　竜田撫子
トコナデシコ
Dianthus plumarius

桃 白 緑　香

ナデシコ科　耐寒性宿根草
原生地：ヨーロッパ
◆特徴　灰緑色の葉が一年じゅう美しく、春に芳香のある花をつける。
◆栽培　日なたと風通しがよく、水はけのよい用土を好む。花後、花茎を元から切り、大株は株分けして高温多湿による蒸れを防ぐ。寒さに強い。

B-D
日なた
普
20〜30cm

開花期：1 2 3 4 5 6 7 8 9 10 11 12

デルフィニウム　ベラドンナ系
オオヒエンソウ
Delphinium Belladonna Group

桃 青紫 黄 白 緑　香

キンポウゲ科　耐寒性宿根草(一年草)
原生地：ヨーロッパ、アジア
◆特徴　エラータム系と異なり、一重咲きで草丈が低い。
◆栽培　日なたと水はけのよい用土を好む。寒さに強く秋に苗を植える。花後に花茎を元から切ると二番花が咲く。暑さに弱く関東以西では一年草扱い。

A-B
日なた
普
80〜100cm

開花期：1 2 3 4 5 6 7 8 9 10 11 12

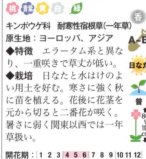

タニウツギ　谷空木
ベニウツギ
Weigela hortensis

桃 白 緑 赤　香

スイカズラ科　耐寒性落葉低木
原生地：日本
◆特徴　山野の谷沿いなどに生え、漏斗状の花をつける。
◆栽培　日なたと水はけのよい用土を好む。花芽分化は夏、剪定は花後すぐに。生長が早く枝が茂りすぎるので古枝や徒長枝は間引き、混み合った枝は切る。

A-E
日なた
普
200〜300cm

開花期：1 2 3 4 5 6 7 8 9 10 11 12

デルフィニウム　エラータム系 063
桃 赤 青紫 白 緑　香
開花期：1 2 3 4 5 6 7 8 9 10 11 12

ネメシア 040
桃 赤 青紫 橙 黄 白 緑　香
開花期：1 2 3 4 5 6 7 8 9 10 11 12

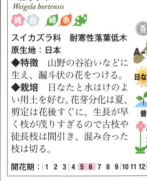
チューリップ 039
桃 赤 青紫 橙 黄 白 他 緑　香
開花期：1 2 3 4 5 6 7 8 9 10 11 12

バーベナ 125
桃 赤 青紫 橙 白 他 緑　香
開花期：1 2 3 4 5 6 7 8 9 10 11 12

Pink

| 桃 | 春 | 赤 | 青・紫 | 橙 | 黄 | 白 | その他 |

バージニアストック
マルコルミア、ヒメアラセイトウ
Malcolmia maritima

桃 白 青紫 緑　　香

アブラナ科　耐寒性一年草
原生地：地中海沿岸

◆**特徴**　ストックの一重咲きに似た花で、芳香がある。白から桃や青に花色が変化する。
◆**栽培**　耐寒性が強く、秋にタネをまくと春から夏まで花を咲かせる。寒冷地では春にまいてもよい。生育旺盛で横に広がる性質をもつ。

A〜E　日なた　普　20〜60cm

開花期：1 2 3 **4 5 6** 7 8 9 10 11 12

ハナミズキ　花水木　126
桃 赤 白 赤 緑　　香
開花期：1 2 3 **4 5** 6 7 8 9 10 11 12

ヒアシンス　103
桃 赤 青紫 橙 黄 白 緑　　香
開花期：1 2 **3 4** 5 6 7 8 9 10 11 12

ハナカイドウ　花海棠
カイドウ、スイシカイドウ
Malus halliana

桃 緑　　香

バラ科　耐寒性落葉高木
原生地：中国

◆**特徴**　サクラのころに咲く。花は長い花柄をつけ下向き。
◆**栽培**　日なたと水はけのよい用土を好む。強健、乾燥を嫌うので天候に応じて水やりする。花芽分化は7〜8月、冬の剪定は花芽を確かめてから不要枝を切る。

B〜D　日なた　普　100〜500cm

開花期：1 2 3 **4 5** 6 7 8 9 10 11 12

ハナモモ　花桃
モモ
Amygdalus persica

桃 赤 白 緑　　香

バラ科　耐寒性落葉高木
原生地：中国

◆**特徴**　モモの花を観賞する品種群。実は食用とならない。
◆**栽培**　日なたと水はけのよい用土を好む。植えつけは12〜3月の落葉期が適する。剪定は花後すぐに行い、枝を間引いて風通しと日当たりを確保する。

B〜D　日なた　普　200〜500cm

開花期：1 2 **3 4** 5 6 7 8 9 10 11 12

ハナカンザシ　126
桃 白 緑　　香
開花期：1 2 **3 4 5 6** 7 8 9 10 11 12

ハナビシソウ　花菱草　088
桃 赤 橙 黄 白 緑　　香
開花期：1 2 3 **4 5 6** 7 8 9 10 11 12

バラ　薔薇　040
桃 赤 青紫 橙 黄 白 緑　　香
開花期：1 2 3 **4 5 6 7 8 9 10** 11 12

ビジョナデシコ　美女撫子　041
桃 赤 橙 白 他 緑　　香
開花期：1 2 3 **4 5 6** 7 8 9 10 11 12

ハナズオウ　花蘇芳
スオウバナ
Cercis chinensis

桃 白 緑　　香

マメ科　耐寒性落葉高木
原生地：中国

◆**特徴**　出葉前に開花。花は小さいが枝に密につく。
◆**栽培**　日なたと水はけのよい用土を好む。日陰では花つきが悪い。苗木の植えつけは10〜12月か2月が適期。花芽分化は7月、花後すぐに伸びすぎた枝を切る。

B〜D　日なた　普　200〜500cm

開花期：1 2 3 **4 5** 6 7 8 9 10 11 12

ハルザキグラジオラス　126
桃 赤 白 他 緑　　香
開花期：1 2 3 **4 5** 6 7 8 9 10 11 12

ヒナゲシ　雛芥子　041
桃 赤 橙 黄 白 緑　　香
開花期：1 2 **3 4 5 6** 7 8 9 10 11 12

Pink

春

ビスカリア
コムギセンノウ
Silene coeli-rosa

桃 赤 白 緑

ナデシコ科　耐寒性一年草
原生地：地中海沿岸
◆特徴　細い茎は分枝し、小さな5弁花をつける。
◆栽培　日なたと風通し、水はけのよい用土を好む。タネまきは9月、冷涼地は春に直まきする。発芽後、株間約15cmに間引く。過湿と多肥を嫌うので注意。

A~E　日なた　普　30～60cm

開花期：1 2 3 4 5 6 7 8 9 10 11 12

ヒューケラ　041

桃 赤 赤白 白 赤黄 緑

開花期：1 2 3 4 5 6 7 8 9 10 11 12

ヒマラヤユキノシタ
ベルゲニア
Bergenia stracheyi

桃 赤 白 緑

ユキノシタ科　耐寒性宿根草
原生地：ヒマラヤ山脈
◆特徴　光沢のある大きな葉は周年観賞。花は早春から。
◆栽培　日なたから半日陰、水はけのよい用土を好む。乾燥に強く、石組みの間などでも育つ。古株になると茎が立ち上がってくるので株分けして植え替える。

香　A~D　日なた　半日陰　普　10～30cm

開花期：1 2 3 4 5 6 7 8 9 10 11 12

ヒルザキツキミソウ　昼咲き月見草
ヒルザキモモイロツキミソウ
Oenothera speciosa

桃 緑

アカバナ科　耐寒性宿根草
原生地：北アメリカ
◆特徴　白地にピンクが入った花が日中に開花する。
◆栽培　日なたと水はけのよい用土を好む。乾燥した荒れ地でもよく育ち、野生化することもある。肥料が多すぎると葉が茂るばかりで、花が咲かなくなる。

香　A~E　日なた　乾　20～40cm

開花期：1 2 3 4 5 6 7 8 9 10 11 12

フクロナデシコ　袋撫子
サクラギソウ、サクラマンテマ
Silene pendula

桃 白 緑

ナデシコ科　耐寒性一年草
原生地：地中海沿岸
◆特徴　サクラソウに似た小さな花は萼が袋状にふくらむ。
◆栽培　日なたと水はけのよい用土を好むが、酸性土は嫌う。寒さに強く丈夫だが、霜で葉が傷むので冷涼地は春に定植。春以降の高温多湿の蒸れに注意。

香　A~E　日なた　乾　20～30cm

開花期：1 2 3 4 5 6 7 8 9 10 11 12

ヒメキンギョソウ　姫金魚草
リナリア・マロッカナ
Linaria maroccana

桃 赤 青紫 橙 黄 白 緑

オオバコ(ゴマノハグサ)科　耐寒性一年草
原生地：地中海沿岸
◆特徴　キンギョソウに似た小花を穂状につける。花色はカラフル。
◆栽培　日なたと水はけのよい用土を好む。秋まきして小苗を植えるか、早春にポット苗を植える。花後、草丈を半分に切ると再開花。

香　A~E　日なた　普　30～40cm

開花期：1 2 3 4 5 6 7 8 9 10 11 12

フクシア　065

桃 赤 青紫 橙 白 緑　香

開花期：1 2 3 4 5 6 7 8 9 10 11 12

フロックス・ドラモンディー　041

桃 赤 青紫 白 緑　香

開花期：1 2 3 4 5 6 7 8 9 10 11 12

Pink

夏

ルピナス・テキセンシス
Lupinus texensis

桃 青紫 緑

マメ科　耐寒性一年草
原生地：北アメリカ
◆特徴　小型の一年草タイプで青紫系が多い。春にポット苗や鉢物が流通。
◆栽培　日なたと水はけのよい用土を好む。タネまきは9月、晩秋に定植する。移植を嫌うので、苗は根鉢をくずさない。肥料は少なめでよい。

香　A-D　日なた　普　20～30cm

開花期：1 2 3 4 5 6 7 8 9 10 11 12

アキレア　107

桃 赤 橙 黄 白 緑　香

開花期：1 2 3 4 5 6 7 8 9 10 11 12

アサリナ　068

桃 青紫 白 緑　香

開花期：1 2 3 4 5 6 7 8 9 10 11 12

ローズゼラニウム
センテッドゼラニウム
Pelargonium capitatum

桃 緑

フウロソウ科　半耐寒性宿根草
原生地：オーストラリア
◆特徴　葉にバラの香りがあるハーブ。花も観賞する。
◆栽培　日なたと風通しがよく、水はけのよい用土を好む。高温多湿に弱く蒸れやすいので乾燥ぎみに管理し、混み合った枝は切る。南関東以西では軒下で越冬する。

香　D-E　日なた　乾　60～80cm

開花期：1 2 3 4 5 6 7 8 9 10 11 12

アゲラタム　068

桃 青紫 白 緑　香

開花期：1 2 3 4 5 6 7 8 9 10 11 12

アジサイ 紫陽花　068

桃 赤 青紫 白 緑　香

開花期：1 2 3 4 5 6 7 8 9 10 11 12

ローダンセマム
ローダンセマム・ガヤヌム
Rhodanthemum gayanum

桃 白 白 緑

キク科　耐寒性宿根草
原生地：北アフリカ
◆特徴　白と桃花が流通。切れ込みのある銀葉が美しい。
◆栽培　日なたと水はけのよい用土を好む。花がら摘みはこまめに。耐寒温度-5℃、高温多湿に弱いので、長雨に当てず、夏は風通しのよい半日陰に。

香　A-D　日なた　乾　10～30cm

開花期：1 2 3 4 5 6 7 8 9 10 11 12

アサガオ 朝顔　068

桃 赤 青紫 白 他 緑　香

開花期：1 2 3 4 5 6 7 8 9 10 11 12

アスター　043

桃 赤 青紫 黄 白 緑　香

開花期：1 2 3 4 5 6 7 8 9 10 11 12

ロベリア・エリヌス　067

桃 青紫 白 緑　香

開花期：1 2 3 4 5 6 7 8 9 10 11 12

ワスレナグサ 忘れな草　067

桃 青紫 白 緑　香

開花期：1 2 3 4 5 6 7 8 9 10 11 12

アストランティア
Astrantia major

桃 赤 白 緑

セリ科　耐寒性宿根草
原生地：ヨーロッパ
◆特徴　花弁に見えるのは総苞。小花が半球状に集まる。
◆栽培　半日陰で保水性のある用土を好む。乾燥を嫌うので腐葉土を十分に入れて苗を植える。暑さに弱いので寒冷地向き。温暖地は株元のマルチで地温上昇を防ぐ。

香　A-D　半日陰　湿　40～80cm

開花期：1 2 3 4 5 6 7 8 9 10 11 12

夏

アデニウム
砂漠のバラ
Adenium obesum

桃 白 緑

キョウチクトウ科　非耐寒性常緑低木
原生地：アラビア半島
◆特徴　砂漠に生える多肉植物。ユニークな樹形と花を楽しむ。
◆栽培　耐寒性がないので鉢植えで育てる。5〜10月は戸外の日なたで、冬は室内の日当たりのよい窓辺で、5℃以上を保つ。乾燥ぎみに管理。

A-E　日なた　乾　30〜200cm

開花期：1 2 3 4 5 6 7 8 9 10 11 12

アベリア　131
桃 白 緑　香
開花期：1 2 3 4 5 6 7 8 9 10 11 12

アンスリウム　044
桃 赤 白 他 緑　香
開花期：1 2 3 4 5 6 7 8 9 10 11 12

アニソドンテア
Anisodontea capensis

桃 緑

アオイ科　非耐寒性常緑低木
原生地：南アフリカ
◆特徴　花は小さく一日花だが、次々に咲いてにぎやか。
◆栽培　鉢物が春〜夏に流通。大きめの鉢に植え替えると花つきがよくなる。高温多湿に弱いので、風通しがよく西日の当たらない日なたで。冬は室内の窓辺で乾燥ぎみに。

A-E　日なた　普　30〜50cm

開花期：1 2 3 4 5 6 7 8 9 10 11 12

アメリカフヨウ
クサフヨウ
Hibiscus moscheutos

桃 赤 白 緑

アオイ科　耐寒性宿根草
原生地：北アメリカ
◆特徴　フヨウに似た巨大な花で、朝咲いて夕方にはしぼむ一日花。
◆栽培　日なたを好む。自生地では水中に生えるので鉢植えのまま池に沈めてもよい。冬は地上部が枯れるので地ぎわで切り、株元に土を寄せる。

B-E　日なた　湿　50〜150cm

開花期：1 2 3 4 5 6 7 8 9 10 11 12

アブチロン
Abutilon Hybrids

桃 赤 青紫 橙 黄 白 緑

アオイ科　半耐寒性常緑低木
原生地：ブラジル
◆特徴　ベル形の花が長期間咲き続ける。葉に黄斑の入る品種もある。
◆栽培　日なたと水はけのよい用土を好む。枝を伸ばしながら先端の葉のわきに花をつけるので、剪定を繰り返す。冷涼地は室内で越冬。

D-E　日なた　普　60〜200cm

開花期：1 2 3 4 5 6 7 8 9 10 11 12

アンゲロニア　069
桃 青紫 白 緑　香
開花期：1 2 3 4 5 6 7 8 9 10 11 12

イソトマ　069
桃 青紫 白 緑　香
開花期：1 2 3 4 5 6 7 8 9 10 11 12

アスチルベ　043
桃 赤 白 緑　香
開花期：1 2 3 4 5 6 7 8 9 10 11 12

アプテニア　043
桃 赤 緑　香
開花期：1 2 3 4 5 6 7 8 9 10 11 12

エキナセア
ムラサキバレンギク
Echinacea purpurea

桃 赤 橙 黄 白 他 緑

キク科　耐寒性宿根草
原生地：北アメリカ
◆特徴　大型の宿根草で、中心の筒状花が大きく盛り上がり、目立つ。
◆栽培　日なたと水はけのよい有機質の多い用土を好む。苗の植えつけは春か秋。暑さに強いが、過湿にすると株が腐りやすいので注意。

B-D　日なた　普　30〜100cm

開花期：1 2 3 4 5 6 7 8 9 10 11 12

Pink

| 桃 | 夏 | 赤 | 青紫 | 橙 | 黄 | 白 | その他 |

インパチェンス 131

桃 赤 青紫 橙 白 緑　　香
開花期：1 2 3 4 5 6 7 8 9 10 11 12

エンゼルストランペット 132

桃 橙 黄 白 緑　　香
開花期：1 2 3 4 5 6 7 8 9 10 11 12

エリゲロン・カルビンスキアヌス 132

桃 白 緑　　香
開花期：1 2 3 4 5 6 7 8 9 10 11 12

ガウラ 132

桃 白 緑　　香
開花期：1 2 3 4 5 6 7 8 9 10 11 12

オレガノ 'ケントビューティー'

Origanum 'Kent Beauty'

桃 緑　　香

シソ科　耐寒性宿根草
原生地：地中海沿岸、中央アジア
◆特徴　観賞用のハーブで香りはほのか。茎の先端の苞が色づき、美しい。
◆栽培　日なたと水はけのよい用土を好む。高温多湿を嫌うので、夏の西日を避け、長雨に当てない。寒さに強いが冬は霜に当てないように管理。

C〜E／日なた／10〜30cm／普

開花期：1 2 3 4 5 6 7 8 9 10 11 12

オジギソウ　含羞草

ネムリグサ
Mimosa pudica

桃 緑　　香

マメ科　非耐寒性宿根草（一年草）
原生地：ブラジル
◆特徴　葉に触れると葉が閉じ、夜間も葉を閉じて就眠運動をする。
◆栽培　日なたと水はけのよい用土を好む。肥料は生育初期のみ。多肥は葉だけが茂る。寒さに弱いので花後にタネを取り、一年草扱い。

A〜E／日なた／30〜50cm／普

開花期：1 2 3 4 5 6 7 8 9 10 11 12

ガクアジサイ→アジサイ 068

桃 赤 青紫 白 緑　　香
開花期：1 2 3 4 5 6 7 8 9 10 11 12

カンナ 091

桃 赤 橙 黄 白 赤 緑　　香
開花期：1 2 3 4 5 6 7 8 9 10 11 12

オシロイバナ　白粉花

フォーオクロック
Mirabilis jalapa

桃 赤 橙 黄 白 緑　　香

オシロイバナ科　半耐寒性宿根草
原生地：南アメリカ
◆特徴　夕方開いて芳香を放ち、翌日朝にしぼむ。
◆栽培　日なたと水はけのよい用土を好む。旺盛に生育するので余分な枝は刈り込むとよい。南関東以西では越冬し、道路わきなどで野生化するほど強健。

D〜E／日なた／60〜100cm／普

開花期：1 2 3 4 5 6 7 8 9 10 11 12

カノコユリ　鹿の子百合

タナバタユリ
Lilium speciosum

桃 白 緑　　香

ユリ科　耐寒性球根
原生地：日本
◆特徴　花びらは反り返り、鹿の子模様が入り美しい。
◆栽培　風通しがよく西日を避けた半日陰と水はけのよい用土を好む。球根植えつけは10〜11月、球根3個分の覆土をする。強健で育てやすく、数年は植えたままでよい。

C〜E／半日陰／100〜150cm／普

開花期：1 2 3 4 5 6 7 8 9 10 11 12

Pink

夏

カラミンサ・グランディフロラ
クリノポディウム
Clinopodium grandiflorum

桃 緑

シソ科　耐寒性宿根草
原生地：南ヨーロッパ
◆特徴　ミントの香りのハーブ。ネペタよりやや大型。
◆栽培　日なたと水はけのよい用土を好むが、半日陰でも育つ。植えつけは春または秋。強健で生育旺盛、寒さにも強い。強い乾燥は嫌うので、天候に応じて水やりする。

開花期：1 2 3 4 5 6 7 8 9 10 11 12

カンパニュラ・メディウム 071
桃 青紫 白 緑

開花期：1 2 3 4 5 6 7 8 9 10 11 12

キュウコンベゴニア　球根ベゴニア 091
桃 赤 橙 黄 白 緑

開花期：1 2 3 4 5 6 7 8 9 10 11 12

カリブラコア
Calibrachoa Hybrids

桃 赤 青紫 橙 黄 白 緑

ナス科　半耐寒性宿根草
原生地：南アメリカ
◆特徴　ペチュニアの近縁種で小輪多花性、葉も小さい。
◆栽培　日なたと水はけのよい用土を好む。過湿に弱いので水やりに注意。こまめな花がら摘みと定期的な追肥が必要。開花盛期をすぎたら切り戻して追肥すると再開花。

開花期：1 2 3 4 5 6 7 8 9 10 11 12

キキョウ　桔梗 070
桃 青紫 白 緑

開花期：1 2 3 4 5 6 7 8 9 10 11 12

グラジオラス 109
桃 赤 青紫 橙 黄 白 他 緑

開花期：1 2 3 4 5 6 7 8 9 10 11 12

キョウガノコ　京鹿の子
Filipendula purpurea

桃 白 緑

バラ科　耐寒性宿根草
原生地：日本
◆特徴　半日陰の庭を彩る。蕾が鹿の子絞りを思わせ、やさしい風情。
◆栽培　強光と乾燥に弱いので西日を避け、腐葉土を入れて苗を植える。夏の水切れに注意。風通しをよくしてうどんこ病を防ぐ。

開花期：1 2 3 4 5 6 7 8 9 10 11 12

カワラナデシコ　河原撫子
ヤマトナデシコ
Dianthus superbus

桃 赤 白 緑

ナデシコ科　耐寒性宿根草
原生地：日本
◆特徴　秋の七草の1つ。花弁は先が細かく切れ込む。
◆栽培　日なたと水はけのよい用土を好む。暑さにも雨にも強く、丈夫で育てやすい。花後、草丈を半分に切って追肥すると再開花する。

開花期：1 2 3 4 5 6 7 8 9 10 11 12

キョウチクトウ　夾竹桃
セイヨウキョウチクトウ
Nerium oleander

桃 赤 白 緑

キョウチクトウ科　耐寒性常緑低木
原生地：地中海沿岸
◆特徴　葉は竹の葉に似て細長く、花は筒状で先が5裂する。有毒植物。
◆栽培　日なたであれば用土は選ばない。暑さに強く、乾燥や過湿、排気ガスにも耐えてとても強健。萌芽力が強いので、冬に刈り込みもできる。

開花期：1 2 3 4 5 6 7 8 9 10 11 12

Pink

| 桃 | 夏 | 赤 | 青紫 | 橙 | 黄 | 白 | その他 |

ギョリュウ　御柳
Tamarix chinensis

桃　緑

ギョリュウ科　耐寒性落葉高木
原生地：中国
◆特徴　細かい葉が密につき繊細。花は年2～3回、断続的に開花。
◆栽培　日当たりのよい湿潤地を好むが、乾燥に耐える。剪定は落葉期に、太い枝を切っても萌芽するのでスペースに合わせて仕立てられる。

香　A-E　日なた　湿　300～700cm

開花期：1 2 3 4 **5** 6 7 8 **9** 10 11 12

ケイトウ　鶏頭　045

桃 赤 橙 黄 緑　　香

開花期：1 2 3 **4 5 6 7 8 9** 10 11 12

ゴデチア　046

桃 赤 青紫 白 緑　　香

開花期：1 2 3 4 **5 6** 7 8 9 10 11 12

クフェア・ヒソッピフォリア
メキシコハナヤナギ
Cuphea hyssopifolia

桃 白 緑

ミソハギ科　非耐寒性常緑低木
原生地：メキシコ、グアテマラ
◆特徴　披針形の小さな葉は密に茂り、小さな6弁花を平らに開く。
◆栽培　日なたと水はけのよい用土を好む。暑さと乾燥に強いので4～10月は花壇に利用。晩秋に掘り上げ、冬は室内で5℃以上を保つ。

香　A-E　日なた　普　30～60cm

開花期：1 2 3 **4 5 6 7 8 9 10** 11 12

ケローネ
ジャコウソウモドキ、スピードリオン
Chelone lyonii

桃 白 緑

オオバコ(ゴマノハグサ)科　耐寒性宿根草
原生地：北アメリカ
◆特徴　茎は直立し、先端部に筒状の花を咲かせる。
◆栽培　水はけのよい用土を好む。高温乾燥で葉焼けするので東京以西では半日陰に植え、株元をマルチする。花後に切り戻すと二番花が咲く。寒さに強い。

香　B-D　半日陰　普　40～80cm

開花期：1 2 3 4 5 6 **7 8 9** 10 11 12

クルクマ 'シャローム'
Curcuma alismatifolia

桃 緑

ショウガ科　非耐寒性球根
原生地：東南アジア
◆特徴　春植え球根。花苞が美しく長く観賞。切り花にも向く。
◆栽培　半日陰で、やや湿り気のある用土を好む。球根は暖かくなった5月に植えつけ。花が咲き終わったら花茎を元から切る。秋、葉が枯れたら掘り上げ、室内で保管。

香　B-E　半日陰　湿　40～60cm

開花期：1 2 3 4 5 6 **7 8 9** 10 11 12

コレオプシス・ロゼア
Coreopsis rosea

桃 緑

キク科　耐寒性宿根草
原生地：北アメリカ
◆特徴　葉は糸状に分裂して輪生、花はピンクの一重咲き。
◆栽培　日なたと水はけのよい用土を好む。暑さにも寒さにも強く強健。株の内側が蒸れやすいので、混み合った枝葉は間引き剪定をして通風を図る。

香　A-D　日なた　普　30～60cm

開花期：1 2 3 4 5 **6 7 8 9** 10 11 12

クレオメ　133

桃 赤 白 緑　　香

開花期：1 2 3 4 5 **6 7 8 9 10** 11 12

グロキシニア　045

桃 赤 青紫 白 緑　　香

開花期：1 2 3 **4 5 6 7 8 9** 10 11 12

コンボルブルス・トリカラー
サンシキヒルガオ
Convolvulus tricolor

桃 赤 青紫 白 緑

ヒルガオ科　非耐寒性一年草
原生地：地中海沿岸
◆特徴　茎は這うように広がり、花はアサガオに似る。
◆栽培　日なたと水はけのよい用土を好む。移植を嫌うので4月中旬～5月に直まきするか小苗を定植。暑さに強く旺盛に生育するので春～夏は定期的に追肥する。

香　A-E　日なた　普　20～30cm

開花期：1 2 3 4 **5 6 7 8 9** 10 11 12

Pink

| 桃 | 夏 | 赤 | 青紫 | 橙 | 黄 | 白 | その他 |

シュッコンスイートピー
ヒロハノレンリソウ
Lathyrus latifolius

桃 赤 白 緑　香

マメ科　耐寒性つる性宿根草
原生地：ヨーロッパ

A-D　日なた　普　30〜200cm

◆特徴　巻きひげで絡みつきながらつるを伸ばし、丸弁の花をつける。
◆栽培　日なたと水はけのよい用土を好む。葉が茂りすぎて花つきが悪くなるので窒素分の多い肥料は控える。通風を図り、うどんこ病を防ぐ。

開花期：1 2 3 4 5 6 7 8 9 10 11 12

センニチコウ　千日紅
センニチソウ
Gomphrena globosa

桃 青紫 白 緑　香

ヒユ科　非耐寒性一年草
原生地：熱帯アメリカ

A-E　日なた　普　20〜60cm

◆特徴　苞が発達した小花が球状に集まる。花色があせず、ドライフラワーに向く。
◆栽培　日なたと水はけのよい用土を好む。多肥は軟弱に育ち倒伏しやすくなるので注意。耐潮性があるので海辺の庭にもよい。

開花期：1 2 3 4 5 6 7 8 9 10 11 12

スイレン　睡蓮（耐寒性） 135

桃 赤 橙 黄 白 緑　香
開花期：1 2 3 4 5 6 7 8 9 10 11 12

スイレン　睡蓮（熱帯性） 073
桃 赤 青紫 橙 黄 白 緑 赤　香
開花期：1 2 3 4 5 6 7 8 9 10 11 12

テイオウカイザイク　帝王貝細工 048
桃 赤 橙 黄 白 緑　香
開花期：1 2 3 4 5 6 7 8 9 10 11 12

トレニア 075
桃 赤 青紫 白 緑　香
開花期：1 2 3 4 5 6 7 8 9 10 11 12

ストケシア 074
桃 青紫 黄 白 緑　香
開花期：1 2 3 4 5 6 7 8 9 10 11 12

セイヨウマツムシソウ　西洋松虫草 074
桃 赤 青紫 白 緑　香
開花期：1 2 3 4 5 6 7 8 9 10 11 12

トルコギキョウ 075
桃 青紫 白 緑　香
開花期：1 2 3 4 5 6 7 8 9 10 11 12

ニコチアナ 048
桃 赤 黄 白 他 緑　香
開花期：1 2 3 4 5 6 7 8 9 10 11 12

スモークツリー 135
桃 白 赤 黄 緑　香
開花期：1 2 3 4 5 6 7 8 9 10 11 12

タチアオイ　立葵 047
桃 赤 青紫 黄 白 他 緑　香
開花期：1 2 3 4 5 6 7 8 9 10 11 12

ナツズイセン　夏水仙
リコリス・スクアミゲラ
Lycoris squamigera

桃 緑　香

ヒガンバナ科　耐寒性球根
原生地：日本

B-E　日なた　半日陰　普　60cm

◆特徴　夏植え球根。8月に花茎を長く伸ばして開花。葉は翌年春に出る。
◆栽培　日なたから半日陰、水はけのよい用土を好む。球根の植えつけは6〜7月、球根2個分の覆土で出葉時に追肥して球根の肥大を助ける。

開花期：1 2 3 4 5 6 7 8 9 10 11 12

Pink

夏

ニューギニアインパチェンス 093
桃 赤 青紫 橙 黄 白 赤 緑　　香
開花期： 1 2 3 4 5 6 7 8 9 10 11 12

ノゲイトウ 048
桃 赤 赤 緑　　香
開花期： 1 2 3 4 5 6 7 8 9 10 11 12

ニチニチソウ　日日草
ビンカ
Catharanthus roseus

桃 赤 青紫 白 緑　　香

キョウチクトウ科　非耐寒性宿根草(一年草)
原生地：マダガスカル
A～E
◆特徴　品種は多く、丸弁大輪花が多いが、小輪や風車形の花もある。
◆栽培　日なたと水はけのよい用土を好む。長雨に弱いので花壇には梅雨明け後に定植。高温と乾燥に強く、夏の強い直射日光下で長期間開花。
日なた　普　20〜50cm
開花期： 1 2 3 4 5 6 7 8 9 10 11 12

バーベナ・ハスタータ
バーベイン
Verbena hastata

桃 青紫 白 緑　　香

クマツヅラ科　耐寒性宿根草
原生地：北アメリカ
A～D
◆特徴　先端が尖った花穂を多数つけ、小花が下から順に開花。
◆栽培　日なたと水はけのよい用土を好む。暑さや寒さに強く、強健。花後切り戻すとわき芽が伸びて再開花。蒸れに弱いので乾燥ぎみに管理。
日なた　普　30〜80cm
開花期： 1 2 3 4 5 6 7 8 9 10 11 12

ネクタロスコルドム・シクルム
アリウム・シクルム
Nectaroscordum siculum

桃 緑　　香

ネギ(ユリ)科　耐寒性球根
原生地：東ヨーロッパ
B～D
◆特徴　花茎をすっくと伸ばし、釣り鐘形の小花を下向きにつける。葉は傷をつけるとニンニク臭がある。
◆栽培　半日陰と水はけのよい用土を好む。球根植えつけは10〜11月。強健で、球根は数年は植えたままでよい。
半日陰　普　80〜120cm
開花期： 1 2 3 4 5 6 7 8 9 10 11 12

ハイビスカス 048
桃 赤 橙 黄 白 緑　　香
開花期： 1 2 3 4 5 6 7 8 9 10 11 12

ハイブリッドカラー 093
桃 赤 青紫 橙 黄 他 緑　　香
開花期： 1 2 3 4 5 6 7 8 9 10 11 12

ネムノキ　合歓木
ネム、ネブ、ゴウガンボク
Albizia julibrissin

桃 白 赤 緑　　香

マメ科　耐寒性落葉高木
原生地：日本、朝鮮半島、中国
B～E
◆特徴　枝先の花は雄しべが長く美しい。夕刻に開花。夜は葉を閉じる。
◆栽培　日なたと水はけのよい用土を好む。萌芽力が弱いので剪定は最低限に、落葉期が適期。小さな庭にはわい性品種のイッサイネムがよい。
日なた　普　200〜500cm
開花期： 1 2 3 4 5 6 7 8 9 10 11 12

ハス　蓮
ハチス
Nelumbo nucifera

桃 赤 白 緑　　香

ハス科　耐寒性球根
原生地：アジアの熱帯〜温帯
C～E
◆特徴　地中の根茎から茎を伸ばし水面をつき出て葉や花をつける。
◆栽培　日なたで育てる。3〜4月に根茎を植え、水深10〜20cmを保つ。真夏は水をオーバーフローさせ、水温の上昇を防ぐ。冬も水深を保つ。
日なた　水　70〜200cm
開花期： 1 2 3 4 5 6 7 8 9 10 11 12

Pink

ハナキリン　花麒麟 048
開花期：1 2 3 4 5 6 7 8 9 10 11 12

ハナショウブ　花菖蒲 076
開花期：1 2 3 4 5 6 7 8 9 10 11 12

ヒペリカム・アンドロサエマム 049
観賞期：1 2 3 4 5 6 7 8 9 10 11 12

ブーゲンビレア 094
開花期：1 2 3 4 5 6 7 8 9 10 11 12

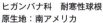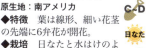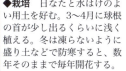

ハブランサス・ロブスタス
Habranthus robustus

ヒガンバナ科　耐寒性球根
原生地：南アメリカ

◆特徴　葉は線形、細い花茎の先端に6弁花が開花。
◆栽培　日なたと水はけのよい用土を好む。3〜4月に球根の首が少し出るくらいに浅く植える。冬は凍らないように盛り土などで防寒すると、数年そのままで毎年開花する。

C〜D　日なた　普　20cm

開花期：1 2 3 4 5 6 7 8 9 10 11 12

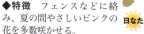

ピンクノウゼンカズラ
ポドラネア
Podoranea ricasoliana

ノウゼンカズラ科　半耐寒性つる性木本
原生地：南アフリカ

◆特徴　フェンスなどに絡み、夏の間やさしいピンクの花を多数咲かせる。
◆栽培　日なたと水はけのよい用土を好む。5月に庭植えすると旺盛につるを伸ばす。南関東以西では落葉するが越冬する。冷涼地は室内で。

D〜E　日なた　普　500cm

開花期：1 2 3 4 5 6 7 8 9 10 11 12

ヒメイワダレソウ
リッピア
Phyla canescens

クマツヅラ科　耐寒性宿根草
原生地：南アメリカ

◆特徴　小さな葉を密につけ、小さい花が長く咲く。
◆栽培　日なたと水はけのよい用土を好む。強健で管理は不要。茎は地を這って広がり各節から発根して地面を覆う。寒冷地では冬は地上部を枯らす。

B〜E　日なた　普　5cm

開花期：1 2 3 4 5 6 7 8 9 10 11 12

フィソステギア
カクトラノオ、ハナトラノオ
Physostegia virginiana

シソ科　耐寒性宿根草
原生地：北アメリカ

◆特徴　ピンクの花穂が炎天下でよく咲く。
◆栽培　日なたと水はけのよい用土を好む。夏の暑さや乾燥に強く強健。風雨にも強い。咲き終わった花茎は切り戻すと再開花。株分けは4〜5年ごと、春か秋に。

B〜E　日なた　普　40〜80cm

開花期：1 2 3 4 5 6 7 8 9 10 11 12

ヒメツルソバ
ポリゴナム
Persicaria capitata

タデ科　耐寒性宿根草
原生地：ヒマラヤ

◆特徴　這い性でカーペット状に広がり、球状の花穂を長期間つける。
◆栽培　日なたと水はけのよい用土を好む。暑さや乾燥に強く強健だが、高温期の蒸れは刈り込んで防ぐ。繁殖力旺盛なので、適宜刈り込む。

C〜E　日なた　普　5cm

開花期：1 2 3 4 5 6 7 8 9 10 11 12

ヘメロカリス 094

開花期：1 2 3 4 5 6 7 8 9 10 11 12

Pink

夏

ブバルディア 138
桃 赤 白 緑 　香
開花期：1 2 3 4 5 6 7 8 9 10 11 12

フランネルソウ 049
桃 赤 白 緑 　香
開花期：1 2 3 4 5 6 7 8 9 10 11 12

ブルーレースフラワー 077
桃 青紫 白 緑 　香
開花期：1 2 3 4 5 6 7 8 9 10 11 12

ベゴニア・センパフローレンス 050
桃 赤 白 赤緑 　香
開花期：1 2 3 4 5 6 7 8 9 10 11 12

フヨウ　芙蓉
モクフヨウ
Hibiscus mutabilis
桃 白 緑 　香
アオイ科　耐寒性落葉低木
原生地：中国
◆特徴　一日花。スイフヨウは花色が白から桃に変化。
◆栽培　日なたと水はけのよい用土を好む。北関東以西で庭植え可能。冬に地上部が枯れるので晩秋に地ぎわで切り覆土。温暖地も冬に剪定して生長を抑える。
C-E　日なた　普　150〜200cm
開花期：1 2 3 4 5 6 7 8 9 10 11 12

フロックス・パニキュラータ 077
桃 赤 青紫 白 緑 　香
開花期：1 2 3 4 5 6 7 8 9 10 11 12

ペチュニア 113
桃 赤 青紫 黄 白 他 緑 　香
開花期：1 2 3 4 5 6 7 8 9 10 11 12

ブラキカム・ディベルシフォリア
シュッコンヒメコスモス
Brachycome diversifolia
桃 青紫 緑 　香
キク科　半耐寒性宿根草
原生地：オーストラリア
◆特徴　マット状の草姿で、キクに似た葉を出し、可憐な花を長期間開花。
◆栽培　日なたと水はけのよい用土を好む。乾燥を嫌うので鉢植えは水やりに注意。高温多湿を嫌うので夏は半日陰の涼しい場所に移動。
D　日なた　普　10〜20cm
開花期：1 2 3 4 5 6 7 8 9 10 11 12

フロックス・マキュラータ
Phlox maculata
桃 白 緑 　香
ハナシノブ科　耐寒性宿根草
原生地：北アメリカ
◆特徴　円筒形の花穂で、花つきがよくボリュームがある。
◆栽培　日なたと水はけのよい用土を好む。なるべく風通しのよい場所に腐葉土を入れて植える。花後、切り戻して追肥すると二番花が咲く。2〜3年ごとに春に株分けする。
B-C　日なた　普　70〜90cm
開花期：1 2 3 4 5 6 7 8 9 10 11 12

ブラックベリー
キイチゴ
Rubus spp.
桃 赤 他 緑 　香
バラ科　耐寒性落葉つる性木本
原生地：北アメリカ
◆特徴　つるのように枝を伸ばし、初夏に咲き、7〜8月に熟す。1品種でも結実する。
◆栽培　日なたを好む。堆肥を混ぜて苗を植える。乾燥に弱いので株元をマルチし、水やりに注意。実をつけた枝は収穫後に1節を残して剪定。
B-D　日なた　普　150〜300cm
開花期：1 2 3 4 5 6 7 8 9 10 11 12

ベニバナトチノキ
ベニバナマロニエ
Aesculus × carnea
桃 緑 　香
ムクロジ(トチノキ)科　耐寒性落葉高木
原生地：ヨーロッパ、北アメリカ
◆特徴　春遅く萌芽し新葉が広がって開花。
◆栽培　日なたと水はけのよい用土を好むが、半日陰でも育つ。花芽分化は7〜8月。放任しても樹形は整うので、混み合っている枝などの不要な枝を冬に切る程度でよい。
C-D　日なた　普　500〜2000cm
開花期：1 2 3 4 5 6 7 8 9 10 11 12

Pink

| 桃 | 夏 | 赤 | 青・紫 | 橙 | 黄 | 白 | その他 |

ペンステモン 138

開花期：1 2 3 4 5 6 7 8 9 10 11 12

ポーチュラカ 113

開花期：1 2 3 4 5 6 7 8 9 10 11 12

ボタンクサギ　牡丹臭木

ヒマラヤクサギ
Clerodendrum bungei

シソ(クマツヅラ)科　耐寒性落葉低木
原生地：中国

◆特徴　葉をもむと悪臭があるが、小さな花が集まって咲き芳香を放つ。

◆栽培　日なたと水はけのよい用土を好む。腐葉土を十分に入れて苗を植える。関東以西では地上部が枯れるが越冬。春に地ぎわで切り生長を促す。

C〜E／日なた／普／70〜100cm

開花期：1 2 3 4 5 6 7 8 9 10 11 12

ペンタス

クササンタンカ
Pentas lanceolata

アカネ科　非耐寒性宿根草(一年草)
原生地：熱帯アフリカ

◆特徴　夏花壇用。葉は光沢があり、星形の小さな花を茎頂に集める。

◆栽培　日なたと水はけのよい用土を好む。咲き終わった花房の下で切り戻すと次の花が咲く。夏の暑さに強いが、過湿に弱いので水やりに注意。

A〜E／日なた／普／20〜40cm

開花期：1 2 3 4 5 6 7 8 9 10 11 12

マツモトセンノウ　松本仙翁 094

開花期：1 2 3 4 5 6 7 8 9 10 11 12

ムクゲ　木槿 139

開花期：1 2 3 4 5 6 7 8 9 10 11 12

ホウセンカ　鳳仙花 050

開花期：1 2 3 4 5 6 7 8 9 10 11 12

マツバボタン　松葉牡丹 113

開花期：1 2 3 4 5 6 7 8 9 10 11 12

マンデビラ

ディプラデニア
Mandevilla Hybrids

キョウチクトウ科　非耐寒性つる性宿根草
原生地：熱帯アメリカ

◆特徴　夏のフェンスなどに。勢いよくつるを伸ばし、大輪の花を次々に開花。

◆栽培　日なたと水はけのよい用土を好む。春〜秋は戸外で。7号以上の鉢に植え誘引する。秋につるを短く切り室内へ。10℃以上を保つ。

A〜E／日なた／普／200〜300cm

開花期：1 2 3 4 5 6 7 8 9 10 11 12

ホタルブクロ　蛍袋

カンパニュラ・プンクタータ
Campanula punctata

キキョウ科　耐寒性宿根草
原生地：日本、朝鮮半島、中国

◆特徴　ロゼット状の株から茎を立ち上げ、大輪のベル形の花をつける。

◆栽培　高温乾燥に弱いので南関東以西では西日を避けた明るい半日陰に植える。ランナーでよくふえるので、ふえすぎた株は抜き取る。

B〜D／半日陰／普／20〜80cm

開花期：1 2 3 4 5 6 7 8 9 10 11 12

ミソハギ　禊萩

ボンバナ
Lythrum anceps

ミソハギ科　耐寒性宿根草
原生地：日本、朝鮮半島

◆特徴　湿地性植物。高く伸びた枝先に赤紫の小花を穂状につける。

◆栽培　日当たりのよい水辺や湿地を好むが、十分に水やりすれば花壇植えも可能。鉢植えは鉢皿に水をためるか池に沈めて育てる。

A〜D／日なた／湿／50〜100cm

開花期：1 2 3 4 5 6 7 8 9 10 11 12

Pink
—29—

夏

ムラサキツユクサ　紫露草　078
桃 青紫 白 黄 緑　香
開花期：1 2 3 4 5 6 7 8 9 10 11 12

ユウギリソウ　夕霧草　079
桃 青紫 白 黄 緑　香
開花期：1 2 3 4 5 6 7 8 9 10 11 12

ユリ　アジアティックハイブリッド　140
桃 赤 橙 黄 白 緑　香
開花期：1 2 3 4 5 6 7 8 9 10 11 12

ユリ　オリエンタルハイブリッド　140
桃 赤 白 緑　香
開花期：1 2 3 4 5 6 7 8 9 10 11 12

モナルダ・ディディマ　050
桃 赤 青紫 白 緑　香
開花期：1 2 3 4 5 6 7 8 9 10 11 12

ユウゼンギク　友禅菊　079
桃 青紫 白 緑　香
開花期：1 2 3 4 5 6 7 8 9 10 11 12

リクニス・フロスククリ
カッコウセンノウ
Lychnis flos-cuculi

桃 白 緑　香

ナデシコ科　耐寒性宿根草
原生地：ヨーロッパ
◆特徴　マット状の草姿から花茎が伸び、花弁に切れ込みのある花が咲く。
◆栽培　日なたと水はけのよい用土を好む。真夏の乾燥と高温を嫌うので、関東以西では落葉樹の下などの涼しい所がよい。花後、花茎を切る。

A-D　日なた　普　20〜60cm

開花期：1 2 3 4 5 6 7 8 9 10 11 12

モミジアオイ　050
桃 赤 緑　香
開花期：1 2 3 4 5 6 7 8 9 10 11 12

ランタナ　095
桃 赤 青紫 橙 黄 白 緑　香
開花期：1 2 3 4 5 6 7 8 9 10 11 12

ルコウソウ　縷紅草
サイプレスバイン
Ipomoea quamoclit

桃 赤 白 緑　香

ヒルガオ科　非耐寒性つる性一年草
原生地：熱帯アメリカ
◆特徴　よく分枝して葉は羽状に切れ込み、星形の筒状の花をつける。
◆栽培　日なたと水はけのよい用土を好む。タネまきは5月、種皮に小さな傷をつけると発芽しやすい。つるが伸び始めたらフェンスなどに誘引する。

A-E　日なた　普　100〜300cm

開花期：1 2 3 4 5 6 7 8 9 10 11 12

ヤマアジサイ　山紫陽花　079
桃 赤 青紫 白 緑　香
開花期：1 2 3 4 5 6 7 8 9 10 11 12

リクニス・フロスジョビス　140
桃 赤 白 緑　香
開花期：1 2 3 4 5 6 7 8 9 10 11 12

ルナリア
ギンセンソウ、ゴウダソウ
Lunaria annua

桃 白 他 緑　香

アブラナ科　耐寒性二年草
原生地：ヨーロッパ
◆特徴　十字形花が咲く。花後に実る円形のさやをドライフラワーに利用。
◆栽培　日なたで水はけのよい用土を好む。タネまきは3〜4月、本葉4〜5枚で定植すると、翌年初夏に開花。寒さに強い。夏の西日は避ける。

C-D　日なた　普　30〜100cm

開花期：1 2 3 4 5 6 7 8 9 10 11 12

Pink

秋

アザレア
Rhododendron Belgian Indian Group

桃 赤 白 緑

ツツジ科　半耐寒性常緑低木
原生地：中国、日本
◆特徴　欧米で改良された品種群。大輪八重咲きが多い。
◆栽培　寒さに弱いので、鉢植えで管理する。日当たりのよいベランダや室内で、冬は暖房のきいていない室内がよい。剪定は春、夏は涼しい半日陰で管理。

香　D-E　日なた　普　20～100cm
開花期： 1 2 3 4 5 6 7 8 9 10 11 12

クジャクアスター
シュッコンアスター
Aster Hybrids

桃 青紫 白 緑

キク科　耐寒性宿根草
原生地：北アメリカ
◆特徴　草丈は高く、よく分枝して小花を多数つける。
◆栽培　日なたと水はけのよい用土を好む。春に摘心して枝数をふやし、6月に茎を15～20cmの位置で切ると倒伏せずに開花。花後、地上部が枯れたら地ぎわで切る。

香　A-D　日なた　普　120～150cm
開花期： 1 2 3 4 5 6 7 8 9 10 11 12

アルテルナンテラ '千日小坊'
センニチコボウ
Alternanthera porrigens 'Senniti-Kobo'

桃 緑

ヒユ科　半耐寒性宿根草
原生地：南アメリカ
◆特徴　秋〜初冬にユニークな形の小さな花穂を楽しむ。
◆栽培　日なたと水はけのよい用土を好む。5℃以下で葉が赤くなり霜で株が弱る。5～8月に摘心を繰り返して草丈を調節。短日植物で、10～12月に開花。

香　D-E　日なた　普　30～100cm
開花期： 1 2 3 4 5 6 7 8 9 10 11 12

コウテイダリア　皇帝ダリア
コダチダリア、ツリーダリア
Dahlia imperialis

桃 白 緑

キク科　非耐寒性球根
原生地：メキシコ～コロンビア
◆特徴　11～12月に大輪の花が開花。八重咲きもある。
◆栽培　日なたと水はけのよい用土を好む。春に摘心して枝数をふやし、6月に茎を15～20cmの位置で切ると倒伏せずに開花。花後、地上部が枯れたら地ぎわで切る。

香　C-E　日なた　普　300～600cm
開花期： 1 2 3 4 5 6 7 8 9 10 11 12

オオベンケイソウ　大弁慶草
セダム・スペクタビレ
Hylotelephium spectabile

桃 緑

ベンケイソウ科　耐寒性宿根草
原生地：中国、朝鮮半島
◆特徴　多肉植物。肉厚の葉は銀色を帯び、ピンクの花房が大きい。
◆栽培　日なたを好む。肥料は少なめに、真夏は水やりを控えめにすると花つきがよくなる。寒さに強く、関東以西は戸外で越冬。

香　C-D　日なた　乾　30～50cm
開花期： 1 2 3 4 5 6 7 8 9 10 11 12

コスモス
アキザクラ
Cosmos bipinnatus

桃 赤 橙 黄 白 緑

キク科　非耐寒性一年草
原生地：メキシコ
◆特徴　播種後60日で開花する早咲き品種もあるが、本来は秋咲き。
◆栽培　日なたと水はけのよい用土を好む。多肥は葉ばかり茂り倒伏しやすいので少肥で。秋咲き系は7月にまくと草丈を抑えられる。

香　A-E　日なた　普　40～110cm
開花期： 1 2 3 4 5 6 7 8 9 10 11 12

キク　菊

桃 赤 橙 黄 白 他 緑 香
開花期： 1 2 3 4 5 6 7 8 9 10 11 12

サザンカ　山茶花

桃 赤 白 緑 香
開花期： 1 2 3 4 5 6 7 8 9 10 11 12

コルチカム
イヌサフラン
Colchicum autumnale

桃 白 緑

イヌサフラン(ユリ)科　耐寒性球根
原生地：ヨーロッパ、北アフリカ
◆特徴　球根から直接花茎が出る。葉は夏に枯れる。
◆栽培　球根植えつけは8月、日なたから半日陰、落葉樹の下などが適地。球根を卓上に転がしておいても咲くので、花後に植えてもよい。葉がある間のみ追肥。

香　B-E　半日陰　普　15～20cm
開花期： 1 2 3 4 5 6 7 8 9 10 11 12

Pink

秋

サルビア・レウカンサ 080
桃 青紫 緑　　香
開花期：1 2 3 4 5 6 7 8 9 10 11 12

ソバ　蕎麦 142
桃 白 緑　　香
開花期：1 2 3 4 5 6 7 8 9 10 11 12

ゼフィランサス・グランディフロラ
サフランモドキ、レインリリー
Zephyranthes grandiflora

桃 緑　　香
ヒガンバナ科　耐寒性球根
原生地：中央アメリカ
◆特徴　春植え球根。タマスダレの別種で花はピンク。
◆栽培　日なたと水はけのよい用土を好む。暑さにも寒さにも強く、強健で育てやすい。球根植えつけは4月が適期。数年植えたままがよく、花数は年々ふえる。
C-E／日なた／普／15〜20cm

開花期：1 2 3 4 5 6 7 8 9 10 11 12

シュウカイドウ　秋海棠
ヨウラクソウ
Begonia grandis
桃 白 緑　　香
シュウカイドウ科　耐寒性球根
原生地：中国、東南アジア
◆特徴　左右非対称の葉を互生させ、茎頂から雄花と雌花をつける。
◆栽培　半日陰とやや湿り気のある用土を好む。初夏に小苗を植えてもよく育ち開花。地上部が枯れて球根で越冬する。寒さに強い。
A-E／半日陰／湿／40〜60cm

開花期：1 2 3 4 5 6 7 8 9 10 11 12

ダイモンジソウ　大文字草
Saxifraga fortunei var. *incisolobata*
桃 白 他 緑　　香
ユキノシタ科　耐寒性宿根草
原生地：日本、中国
◆特徴　渓谷の岩壁などに生える野草。花形が「大」の字に似る。
◆栽培　半日陰で保水性があり水はけのよい用土を好む。乾燥を嫌うので夏はとくに十分に水やりする。冬は地上部を枯らすが水やりはする。
C-D／半日陰／湿／10〜20cm

開花期：1 2 3 4 5 6 7 8 9 10 11 12

シュウメイギク　秋明菊 141
桃 赤 白 緑　　
開花期：1 2 3 4 5 6 7 8 9 10 11 12

ダリア 053
桃 赤 青紫 橙 黄 白 他 緑 赤　香
開花期：1 2 3 4 5 6 7 8 9 10 11 12

ネリネ 054
桃 赤 青紫 橙 白 緑
開花期：1 2 3 4 5 6 7 8 9 10 11 12

リンドウ　竜胆 082
桃 青紫 白 緑　　香
開花期：1 2 3 4 5 6 7 8 9 10 11 12

シンジュノキ　真珠の木 142
桃 白 桃 赤 青紫 白 緑　　香
観賞期：1 2 3 4 5 6 7 8 9 10 11 12

ディアスシア 053
桃 赤 緑　　香
開花期：1 2 3 4 5 6 7 8 9 10 11 12

ミセバヤ　見せばや
タマノオ
Hylotelephium sieboldii
桃 緑　　香
ベンケイソウ科　耐寒性宿根草
原生地：日本
◆特徴　多肉植物。3枚の円形の葉が輪生し、茎頂に開花。
◆栽培　日なたと水はけのよい用土を好む。春〜夏は土が十分に乾いたら水やりし、長雨に当てない。冬の休眠期はとくに乾燥ぎみに。春にサボテン用土で植え替える。
C-E／日なた／乾／15〜30cm

開花期：1 2 3 4 5 6 7 8 9 10 11 12

Pink

冬

ウンナンサクラソウ　雲南桜草
Primula filchnerae

サクラソウ科　半耐寒性宿根草（一年草）
原生地：中国
◆特徴　やわらかい緑葉と淡いピンクの花が春を告げる。
◆栽培　日なたと水はけのよい用土を好む。南関東以西では軒下やベランダなど、凍らない程度の場所で咲き続ける。高温と過湿を嫌うので水やりと置き場所に注意。

ギョリュウバイ　魚柳梅
レプトスペルマム
Leptospermum scoparium

フトモモ科　半耐寒性常緑低木
原生地：オーストラリア
◆特徴　花は小さいが、枝を覆うように密につける。
◆栽培　日なたと水はけのよい用土を好む。高性品種は南関東以西なら庭植えできる。わい性の鉢花は春まで日当たりのよい窓辺で育てる。水切れすると落葉して枯れる。

エラチオールベゴニア　055

ガーデンシクラメン　055

キルタンサス　116

ストック　082

アワユキエリカ
エリカ・スパルサ
Erica sparsa

ツツジ科　非耐寒性常緑低木
原生地：南アフリカ
◆特徴　枝は細かく分枝し、ベル形の小さな花をつける。
◆栽培　冬に購入した鉢物は明るい室内で観賞。過湿も乾燥も嫌うので、水やりに注意。花後、樹高の1/3ほどを剪定。春～秋は戸外で育てる。夏は戸外の風通しのよい半日陰に。

クリスマスベゴニア
フユザキベゴニア、ハナベゴニア
Begonia × cheimantha

シュウカイドウ科　非耐寒性宿根草
原生地：熱帯・亜熱帯地方
◆特徴　多花性のピーターソンやラブミーが鉢物で流通。
◆栽培　寒さに弱いので、日の当たる室内で15℃以上を保つ。短日植物なので夜明るい部屋に置くと花芽がつかない。夏は風通しのよい涼しい半日陰で管理。

エリカ'ファイヤーヒース'→アワユキエリカ　033

シクラメン　055

クリスマスローズ
レンテンローズ、ヘレボルス
Helleborus × hybridus

キンポウゲ科　耐寒性宿根草
原生地：ヨーロッパ
◆特徴　オリエンタリスを中心とした交配種が流通。花の色や形は多様。
◆栽培　半日陰と水はけのよい用土を好む。強健で病害虫の心配も少ない。生育期に入る10月に追肥し、11～12月に古葉を取る。

Pink

ビオラ、フェンネル、リシマキアなどの寄せ植え（Flower Shop LOBELIA）

赤色
Red

濃く明るい赤から、
濃く暗い赤までの花色や実色を集めました。
春や夏は明るい赤が
花壇の主役となります。
秋や冬は暗めの赤が落ち着いた印象を与え、
赤い実は冬の庭を彩ります。

アクイレギア 008

桃 赤 青紫 黄 白 他 緑　香
開花期：1 2 3 4 5 6 7 8 9 10 11 12

アマリリス 009

桃 赤 白 緑　香
開花期：1 2 3 4 5 6 7 8 9 10 11 12

イチゴ 苺
オランダイチゴ
Fragaria × ananassa

桃 赤 白 赤 緑　香

バラ科　耐寒性宿根草
原生地：南北アメリカ
◆特徴　観賞用だが、花は美しく、実も食べられる。
◆栽培　鉢花は日なたで育てる。強健、日当たりと風通し、水はけのよい花壇などに植えてもよい。開花中は定期的に追肥を。白花のみだがワイルドストロベリーも同様に。

A-E 日なた 普 10〜20cm

開花期：1 2 3 4 5 6 7 8 9 10 11 12

春

アイスランドポピー
ポピー、シベリアヒナゲシ、ケシ
Papaver nudicaule

桃 赤 橙 黄 白 緑　香

ケシ科　耐寒性一年草
原生地：北極周辺
◆特徴　細い花茎の先端に紙細工を思わせる大輪の4弁花。
◆栽培　日なたと水はけのよい用土を好む。タネまきは9月中旬〜10月上旬、耐寒性があり、東京以西では冬から開花株を花壇に利用。強風の当たる所は避けるとよい。

A-E 日なた 30〜50cm

開花期：1 2 3 4 5 6 7 8 9 10 11 12

アネモネ 058

桃 赤 青紫 白 緑　香
開花期：1 2 3 4 5 6 7 8 9 10 11 12

アルストロメリア 086

桃 赤 橙 黄 白 緑　香
開花期：1 2 3 4 5 6 7 8 9 10 11 12

アークトチス　ハーレクイーングループ 098

桃 赤 橙 黄 白 緑　香
開花期：1 2 3 4 5 6 7 8 9 10 11 12

アイビーゼラニウム 008

桃 赤 青紫 白 緑　香
開花期：1 2 3 4 5 6 7 8 9 10 11 12

ウグイスカグラ　鶯神楽
ウグイスノキ
Lonicera gracilipes

赤 白 赤 緑　香

スイカズラ科　耐寒性落葉低木
原生地：日本
◆特徴　株立ちで枝は横に張り、春の展葉とともに開花。
◆栽培　日陰に耐えるが日なたのほうがよく花がつく。水はけのよい土に植える。剪定は高い枝や混み合った枝など、不要な枝を間引く程度に。初夏に赤い実が熟し、甘い。

B-E 日なた 普 100〜300cm

開花期：1 2 3 4 5 6 7 8 9 10 11 12

| 桃 | 赤 春 | 青・紫 | 橙 | 黄 | 白 | その他 |

イキシア 119

桃 赤 青紫 橙 黄 白 他 緑 香
開花期：1 2 3 4 5 6 7 8 9 10 11 12

オリエンタルポピー 086

桃 赤 橙 白 緑 香
開花期：1 2 3 4 5 6 7 8 9 10 11 12

カリステモン
キンポウジュ、ブラシノキ
Callistemon spp.

赤 白 緑　　香
フトモモ科　耐寒性常緑高木
原生地：オーストラリア
◆**特徴**　花は密につき、長い雄しべが目立ち、ブラシのよう。
◆**栽培**　日当たりと風通し、水はけのよい場所を選ぶ。暑さに強いが寒さにやや弱いので、庭植えは関東以西の太平洋側。剪定は花後すぐに、伸びすぎた枝を切る程度でよい。

C-E　日なた　普　100〜500cm

開花期：1 2 3 4 5 6 7 8 9 10 11 12

カーネーション
オランダセキチク、オランダナデシコ
Dianthus caryophyllus

桃 赤 橙 黄 白 緑　　香
ナデシコ科　半耐寒性宿根草、一年草
原生地：地中海沿岸
◆**特徴**　母の日用の鉢植えが多いが、花壇用の品種もある。
◆**栽培**　鉢植えは日当たりがよく、雨が当たらない軒下などで咲かせる。花がら摘みと追肥が必要。花壇用は日当たりと水はけのよい用土で。東京以西なら戸外で越冬。

D-E　日なた　乾　15〜30cm

開花期：1 2 3 4 5 6 7 8 9 10 11 12

カルセオラリア 086

赤 橙 黄 緑　　香
開花期：1 2 3 4 5 6 7 8 9 10 11 12

カルミア 011

桃 赤 白 緑　　香
開花期：1 2 3 4 5 6 7 8 9 10 11 12

イベリス・ウンベラタ 119

桃 赤 青紫 白 緑　　香
開花期：1 2 3 4 5 6 7 8 9 10 11 12

ガザニア 086

桃 赤 橙 黄 白 緑　　香
開花期：1 2 3 4 5 6 7 8 9 10 11 12

キンギョソウ　金魚草
スナップドラゴン
Antirrhinum majus

桃 赤 橙 黄 白 赤 緑　　香
オオバコ(ゴマノハグサ)科　耐寒性宿根草(一年草)
原生地：地中海沿岸
◆**特徴**　短命の宿根草で一年草扱い。花形がユニーク。
◆**栽培**　日なたと水はけのよい用土を好む。多湿を嫌うので乾燥ぎみに。わい性品種の多くは四季咲き性があり、花後に花穂を摘み追肥すると再開花。高性品種は支柱を。

D-E　日なた　乾　20〜120cm

開花期：1 2 3 4 5 6 7 8 9 10 11 12

ガーベラ
オオセンボンヤリ、ハナグルマ
Gerbera jamesonii

桃 赤 橙 黄 白 緑　　香
キク科　半耐寒性宿根草
原生地：南アフリカ
◆**特徴**　わい性品種が多く、冬も室内で10℃以上で開花。
◆**栽培**　日なたと水はけのよい用土を好む。葉が茂りすぎると開花しないので、古葉を取り、株元に日を当てる。5℃以下で地上部を枯らすが、南関東以西では越冬。

D-E　日なた　普　15〜80cm

開花期：1 2 3 4 5 6 7 8 9 10 11 12

クリムゾンクローバー
ストロベリーキャンドル、ベニバナツメクサ
Trifolium incarnatum

赤 白 緑　　香
マメ科　耐寒性一年草
原生地：ヨーロッパ
◆**特徴**　株元で分枝してキャンドルの炎のような花穂を次々に咲かせる。
◆**栽培**　日なたと水はけのよい用土を好む。タネまきは9〜10月。11月に定植すると寒さがくる前にしっかり根を張り、大株に育ち花数がふえる。

A-E　日なた　普　30〜50cm

開花期：1 2 3 4 5 6 7 8 9 10 11 12

春

サイネリア	087

桃 赤 青紫 橙 黄 白 緑　　香
開花期：1 2 3 4 5 6 7 8 9 10 11 12

ジギタリス	061

桃 赤 青紫 黄 白 緑　　香
開花期：1 2 3 4 5 6 7 8 9 10 11 12

クレマチス	061

桃 赤 青紫 白 他 緑　　香
開花期：1 2 3 4 5 6 7 8 9 10 11 12

カンガルーポー	100

桃 赤 橙 黄 他 緑　　香
開花期：1 2 3 4 5 6 7 8 9 10 11 12

クルメツツジ　久留米躑躅	011

桃 赤 白 緑　　香
開花期：1 2 3 4 5 6 7 8 9 10 11 12

クリンソウ　九輪草	011

桃 赤 白 緑　　香
開花期：1 2 3 4 5 6 7 8 9 10 11 12

クレマチス・ビチセラ	060

桃 赤 青紫 白 緑　　香
開花期：1 2 3 4 5 6 7 8 9 10 11 12

サツキ　皐月	012

桃 赤 白 緑　　香
開花期：1 2 3 4 5 6 7 8 9 10 11 12

シャクナゲ　石楠花	122

桃 赤 青紫 黄 白 緑　　香
開花期：1 2 3 4 5 6 7 8 9 10 11 12

ゲウム
ダイコンソウ
Geum spp.

赤 橙 黄 緑　　香

バラ科　耐寒性宿根草
原生地：ヨーロッパ、アジア、北アメリカ
◆**特徴**　種や品種が多い。葉がダイコンに似て、花は一重と八重咲きがある。
◆**栽培**　日なたと水はけのよい用土を好むが、暑さに弱いので西日を避ける。腐葉土を入れてよく耕し、春か秋に苗を定植。乾燥を嫌う。

B-E　日なた　普　40〜60cm

開花期：1 2 3 4 5 6 7 8 9 10 11 12

シザンサス
コチョウソウ、バタフライフラワー
Schizanthus × wisetonensis

桃 赤 青紫 白 緑　　香

ナス科　半耐寒性一年草
原生地：チリ
◆**特徴**　早春の鉢花。愛らしい花が次々に咲き、華やか。
◆**栽培**　冬は日当たりのよい室内で、4月以降は雨の当たらない軒下などで育てる。水切れや肥料切れに注意。蒸れに弱いので花や葉に水をかけないように注意。

A-E　日なた　普　15〜40cm

開花期：1 2 3 4 5 6 7 8 9 10 11 12

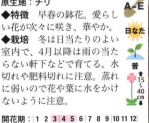

Red

| 桃 | 赤 | 春 | 青紫 | 橙 | 黄 | 白 | その他 |

シャクヤク　芍薬
エビスグサ、カオヨグサ
Paeonia lactiflora

桃 赤 黄 白 緑 / 香

ボタン科　耐寒性宿根草
原生地：中国北部、モンゴル
◆特徴　大輪の豪華な花をつける。江戸時代から改良され、品種は多い。
◆栽培　日なたと水はけのよい用土を好む。秋に腐葉土を十分に入れて定植。1茎に1花として摘蕾し、支柱を立てる。花がら摘みはこまめに。

A-D　日なた　普　50〜90cm

開花期：1 2 3 4 5 6 7 8 9 10 11 12

チューリップ
Tulipa spp.

桃 赤 青紫 橙 黄 白 他 緑 / 香

ユリ科　耐寒性球根
原生地：中央アジア〜地中海沿岸
◆特徴　秋植え球根。園芸品種系と原種系があり、多彩。
◆栽培　日なたから半日陰、水はけのよい用土を好む。球根の植えつけは紅葉が始まるころ。冬の過乾燥は避ける。関東以西の太平洋側は球根が育たないので毎年更新。

A-B　日なた　半日陰　普　10〜50cm

開花期：1 2 3 4 5 6 7 8 9 10 11 12

スイートピー
ジャコウレンリソウ
Lathyrus odoratus

桃 赤 青紫 橙 白 緑 / 香

マメ科　耐寒性つる性一年草
原生地：イタリア
◆特徴　葉の巻きひげで絡まり、芳香のある花をつける。
◆栽培　日当たりと風通しがよく、水はけのよい場所を選ぶ。タネまきは10月、直根性なので小苗のうちに定植し、春に支柱を立てる。多肥は蕾を落とすので少なめがよい。

A-E　日なた　普　30〜200cm

開花期：1 2 3 4 5 6 7 8 9 10 11 12

スパラキシス
Sparaxis tricolor

桃 赤 橙 黄 白 緑 / 香

アヤメ科　半耐寒性球根
原生地：南アフリカ
◆特徴　秋植え球根。にぎやかな花色の花を穂状につける。
◆栽培　日なたと水はけのよい用土を好む。植えつけは10月、南向きの日だまりの花壇に深植えすると越冬し、春に開花する。鉢植えは霜に当たらないよう軒下などに置く。

C-D　日なた　普　30〜50cm

開花期：1 2 3 4 5 6 7 8 9 10 11 12

デージー
ヒナギク、チョウメイギク
Bellis perennis

桃 赤 白 緑 / 香

キク科　寒性一年草
原生地：ヨーロッパ
◆特徴　花径3〜8cmの八重咲きが一般的。白花一重も。
◆栽培　日なたと水はけのよい用土を好む。霜に弱いが、東京以西の暖かい地域では冬〜春の長期間開花。25℃以上で発色が悪くなり、暑さで枯れる。アブラムシに注意。

A-E　日なた　普　10〜20cm

開花期：1 2 3 4 5 6 7 8 9 10 11 12

セキチク　石竹　013
桃 赤 橙 白 緑 / 香
開花期：1 2 3 4 5 6 7 8 9 10 11 12

ゼラニウム　013
桃 赤 青紫 橙 白 / 香
開花期：1 2 3 4 5 6 7 8 9 10 11 12

トキワマンサク　常磐満作　125
桃 赤 白 赤 緑 / 香
開花期：1 2 3 4 5 6 7 8 9 10 11 12

春

トリトマ 088
赤 橙 黄 緑　香
開花期：1 2 3 4 5 6 7 8 9 10 11 12

ナスタチウム 088
赤 橙 黄 緑　香
開花期：1 2 3 4 5 6 7 8 9 10 11 12

バラ　薔薇
ブッシュローズ、シュラブローズ、つるバラ
Rosa
桃 赤 青紫 橙 黄 白 緑　香
バラ科　耐寒性落葉低木
原生地：北半球亜寒帯～亜熱帯
◆特徴　花の形、大きさ、色、香り、樹形は多様。四季咲き、二季咲き、一季咲きがある。
◆栽培　日なたと風通し、水はけのよい用土を好む。ポット苗の植えつけは周年可能。強健な品種を選び、剪定と施肥、病害虫除去が必要。
A-E　日なた　普　20～300cm
開花期：1 2 3 4 5 6 7 8 9 10 11 12

ネメシア
ウンランモドキ
Nemesia strumosa
桃 赤 青紫 橙 黄 白 緑　香
ゴマノハグサ科　非耐寒性一年草
原生地：南アフリカ
◆特徴　一年草タイプ。花は大きく、鮮やかな花色が多い。
◆栽培　日なたと水はけのよい用土を好む。入手した苗は雨に弱いので軒下などで育てる。タネまきは10月上旬、霜に弱いので室内で育苗し、3月に定植。夏前に枯れる。
A-E　日なた　普　15～30cm
開花期：1 2 3 4 5 6 7 8 9 10 11 12

ハナミズキ　花水木 126
桃 赤 白 赤 緑　香
開花期：1 2 3 4 5 6 7 8 9 10 11 12

ハナモモ　花桃 015
桃 赤 白 緑　香
開花期：1 2 3 4 5 6 7 8 9 10 11 12

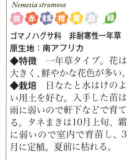
バーベナ 125
桃 赤 青紫 橙 白 地 緑　香
開花期：1 2 3 4 5 6 7 8 9 10 11 12

ハナビシソウ　花菱草 088
桃 赤 橙 黄 白 緑　香
開花期：1 2 3 4 5 6 7 8 9 10 11 12

ハコネウツギ　箱根空木
ゲンペイウツギ
Weigela coraeensis
白（赤）緑　香
スイカズラ科　耐寒性落葉低木
原生地：日本
◆特徴　花は白色から赤色に変化。2色咲きに見える。
◆栽培　日なたから半日陰、水はけのよい用土を好む。強健、肥料は不要。枝がよく伸びるので花後すぐに剪定する。挿し木で容易に繁殖。鉢植えは水やりに注意。
B-D　日なた　半日陰　普　200～300cm
開花期：1 2 3 4 5 6 7 8 9 10 11 12

Red
—40—

赤 春

ビジョナデシコ　美女撫子
ヒゲナデシコ、アメリカナデシコ
Dianthus barbatus

桃 赤 橙 白 他 緑　香

ナデシコ科　耐寒性宿根草（一年草）
原生地：南ヨーロッパ
◆特徴　茎頂に径3cmほどの花を集めて咲く。総苞が細くひげのよう。
◆栽培　日なたと水はけのよい用土を好む。寒さに強いが暑さに弱いので一年草扱い。9月にタネまきし、関東以西は10月、冷涼地は春に定植。

A-E　日なた　普　30〜70cm

開花期：1 2 3 4 5 6 7 8 9 10 11 12

ヒューケラ
ツボサンゴ、サンゴバナ、ホイヘラ
Heuchera Hybrids

桃 赤 黄 白 赤黄 緑　香

ユキノシタ科　耐寒性宿根草
原生地：北アメリカ
◆特徴　品種が多く、花色、葉色が豊富。葉は周年観賞。
◆栽培　日なたから半日陰、水はけのよい所を選ぶ。花後の花茎は切る。暑さに弱いので古葉を取り除いて蒸れを防ぐ。古株は茎が立ち上がるので株分けし、植え直す。

A-E　半日陰　普　30〜80cm

開花期：1 2 3 4 5 6 7 8 9 10 11 12

ヒメキンギョソウ　姫金魚草
016

桃 赤 青紫 橙 黄 白 緑　香

開花期：1 2 3 4 5 6 7 8 9 10 11 12

フロックス・ドラモンディー
キキョウナデシコ
Phlox drummondii

桃 赤 青紫 白 緑　香

ハナシノブ科　耐寒性一年草
原生地：北アメリカ
◆特徴　春花壇に。丸弁や星形の花が多数咲く。花色豊富で花期も長い。
◆栽培　日なたと水はけのよい用土を好む。春にポット苗を花壇に定植。乾燥ぎみに管理し、追肥は不要。タネまきは9月、関東以北は霜よけする。

A-E　日なた　乾　15〜40cm

開花期：1 2 3 4 5 6 7 8 9 10 11 12

ヒナゲシ　雛芥子
グビジンソウ、シャーレポピー
Papaver rhoeas

桃 赤 橙 黄 白 緑　香

ケシ科　耐寒性一年草
原生地：ヨーロッパ
◆特徴　薄い紙細工のような4弁花で八重咲きもある。
◆栽培　日なたと乾燥ぎみの用土を好む。タネまきは9〜10月、寒冷地は春まきする。タネが小さいので砂に混ぜてまくとよい。枯れた葉や花は取り除き、灰色かび病を予防。

A-E　日なた　乾　40〜70cm

開花期：1 2 3 4 5 6 7 8 9 10 11 12

フリージア
089

桃 赤 青紫 橙 黄 白 緑　香

開花期：1 2 3 4 5 6 7 8 9 10 11 12

ボタン　牡丹
017

桃 赤 青紫 橙 黄 白 緑　香

開花期：1 2 3 4 5 6 7 8 9 10 11 12

ヒマラヤユキノシタ
016

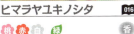
桃 赤 白 緑　香

開花期：1 2 3 4 5 6 7 8 9 10 11 12

フクシア
065

桃 赤 青紫 橙 白 緑　香

開花期：1 2 3 4 5 6 7 8 9 10 11 12

ペラルゴニウム
ファンシーゼラニウム
Pelargonium Regal Group

桃 赤 白 緑　香

フウロソウ科　半耐寒性宿根草
原生地：南アフリカ
◆特徴　大輪系と小輪系があり、どちらも華やか。
◆栽培　日なたと水はけのよい用土を好む。乾燥に強いが雨に弱いので、南向きの軒下やベランダなどで管理。0℃以上で越冬するが、寒冷地は室内に置く。

D-E　日なた　普　30〜40cm

開花期：1 2 3 4 5 6 7 8 9 10 11 12

| 桃 | 赤 春 夏 | 青紫 | 橙 | 黄 | 白 | その他 |

アスクレピアス・クラサヴィカ
トウワタ
Asclepias curassavica

赤　緑

キョウチクトウ（ガガイモ）科　非耐寒性宿根草
原生地：北アメリカ、西インド諸島
◆特徴　ユニークな花形と赤と橙のツートンカラーが魅力。
◆栽培　日なたと水はけのよい有機質の多い用土を好む。タネまきや苗の植えつけは春。暑さに強く、茎は細いが風にも強く倒伏しない。春まき一年草扱いする。

香　A-E　日なた　普　60～100cm

開花期：1 2 3 4 5 6 7 8 9 10 11 12

アメリカデイコ
カイコウズ
Erythrina crista-galli

赤　緑

マメ科　半耐寒性落葉高木
原生地：南アメリカ
◆特徴　3出複葉の葉を互生し、枝先に赤色の蝶形花を集めて開花。
◆栽培　日なたと水はけのよい用土を好む。寒さに強く、南関東以西では防寒不要。植えつけ適期は5～6月、腐葉土や完熟堆肥を十分に施す。

香　D-E　日なた　普　100～500cm

開花期：1 2 3 4 5 6 7 8 9 10 11 12

アスター
エゾギク、カリステフス
Callistephus chinensis

桃　赤　青紫　黄　白　緑

キク科　半耐寒性一年草
原生地：中国
◆特徴　品種は多く、大輪から小輪まで花色豊富。夏の切り花にも利用。
◆栽培　日なたと水はけのよい用土を好む。タネまきは3～5月、暑さに弱いので温暖地は秋まき。連作障害をおこすので花壇で5～6年あける。

香　A-E　日なた　普　30～80cm

開花期：1 2 3 4 5 6 7 8 9 10 11 12

アスチルベ
Astilbe × hybrida

桃　赤　白　緑

ユキノシタ科　耐寒性宿根草
原生地：東アジア、北アメリカ
◆特徴　ボリュームのある花穂と美しい葉が半日陰の庭を明るくする。
◆栽培　保水性があり水はけのよい酸性土を好む。乾燥を嫌うので夏の西日を避けた場所に植え、天候に応じて水やりする。

香　A-D　半日陰　湿　40～100cm

開花期：1 2 3 4 5 6 7 8 9 10 11 12

アプテニア
ハナツルクサ、ベビーサンローズ、ハナヅルソウ
Aptenia cordifolia

桃　赤　緑

ハマミズナ（ツルナ）科　半耐寒性宿根草
原生地：南アフリカ
◆特徴　茎は這うように広がり多肉質の葉をつける。
◆栽培　高温と乾燥に強く夏の直射日光下で咲く。肥料は不要、多肥にすると花が咲かない。南関東以西では戸外で越冬。冷涼地は鉢植えにして、冬は室内に。挿し芽で繁殖。

香　D-E　日なた　乾　10～15cm

開花期：1 2 3 4 5 6 7 8 9 10 11 12

アメリカフヨウ　020

桃　赤　白　緑　香

開花期：1 2 3 4 5 6 7 8 9 10 11 12

インパチェンス　131

桃　赤　青紫　橙　白　緑　香

開花期：1 2 3 4 5 6 7 8 9 10 11 12

夏

アンスリウム
オオベニウチワ
Anthurium andraeanum

桃 赤 白 他 緑　香

サトイモ科　非耐寒性宿根草
原生地：南アメリカ

A~E
半日陰
湿
30～50cm

◆**特徴**　観葉植物。ハート形の仏炎苞は光沢があり美しい。
◆**栽培**　直射日光が当たらず高温多湿を好むので、明るい室内で育てる。夏は戸外の日陰で、庭植えも可能。乾燥を嫌うので水やりに注意。冬越しは室内で15℃以上を保つ。

開花期：1 2 3 4 5 6 7 8 9 10 11 12

ガイラルディア
ヤグルマテンニンギク
Gaillardia pulchella 'Lorenziana'

赤 黄 緑　香

キク科　非耐寒性一年草
原生地：北アメリカ

A~E
日なた
普
30～50cm

◆**特徴**　テンニンギクの品種で、筒状花が発達して矢車形。長期間咲く。
◆**栽培**　日なたと水はけのよい用土を好む。タネまきは春、乾燥を嫌うので腐葉土を入れて苗を定植する。多肥と水分過多は軟弱に育つので注意。

開花期：1 2 3 4 5 6 7 8 9 10 11 12

ウキツリボク　浮吊木
アブチロン、チロリアンランプ
Abutilon megapotamicum

赤 緑　香

アオイ科　半耐寒性常緑つる性木本
原生地：ブラジル

D~E
日なた
普
300cm

◆**特徴**　花弁は黄、赤い大きな萼が目立つ。
◆**栽培**　日なたと水はけのよい用土を好む。細いつるを伸ばしながら花をつける。つるは自力では巻きつかないのでこまめに誘引。東京以西では戸外の日だまりで冬も開花。

開花期：1 2 3 4 5 6 7 8 9 10 11 12

カワラナデシコ　河原撫子　022
桃 赤 白 緑　香
開花期：1 2 3 4 5 6 7 8 9 10 11 12

キュウコンベゴニア　球根ベゴニア　091
桃 赤 橙 黄 白 緑　香
開花期：1 2 3 4 5 6 7 8 9 10 11 12

オシロイバナ　白粉花　021
桃 赤 橙 黄 白 緑　香
開花期：1 2 3 4 5 6 7 8 9 10 11 12

カリブラコア　022
桃 赤 青紫 橙 黄 白 緑　香
開花期：1 2 3 4 5 6 7 8 9 10 11 12

カンナ　091
桃 赤 橙 黄 白 緑 赤　香
開花期：1 2 3 4 5 6 7 8 9 10 11 12

キョウチクトウ　夾竹桃　022
桃 赤 白 緑　香
開花期：1 2 3 4 5 6 7 8 9 10 11 12

キバナコスモス　091
赤 橙 黄 緑　香
開花期：1 2 3 4 5 6 7 8 9 10 11 12

グラジオラス　109
桃 赤 青紫 橙 黄 白 他 緑　香
開花期：1 2 3 4 5 6 7 8 9 10 11 12

Red
44

キバナセンニチコウ　黄花千日紅
アメリカセンニチコウ
Gomphrena haageana

赤 橙 緑　　香

ヒユ科　非耐寒性一年草
原生地：北アメリカ南部
◆特徴　センニチコウと同属。草丈は高く、花茎が長い。
◆栽培　日なたと水はけのよい用土を好む。タネまきは4〜5月、本葉5〜6枚で定植する。乾燥に強いが、真夏の日照りが続くようなら水やりする。ドライフラワーに向く。

日なた　普　50〜60cm

開花期：1 2 3 4 5 6 7 8 9 10 11 12

クロコスミア
ヒメヒオウギズイセン
Crocosmia × crocosmiiflora

赤 橙 緑　　香

アヤメ科　耐寒性球根
原生地：熱帯アフリカ、南アフリカ
◆特徴　草丈や咲き方は多様。強健で野生化するほど。
◆栽培　日なたと水はけのよい用土を好む。球根植えつけは3〜4月。乾燥にも湿気にも耐え、肥料も不要。数年植え替え不要。寒冷地は掘り上げて凍らないように保管。

日なた　普　50〜150cm

開花期：1 2 3 4 5 6 7 8 9 10 11 12

ゴシキトウガラシ　五色唐辛子　109

青紫 白 赤 青紫 橙 黄 他 赤 緑　香

観賞期：1 2 3 4 5 6 7 8 9 10 11 12

グロリオサ
キツネユリ
Gloriosa spp.

赤 橙 黄 緑　　香

イヌサフラン(ユリ)科　非耐寒性つる性球根
原生地：アフリカ、熱帯アジア
◆特徴　茎は細く葉の先端の巻きひげで支柱に絡む。花は花弁が反り返る。
◆栽培　球根植えつけは4月、水はけのよい用土で植える。支柱を立ててつるを誘引。日なたを好むが夏は半日陰に。過乾燥にも過湿にも弱い。

日なた　普　50〜300cm

開花期：1 2 3 4 5 6 7 8 9 10 11 12

クレオメ　133
桃 赤 白 緑　香
開花期：1 2 3 4 5 6 7 8 9 10 11 12

コンボルブルス・トリカラー　023
桃 赤 青紫 白 緑　香
開花期：1 2 3 4 5 6 7 8 9 10 11 12

ケイトウ　鶏頭
ウモウゲイトウ、トサカケイトウ
Celosia argentea

桃 赤 橙 黄 緑　　香

ヒユ科　非耐寒性一年草
原生地：東南アジア、インド
◆特徴　穂の形からウモウやトサカなどに分類される。
◆栽培　日なたと水はけのよい用土を好む。暑さに強く真夏の炎天下で咲き続けるが、乾燥しすぎると株が衰えるので灌水する。定期的に追肥を。タネまきは5月、移植を嫌う。

日なた　普　20〜100cm

開花期：1 2 3 4 5 6 7 8 9 10 11 12

グロキシニア
オオイワギリソウ、シンニンギア
Sinningia speciosa

桃 赤 青紫 白 緑　　香

イワタバコ科　非耐寒性球根
原生地：ブラジル
◆特徴　熱帯を思わせる大輪花はベルベットのような光沢。
◆栽培　明るい窓辺に置き、花や葉にかからないように水やりする。真夏は涼しい場所に。15℃以下で休眠に入るので、水を切り鉢ごとビニール袋に入れ、5℃以上を保つ。

日なた　普　20cm

開花期：1 2 3 4 5 6 7 8 9 10 11 12

夏

ゴデチア
イロマツヨイ
Clarkia amoena

桃 赤 青紫 白 緑

アカバナ科　耐寒性一年草
原生地：北アメリカ西部
◆特徴　茎先に光沢のある花を数輪つける。切り花にも。
◆栽培　日なたと水はけのよい用土を好む。強健で、やせ地でも育つ。移植を嫌うので秋に直まき、または根鉢をくずさず苗を定植。腐葉土などでマルチして霜よけする。

香　A-E　日なた　普　20〜80cm

開花期：1 2 3 4 5 6 7 8 9 10 11 12

サルビア・コクシネア
ベニバナサルビア
Salvia coccinea

桃 赤 白 緑

シソ科　非耐寒性宿根草(一年草)
原生地：熱帯アメリカ
◆特徴　スプレンデンスより野趣のある雰囲気。
◆栽培　日なたと水はけのよい用土を好む。生育初期に摘心して花数をふやす。花がら摘みはこまめに、追肥も必要。南関東以西では強い霜に当てなければ戸外で越冬可能。

香　A-E　日なた　普　30〜60cm

開花期：1 2 3 4 5 6 7 8 9 10 11 12

サルスベリ　猿滑、百日紅
ヒャクジツコウ
Lagerstroemia indica

桃 赤 白 緑

ミソハギ科　耐寒性落葉高木
原生地：中国
◆特徴　樹幹は光沢がある。フリルのついた花びらと雄しべが目立つ。
◆栽培　日なたと水はけがよく有機質に富んだ用土を好む。乾燥を嫌うので夏の水切れに注意。剪定は落葉している冬に行う。

香　B-E　日なた　普　100〜500cm

開花期：1 2 3 4 5 6 7 8 9 10 11 12

サルビア・スプレンデンス
サルビア、ヒゴロモソウ
Salvia splendens

桃 赤 青紫 橙 黄 白 緑

シソ科　非耐寒性一年草
原生地：ブラジル
◆特徴　一般にサルビアというと本種。夏花壇に欠かせない。
◆栽培　日なたと水はけのよい用土を好む。多肥を好むので定期的に追肥を。花がら摘みをこまめに。8月中旬に草丈の半分まで切り追肥すると秋に再開花。

香　A-E　日なた　普　25〜50cm

開花期：1 2 3 4 5 6 7 8 9 10 11 12

ジューンベリー　123

白 赤 緑　香

観賞期：1 2 3 4 5 6 7 8 9 10 11 12

サルビア・ミクロフィラ
チェリーセージ
Salvia microphylla

赤 白 緑

シソ科　耐寒性宿根草
原生地：中央アメリカ
◆特徴　低木状に育ち、長期間咲き続ける。赤と白の2色咲きもある。
◆栽培　日なたと水はけのよい用土を好む。苗の植えつけは春。花がら摘みはこまめに。適宜切り戻して草姿を整える。春の萌芽前に剪定する。

香　C-E　日なた　普　60〜100cm

開花期：1 2 3 4 5 6 7 8 9 10 11 12

ジニア 'プロフュージョン'　092

桃 赤 橙 黄 白 緑　香

開花期：1 2 3 4 5 6 7 8 9 10 11 12

サンタンカ　山丹花　092

桃 赤 橙 黄 白 緑　香

開花期：1 2 3 4 5 6 7 8 9 10 11 12

Red
—46—

| 桃 | 赤 夏 | 青・紫 | 橙 | 黄 | 白 | その他 |

スイレン 睡蓮（耐寒性） 135

桃 赤 橙 黄 白 緑　　香
開花期：1 2 3 4 5 6 7 8 9 10 11 12

スイレン 睡蓮（熱帯性） 073

桃 赤 青紫 橙 黄 白 赤 緑　　香
開花期：1 2 3 4 5 6 7 8 9 10 11 12

タチアオイ　立葵
ホリホック
Alcea rosea

桃 赤 青紫 黄 白 他 緑　　香

アオイ科　耐寒性宿根草、一年草
原生地：小アジア
◆特徴　梅雨のころに雄大な花穂を立て、下から順に咲く。
◆栽培　日なたと水はけのよい用土を好む。5月にタネをまき、小苗で定植すると翌年開花。雨に強く強健。花後花茎を切り、古葉を整理する。秋まき一年草タイプもある。

A~D
日なた
普
90~200cm

開花期：1 2 3 4 5 6 7 8 9 10 11 12

セイヨウマツムシソウ　西洋松虫草 074

桃 赤 青紫 白 緑　　香
開花期：1 2 3 4 5 6 7 8 9 10 11 12

トレニア 075

桃 赤 青紫 白 緑　　香
開花期：1 2 3 4 5 6 7 8 9 10 11 12

シュッコンバーベナ
Verbena Hybrids

桃 赤 青紫 白 緑　　香

クマツヅラ科　半耐寒性宿根草
原生地：南アメリカ
◆特徴　茎を這うように伸ばし、小さな花を集めて咲く。南関東以西では宿根する。
◆栽培　日なたと水はけのよい用土を好む。花がら摘みはこまめに。花数が減ってきたら切り戻し追肥する。宿根した株は春に古葉を整理。

D~E
日なた
普
15~30cm

開花期：1 2 3 4 5 6 7 8 9 10 11 12

ツキヌキニンドウ
ロニセラ、トランペットハニーサックル
Lonicera sempervirens

赤　緑　　香

スイカズラ科　耐寒性常緑つる性木本
原生地：北アメリカ
◆特徴　花の下の対生する葉は合着する。花は10輪ほど集まる。
◆栽培　日なたと水はけのよい用土を好む。植えつけは3〜4月。フェンスなどに誘引する。花後伸びすぎたつるを剪定して誘引し直す。

C~E
日なた
普
500cm

開花期：1 2 3 4 5 6 7 8 9 10 11 12

セイヨウアサガオ　西洋朝顔 074

赤 青紫 白 緑　　香
開花期：1 2 3 4 5 6 7 8 9 10 11 12

ニチニチソウ　日日草 026

桃 赤 青紫 白 緑　　香
開花期：1 2 3 4 5 6 7 8 9 10 11 12

夏

テイオウカイザイク 帝王貝細工
ムギワラギク、ヘリクリサム
Bracteantha bracteata

桃 赤 橙 黄 白 緑

キク科　非耐寒性宿根草(一年草)
原生地：オーストラリア
◆**特徴**　カサカサとした触感の花は花色があせない。
◆**栽培**　日なたと水はけのよい用土を好む。タネまきは温暖地では秋、寒冷地は春。過湿と多肥を避け強健に育てる。ドライフラワーには風通しのよい日陰で吊り下げて。

香　A-E　日なた　普　30〜90cm

開花期：1 2 3 **4 5 6 7 8 9** 10 11 12

ハイビスカス
ブッソウゲ
Hibiscus Hybrids

桃 赤 橙 黄 白 緑

アオイ科　非耐寒性常緑低木
原生地：熱帯アジア
◆**特徴**　交雑品種が出回る。大輪から小輪まで、花色豊富。
◆**栽培**　日なたと水はけのよい用土を好む。日陰では蕾が落ちるので、風通しのよい戸外で育てる。水切れ、肥料切れに注意。冬は室内で10℃以上を保つ。

香　A-E　日なた　普　30〜200cm

開花期：1 2 3 4 **5 6 7 8 9 10** 11 12

ニコチアナ
ハナタバコ
Nicotiana × sanderae

桃 赤 青紫 白 他 緑

ナス科　非耐寒性一年草
原生地：南アメリカ
◆**特徴**　筒状の花は星形に開く。パステルカラーが多い。
◆**栽培**　日なたと水はけのよい用土を好む。過乾燥は株が弱り、長雨にあうと傷むので注意。咲き終わった花穂は葉のつけ根で切り、わき芽を出させる。開花中は追肥を。

香　A-E　日なた　普　30〜60cm

開花期：1 2 3 4 **5 6 7 8 9 10** 11 12

ハス　蓮　026

桃 赤 白 緑　香

開花期：1 2 3 4 5 6 **7 8 9** 10 11 12

ヒマワリ　向日葵　112

赤 橙 黄 他 緑　香

開花期：1 2 3 4 5 6 **7 8 9 10** 11 12

ニューギニアインパチェンス　093

桃 赤 青紫 橙 黄 白 赤 緑　香

開花期：1 2 3 4 **5 6 7 8 9 10** 11 12

ハイブリッドカラー　093

桃 赤 青紫 橙 黄 白 他 緑　香

開花期：1 2 3 4 5 **6 7** 8 9 10 11 12

ハゴロモルコウソウ 羽衣留紅草
モミジバルコウ
Ipomoea × multifida

赤 緑

ヒルガオ科　非耐寒性つる性一年草
原生地：熱帯アメリカ
◆**特徴**　大きく切れ込む葉と五角形の花をつける。
◆**栽培**　日なたと水はけのよい用土を好む。タネまきは5月、硬実種子なので種皮に小さな傷をつけて吸水させる。つるが伸び始めたらフェンスなどに誘引する。

香　A-E　日なた　普　300cm

開花期：1 2 3 4 5 6 7 **8 9 10** 11 12

ノゲイトウ
セロシア
Celosia argentea Spicata Group

桃 赤 黄 緑

ヒユ科　非耐寒性一年草
原生地：熱帯アジア
◆**特徴**　茎は上部で分枝して円錐状の花穂を出す。
◆**栽培**　日なたと水はけのよい用土を好む。直根性で移植を嫌うので、4月以降に直まきするか、ポット苗をていねいに定植する。強健だが、過乾燥や過湿に弱いので注意。

香　A-E　日なた　普　60〜80cm

開花期：1 2 3 4 5 6 **7 8 9 10** 11 12

ハナキリン　花麒麟
キスミークイック
Euphorbia milii

桃 赤 橙 黄 白 緑

トウダイグサ科　非耐寒性常緑低木
原生地：マダガスカル
◆**特徴**　多肉植物。枝は鋭い刺が並び、頂部に花をつける。
◆**栽培**　日なたと乾燥ぎみの用土を好む。春〜秋は戸外、冬は室内で10℃以上を保つ。鉢土がすっかり乾いてからたっぷり水やりを。挿し木は6〜7月、切り口を乾かす。

香　A-E　日なた　乾　20〜40cm

開花期：1 2 3 4 5 6 **7 8 9** 10 11 12

Red

| 桃 | 赤 | 夏 | 青紫 | 橙 | 黄 | 白 | その他 |

ブーゲンビレア 094
桃 赤 青紫 橙 黄 白 緑　香
開花期：1 2 3 4 5 6 7 8 9 10 11 12

ブラックベリー 028
赤 他 緑　香
観賞期：1 2 3 4 5 6 7 8 9 10 11 12

フランネルソウ
スイセンノウ、リクニス
Silene coronaria
桃 赤 白 他

ナデシコ科　耐寒性宿根草
原生地：ヨーロッパ南東部
◆特徴　花はビロード状。茎や葉は白毛で覆われる。八重咲きもある。
◆栽培　日なたと水はけのよい用土を好む。タネまきは秋。乾燥に強いが過湿に弱いので、花がらと枯れ葉を取る。強健で、こぼれダネでも繁殖。

香　A-D　日なた　普　60〜100cm

開花期：1 2 3 4 5 6 7 8 9 10 11 12

ヒペリカム・アンドロサエマム
コボウズオトギリ
Hypericum androsaemum
桃 赤 橙 他 黄 緑

オトギリソウ科　耐寒性常緑低木
原生地：ヨーロッパ、地中海沿岸
◆特徴　花後の実を観賞。枝先にかたまってつく。
◆栽培　日なたと水はけのよい用土を好むが、真夏の西日は避ける。乾燥に弱いので鉢植えは注意。寒さに強いが冬の寒風は避ける。剪定は冬、古枝は株元から切る。

香　C-E　日なた　普　50〜80cm

観賞期：1 2 3 4 5 6 7 8 9 10 11 12

フロックス・パニキュラータ 077
桃 青紫 白 緑　香
開花期：1 2 3 4 5 6 7 8 9 10 11 12

ヘメロカリス 094
桃 赤 橙 黄 白 緑　香

開花期：1 2 3 4 5 6 7 8 9 10 11 12

ペンステモン 138
桃 赤 青紫 白 緑 赤　香
開花期：1 2 3 4 5 6 7 8 9 10 11 12

フレンチマリーゴールド 094
赤 橙 黄 緑　香
開花期：1 2 3 4 5 6 7 8 9 10 11 12

ペンステモン・バルバタス
ヤナギチョウジ
Penstemon barbatus
赤 白 緑

オオバコ(ゴマノハグサ)科　耐寒性宿根草
原生地：北アメリカ
◆特徴　細長い筒状の花を下垂させ、穂状になる。
◆栽培　日なたと水はけのよい用土を好む。交雑品種のペンステモンより強健で暑さに強く、東京近辺でもよく育つ。倒伏防止に支柱を。花後に切り戻して追肥すると再開花。

香　A-D　日なた　普　80cm

開花期：1 2 3 4 5 6 7 8 9 10 11 12

ブバルディア 138
桃 赤 白 緑　香
開花期：1 2 3 4 5 6 7 8 9 10 11 12

ペチュニア 138
桃 赤 青紫 黄 白 他 緑　香
開花期：1 2 3 4 5 6 7 8 9 10 11 12

ブッドレア 076
桃 赤 青紫 白 緑　香
開花期：1 2 3 4 5 6 7 8 9 10 11 12

夏

ベゴニア・センパフローレンス
シキザキベゴニア
Begonia Semperflorens-cultorum

桃 赤 白 緑 赤

シュウカイドウ科　非耐寒性宿根草（一年草）
原生地：南アメリカ
◆特徴　花色は桃、赤、白だが、葉色でイメージは異なる。
◆栽培　日なたと水はけのよい用土を好む。真夏に晴天が続くと傷みやすい。草姿が乱れたら刈り込むと1ヵ月ほどで再開花。冬は室内の窓辺で、10℃以上あると開花。

香　A-E　日なた　普　15〜40cm

開花期：1 2 3 4 5 6 7 8 9 10 11 12

マンデビラ　029
桃 赤 白 緑　香
開花期：1 2 3 4 5 6 7 8 9 10 11 12

ムクゲ　木槿　139
桃 赤 青紫 白 緑　香
開花期：1 2 3 4 5 6 7 8 9 10 11 12

ペンタス　029
桃 赤 青紫 白 緑　香
開花期：1 2 3 4 5 6 7 8 9 10 11 12

マツバボタン　松葉牡丹　113
桃 赤 橙 黄 白 緑　香
開花期：1 2 3 4 5 6 7 8 9 10 11 12

モナルダ・ディディマ
タイマツバナ、ベルガモット
Monarda didyma

桃 赤 青紫 白 緑

シソ科　耐寒性宿根草
原生地：北アメリカ東部
◆特徴　葉に芳香がある。茎頂に唇形花が集まって咲く。
◆栽培　日なたと風通し、水はけのよい用土を好む。暑さを嫌うので夏の西日を避ける。よくふえて大株になるので株間を十分にあけて植える。花後、地ぎわで刈り込む。

香　A-D　日なた　普　100〜120cm

開花期：1 2 3 4 5 6 7 8 9 10 11 12

ホウセンカ　鳳仙花
ツマクレナイ、ツマベニ
Impatiens balsamina

桃 赤 青紫 白 緑

ツリフネソウ科　非耐寒性一年草
原生地：インド、中国南部
◆特徴　花は葉のわきにつく。熟した実は弾けてタネを飛ばす。
◆栽培　日なたと水はけのよい用土を好む。遅霜と移植を嫌うので、5月に直まきか小苗を定植。鉢植えは乾燥を嫌うので水やりに注意。

香　A-E　日なた　普　20〜70cm

開花期：1 2 3 4 5 6 7 8 9 10 11 12

モミジアオイ
コウショッキ
Hibiscus coccineus

桃 赤 緑

アオイ科　耐寒性宿根草
原生地：北アメリカ南東部
◆特徴　葉はモミジのように切れ込み、大輪花が咲く。
◆栽培　日なたと、水はけ、水もちもよい用土を好む。植えつけは春が適期、腐葉土をすき込む。冬に地上部が枯れたら地ぎわで切り、盛り土をして防寒する。

香　C-E　日なた　普　100〜200cm

開花期：1 2 3 4 5 6 7 8 9 10 11 12

ポーチュラカ　113
桃 赤 橙 黄 白 緑　香
開花期：1 2 3 4 5 6 7 8 9 10 11 12

ユリ　アジアティックハイブリッド　140
桃 赤 橙 黄 白 緑　香
開花期：1 2 3 4 5 6 7 8 9 10 11 12

ユリ　オリエンタルハイブリッド　140
桃 赤 白 緑　香
開花期：1 2 3 4 5 6 7 8 9 10 11 12

Red

秋

ヤマアジサイ 山紫陽花 079
桃 赤 青紫 白 緑　香
開花期：1 2 3 4 5 6 7 8 9 10 11 12

ラズベリー
ヨーロッパキイチゴ
Rubus idaeus

白 赤 橙 黄 緑　香

バラ科　耐寒性落葉低木
原生地：ヨーロッパ
◆特徴　キイチゴの仲間で、細い枝が地ぎわからでる。
◆栽培　1株で結実。日なたと水はけのよい用土を好むが、暑さに弱いので西日を避けた場所に植える。夏はマルチで乾燥を防ぎ、水やりする。冬に古枝を地ぎわで切る。

B〜D　日なた　普　100〜200cm

観賞期：1 2 3 4 5 6 7 8 9 10 11 12

ランタナ 095
桃 赤 青紫 橙 黄 白 緑　香
開花期：1 2 3 4 5 6 7 8 9 10 11 12

ルコウソウ 縷紅草 030
桃 赤 白 緑　香
開花期：1 2 3 4 5 6 7 8 9 10 11 12

ロベリア・スペシオーサ
シュッコンロベリア
Lobelia × speciosa

桃 赤 青紫 白 赤 緑　香

キキョウ科　耐寒性宿根草
原生地：北アメリカ
◆特徴　大型の宿根系ロベリア。花色豊富、銅葉もある。
◆栽培　日なたと保水性のある肥沃な用土を好む。湿地性植物で水辺に向くが、水やりすれば花壇にも植えられる。花後に切り戻すと再開花。晩秋に花茎を元から切って越冬。

A〜D　日なた　湿　70〜80cm

開花期：1 2 3 4 5 6 7 8 9 10 11 12

アカリファ'キャッツテール'
キャッツテール
Acalypha hispaniolae

赤 白 緑　香

トウダイグサ科　非耐寒性宿根草
原生地：南西諸島
◆特徴　茎を横に伸ばし、花穂はネコのしっぽを思わせる。
◆栽培　鉢物が流通。春〜夏は戸外の日なたで、冬は室内の日当たりのよい窓辺で、5℃以上を保つ。摘心を繰り返すと花つきがよくなる。春に水はけのよい土で植え替える。

A〜E　日なた　普　20〜50cm

開花期：1 2 3 4 5 6 7 8 9 10 11 12

アマランサス
レッドアマランサス
Amaranthus cruentus

桃 赤 白 緑　香

ヒユ科　非耐寒性一年草
原生地：南アメリカ
◆特徴　大型の一年草で、若い葉や種子を食用にも利用。
◆栽培　日なたと水はけのよい用土を好む。移植を嫌うので本葉2〜3枚の苗で植えるか直まきする。暑さに強く生育旺盛だが、肥料は少なめでよい。多湿に弱いので注意。

B〜D　日なた　普　120〜200cm

開花期：1 2 3 4 5 6 7 8 9 10 11 12

アザレア 031
桃 赤 白 緑　香
開花期：1 2 3 4 5 6 7 8 9 10 11 12

キク 菊 114
桃 赤 橙 黄 白 他 緑　香
開花期：1 2 3 4 5 6 7 8 9 10 11 12

秋

イイギリ　飯桐
ナンテンギリ、イヌギリ
Idesia polycarpa

黄 赤 緑

ヤナギ(イイギリ)科　耐寒性落葉高木
原生地：日本、東アジア
◆特徴　雌雄異株。開花は5月、秋に赤い実が房状になる。
◆栽培　日なたと水はけのよい用土を好む。コンテナ苗は周年植えつけ可能。タネからもよく発芽するが、開花まで7～8年かかる。秋の黄葉も見事。落葉後も実は残る。

香　B-E　日なた　普　500～1500cm

観賞期：1 2 3 4 5 6 7 8 9 **10 11** 12

コトネアスター
Cotoneaster spp.

白 赤 白 緑

バラ科　耐寒性落葉～常緑低木
原生地：中国西南部、ヒマラヤ
◆特徴　樹形は這い性や立性がある。秋に熟す実を観賞。
◆栽培　日なたと水はけのよい用土を好む。剪定は不要だが、高温多湿の蒸れに弱いので、茂りすぎた枝は間引き、風通しを図る。大株の移植は困難。挿し木で繁殖。

香　C-E　日なた　普　20～300cm

観賞期：**1** 2 3 4 5 6 7 8 9 **10 11 12**

イチイ　一位
アララギ、オンコ
Taxus cuspidata

白 赤 緑

イチイ科　耐寒性常緑高木
原生地：日本、東アジア
◆特徴　針葉樹で樹形は円錐形。実は野鳥が好んで食べる。
◆栽培　日なたを好むが、耐陰性が強く日陰でもよく育つ。生長は遅いが、好みの形に刈り込めるので生け垣や庭木に向く。苗木の植えつけは春の萌芽前が適期。

香　A-D　日なた　普　100～1500cm

観賞期：1 2 3 4 5 6 7 8 **9 10 11** 12

コスモス　031
桃 赤 橙 黄 白 緑　香

開花期：1 2 3 4 5 6 **7 8 9** 10 11 12

サザンカ　山茶花　141
桃 赤 白 緑　香

開花期：1 2 3 4 5 6 7 8 9 **10 11 12**

ガマズミ
ヨウゾメ、ヨツズミ
Viburnum dilatatum

白 赤 黄 緑

レンプクソウ(スイカズラ)科　耐寒性落葉低木
原生地：日本、朝鮮半島、中国
◆特徴　5～6月、白色の小花を集めて開花。秋に熟す赤い実は野鳥が喜ぶ。
◆栽培　日なたと水はけのよい用土を好む。植えつけは春か秋、堆肥を十分に入れて土の乾きすぎを防ぐ。剪定は落葉期に、不要な枝を切る。

香　B-D　日なた　普　50～200cm

観賞期：1 2 3 4 5 6 7 8 9 **10 11** 12

サルビア・エレガンス
パイナップルセージ
Salvia elegans

赤 緑

シソ科　耐寒性宿根草
原生地：メキシコ、グアテマラ
◆特徴　筒状の花を穂状につけ、パイナップルの香り。
◆栽培　日なたと水はけのよい用土を好む。苗の植えつけは春、7月に切り戻して草丈を抑える。花後、地ぎわを15～20cm残して切る。関東以西は庭植えで越冬。

香　C-E　日なた　普　100～150cm

開花期：1 2 3 4 5 6 7 8 9 **10 11** 12

クランベリー
オオミツルコケモモ
Vaccinium macrocarpon

桃 赤 緑

ツツジ科　耐寒性常緑つる性木本
原生地：北アメリカ、アジア北部
◆特徴　夏に桃花をつけ、秋に実が赤く熟し、ジャムやジュースに利用。
◆栽培　日なたと保湿性のある酸性土を好む。入手した鉢物はひと回り大きな鉢にブルーベリー用培養土で植える。乾燥に弱いので注意。

香　A-D　日なた　湿　200～300cm

観賞期：1 2 3 4 5 6 7 **8 9 10** 11 12

サンゴジュ　珊瑚樹
ヤブサンゴ、ヤミジサ
Viburnum odoratissimum

白 赤 緑

レンプクソウ(スイカズラ)科　耐寒性常緑高木
原生地：日本、東南アジア
◆特徴　初夏に開花し、晩夏には赤く色づいた実が鈴なりに垂れる。
◆栽培　日なたを好む。用土を選ばないが、過乾燥は避ける。耐陰性、耐潮性があり、生垣に向く。美しい樹形を保つには年2～3回刈込む。

香　C-E　日なた　普　200～800cm

観賞期：1 2 3 4 5 6 7 **8 9** 10 11 12

Red

| 桃 | 赤 秋 | 青・紫 | 橙 | 黄 | 白 | その他 |

サンシュユ 101

観賞期：1 2 3 4 5 6 7 8 9 10 11 12

ジュズサンゴ　数珠珊瑚
Rivina humilis

ヤマゴボウ科　半耐寒性宿根草
原生地：熱帯アメリカ
◆特徴　可憐な白花と数珠のような赤い実を同時に楽しむ。
◆栽培　日なたでも育つが、半日陰でやや湿り気のある用土を好む。耐暑性はあるが寒さにやや弱いので、寒冷地では室内で越冬させる。こぼれダネでも繁殖。

観賞期：1 2 3 4 5 6 7 8 9 10 11 12

ダリア
テンジクボタン
Dahlia Hybrids

キク科　半耐寒性球根
原生地：メキシコ、グアテマラ
◆特徴　品種は多く、小輪〜巨大輪、花形もさまざま。
◆栽培　日なたと水はけのよい用土を好む。高温多湿を嫌うので関東以西では秋に咲かせるとよい。球根植えつけを5月にするか、夏に切り戻す。南関東では球根掘り上げ不要。

開花期：1 2 3 4 5 6 7 8 9 10 11 12

シンジュノキ　真珠の木 142

ピラカンサ 127

開花期：1 2 3 4 5 6 7 8 9 10 11 12

ツリバナ　吊花
Euonymus oxyphyllus

ニシキギ科　耐寒性落葉低木
原生地：日本、朝鮮半島、中国
◆特徴　花は目立たないが、赤い実は熟すと5裂し、朱色の種子を吊り下げる。
◆栽培　日なたから半日陰、水はけのよい用土を好む。苗木の植えつけは秋か早春が適期。丈夫で育てやすい。剪定は落葉期に、不要の枝を切る。

観賞期：1 2 3 4 5 6 7 8 9 10 11 12

チェッカーベリー
ヒメコウジ
Gaultheria procumbens

ツツジ科　耐寒性常緑低木
原生地：北アメリカ東部
◆特徴　株はマット状に広がる。秋に色づく赤い実を観賞。冬に紅葉する。
◆栽培　日なたと水はけのよい用土を好む。高温多湿を嫌うので夏は半日陰の涼しい場所に置く。乾燥に弱いので注意。関東以西では戸外で越冬。

観賞期：1 2 3 4 5 6 7 8 9 10 11 12

ディアスシア
Diascia Hybrids

ゴマノハグサ科　半耐寒性宿根草
原生地：南アフリカ
◆特徴　マット状の草姿となり、小花を穂状につける。四季咲き性がある。
◆栽培　日なたと水はけのよい用土を好む。花数が減少したら全体を半分に刈り込んで追肥すると再開花。東京以西の温暖地は冬もまばらに開花。

開花期：1 2 3 4 5 6 7 8 9 10 11 12

秋

ネリネ
ダイヤモンドリリー
Nerine Hybrids

桃 赤 青紫 橙 白 緑

ヒガンバナ科　半耐寒性球根
原生地：南アフリカ
◆**特徴**　花色豊富で花弁の縁にフリルが入るものもある。鉢栽培が一般的。
◆**栽培**　日なたと水はけのよい用土を好む。球根の植えつけは9月、過湿を嫌うので乾燥ぎみに管理。冬は南関東以西は軒下で、寒冷地は室内で。
開花期：1 2 3 4 5 6 7 8 9 10 11 12

フユサンゴ　冬珊瑚
タマサンゴ、クリスマスチェリー
Solanum pseudocapsicum

白 赤 橙 白 赤 緑

ナス科　半耐寒性常緑低木
原生地：南アメリカ
◆**特徴**　濃緑の葉に赤や橙の丸い実が鮮やか。
◆**栽培**　日なたと水はけのよい用土を好む。過湿や乾燥に弱いので水やりに注意。カリ分の多い肥料を追肥すると株が充実し実つきがよい。東京以西では寒風を避ければ越冬。
観賞期：1 2 3 4 5 6 7 8 9 10 11 12

ハゲイトウ　葉鶏頭
カマツカ、ガンライコウ
Amaranthus tricolor

他 赤 根 黄

ヒユ科　非耐寒性一年草
原生地：熱帯アジア
◆**特徴**　赤や黄に色づくカラフルな葉を観賞する。
◆**栽培**　日なたと水はけのよい用土を好む。移植を嫌うのでタネを5月に直まきするか小苗を根鉢をくずさず植える。乾燥ぎみに管理し、窒素肥料を控えると発色がよい。
観賞期：1 2 3 4 5 6 7 8 9 10 11 12

ベニヒモノキ　紅紐木
アカリファ・ヒスピダ
Acalypha hispida

赤 緑

トウダイグサ科　非耐寒性常緑低木
原生地：インド、マレー半島
◆**特徴**　鉢物が流通。細く長い花穂が下垂する。
◆**栽培**　日なたと水はけのよい用土を好む。日照不足では花が咲かないので、霜の心配がなくなったら戸外へ。乾燥に弱いので水やりに注意。冬は室内で10℃以上を保つ。
開花期：1 2 3 4 5 6 7 8 9 10 11 12

ヒガンバナ　彼岸花
マンジュシャゲ、スパイダーリリー
Lycoris radiata

赤 緑

ヒガンバナ科　耐寒性球根
原生地：中国
◆**特徴**　彼岸のころに咲く。出葉は花後、翌年春に枯れる。
◆**栽培**　日なたから半日陰、土質を選ばずどこでもよく生育する。球根植えつけは7月。花後にリン、カリウム分の多い肥料を与える。球根は植えたままでよい。
開花期：1 2 3 4 5 6 7 8 9 10 11 12

マユミ　真弓　檀
ヤマニシキギ
Euonymus sieboldianus

他 赤 白 緑

ニシキギ科　耐寒性落葉低木
原生地：日本、朝鮮半島
◆**特徴**　実は4裂し、赤いタネが飛び出す。雌雄異株。
◆**栽培**　日なたと水はけのよい用土を好む。耐陰性があり半日陰でも育つ。花後すぐに混みすぎた枝を間引き、風通しを確保。冬の剪定は花芽を確認しながら不要な枝を切る。
観賞期：1 2 3 4 5 6 7 8 9 10 11 12

ヒモゲイトウ　紐鶏頭
アマランサス・コーダタス
Amaranthus caudatus

赤 他 緑

ヒユ科　非耐寒性一年草
原生地：熱帯アメリカ
◆**特徴**　茎頂にひも状の花穂がつき、花色はあせない。
◆**栽培**　日なたと水はけのよい用土を好む。夏の西日が当たる所でもよく育ち、強健。発芽温度が高いので、5月にタネを直まきして間引きを繰り返して30〜40cm間隔に。
開花期：1 2 3 4 5 6 7 8 9 10 11 12

ミズヒキ　水引
ミズヒキソウ
Antenoron filiforme

赤 白

タデ科　耐寒性宿根草
原生地：日本、北アメリカ
◆**特徴**　花穂を水引に見立てる。小花の上側が赤、下が白。
◆**栽培**　半日陰と保水性のある用土を好む。丈夫で育てやすいが、水切れすると葉が枯れたり蕾が落ちるので注意。地下茎やこぼれダネでふえるので余分な株は間引く。
開花期：1 2 3 4 5 6 7 8 9 10 11 12

冬

ウォールフラワー 116
赤 橙 黄 白 緑 香
開花期：1 2 3 4 5 6 7 8 9 10 11 12

ギョリュウバイ　魚柳梅 033
桃 赤 白 緑 香
開花期：1 2 3 4 5 6 7 8 9 10 11 12

クリスマスホーリー
セイヨウヒイラギ、チャイニーズホーリー
Ilex spp.
他 赤 緑 　 香

モチノキ科　耐寒性常緑低木
原生地：地中海沿岸、西アジア
◆特徴　雌雄異株だが、雄木がなくても結実する。
◆栽培　半日陰と水はけのよい肥沃な用土を好む。強健で、暑さや寒さに強く育てやすい。萌芽力が強いので刈り込みもできるが、果実を楽しむなら芽吹き前の3～4月。

C-D　半日陰　普　40～300cm

観賞期：1 2 3 4 5 6 7 8 9 10 11 12

エラチオールベゴニア
リーガースベゴニア
Begonia × hyemalis
桃 赤 橙 黄 白 緑 香

シュウカイドウ科　非耐寒性宿根草
原生地：熱帯・亜熱帯
◆特徴　一重、半八重、八重咲きの鉢花が周年出回る。
◆栽培　半日陰とやや保水性のある用土を好む。秋～冬は室内の日なたで10℃以上を保つ。夏は戸外の涼しい所で。花後、各枝2節残して切り、新芽が出たら植え替える。

A-E　半日陰　温　30～40cm

開花期：1 2 3 4 5 6 7 8 9 10 11 12

ストック 082
桃 赤 青紫 黄 白 緑 香
開花期：1 2 3 4 5 6 7 8 9 10 11 12

パンジー&ビオラ 083
桃 赤 青紫 橙 黄 白 他 緑
開花期：1 2 3 4 5 6 7 8 9 10 11 12

ウメ　梅 144
桃 赤 白 緑 香
開花期：1 2 3 4 5 6 7 8 9 10 11 12

クリスマスベゴニア 033
桃 赤 白 緑 香
開花期：1 2 3 4 5 6 7 8 9 10 11 12

サンゴミズキ　珊瑚水木
シロミノミズキ
Cornus alba
白 緑

ミズキ科　耐寒性落葉低木
原生地：シベリア、中国北部
◆特徴　初夏の花、秋の紅葉と落葉後に色づく枝を観賞。
◆栽培　日なたを好むが、南関東以西の地域では夏の西日を避けた場所を選ぶ。秋以降、夜に冷え込むほど枝は鮮やかに色づく。花後に剪定して樹形を整える。挿し木でふやす。

A-D　日なた　普　100～300cm

観賞期：1 2 3 4 5 6 7 8 9 10 11 12

ガーデンシクラメン
ミニシクラメン、カガリビバナ
Cyclamen persicum
桃 赤 白 緑 香

サクラソウ科　半耐寒性球根
原生地：地中海沿岸
◆特徴　原種に近い早咲きのミニタイプを冬の花壇やコンテナに利用。
◆栽培　日なたと水はけのよい用土を好む。東京以西限定だが、本格的な寒さがくる前に苗を植え、根をしっかり張らせると耐寒性を増す。

D-E　日なた　普　15～20cm

開花期：1 2 3 4 5 6 7 8 9 10 11 12

シクラメン
カガリビバナ、ブタノマンジュウ
Cyclamen persicum
桃 赤 青紫 黄 白 　 香

サクラソウ科　非耐寒性球根
原生地：地中海沿岸
◆特徴　冬の代表的な室内用鉢花。花は下向きに、花弁が反り返って咲く。
◆栽培　暖房のききすぎた部屋では花は咲かない。日なたで、夜間7～8℃の所で長く咲く。水やりは控えめに、花がら摘みと追肥が必要。

A-E　日なた　普　30～50cm

開花期：1 2 3 4 5 6 7 8 9 10 11 12

冬

センリョウ 千両
Sarcandra glabra
白 赤 黄 緑
センリョウ科　耐寒性常緑低木
原生地：日本、東アジア
◆**特徴**　枝先に小さな球形の実をつける。正月の縁起物として切り花にも利用。
◆**栽培**　半日陰と保水性のある用土を好む。過乾燥や冬の寒風は葉を傷め、実つきを悪くするので注意。間引き剪定で樹形を保つ。
香／C-E／半日陰／湿／50〜120cm
観賞期：1 2 3 4 5 6 7 8 9 10 11 12

ハツコイソウ 初恋草
レケナウルティア
Leschenaultia spp.
赤 青紫 橙 黄 白 緑
クサトベラ科　半耐寒性常緑低木
原生地：オーストラリア
◆**特徴**　乾燥地の植物。5弁花で3弁が大きく、チョウが舞う姿を思わせる。
◆**栽培**　日なたを好む。ポット苗はサボテン用土で植えるとよい。凍らない程度の温度で花は長もちする。花後短く切り詰め戸外で、雨に当てない。
香／A-E／日なた／乾／10〜50cm
開花期：1 2 3 4 5 6 7 8 9 10 11 12

ソヨゴ 冬青
フクラシバ
Ilex pedunculosa
白 赤 緑
モチノキ科　耐寒性常緑高木
原生地：日本
◆**特徴**　風に葉がそよぎ触れ合うのが名の由来。実も観賞。
◆**栽培**　日なたを好むが、半日陰でも育つ。西日を避け、水はけのよい用土に植える。不要枝を剪定する程度で自然に樹形が整い、萌芽力もあるので育てやすい。雌雄異株。
香／C-E／日なた／普／500cm
観賞期：1 2 3 4 5 6 7 8 9 10 11 12

プリムラ・ジュリアン→プリムラ・ポリアンサ 083

プリムラ・ポリアンサ 083
桃 赤 青紫 橙 黄 白 緑 香
開花期：1 2 3 4 5 6 7 8 9 10 11 12

ツバキ 椿
カメリア
Camellia spp.
桃 赤 白 緑
ツバキ科　耐寒性常緑高木
原生地：日本、東アジア
◆**特徴**　花の大きさや花形、開花の早晩はさまざま。
◆**栽培**　幼木は半日陰で生育するが、成木の花つきは日なたでよい。苗の植えつけ適期は3〜4月と9〜10月。花芽分化は7月、剪定は花後すぐに行う。チャドクガに注意。
香／B-E／日なた／普／50〜1000cm
開花期：1 2 3 4 5 6 7 8 9 10 11 12

ポインセチア
ショウジョウボク
Euphorbia pulcherrima
桃 赤 橙 黄 白 緑
トウダイグサ科　非耐寒性常緑低木
原生地：メキシコ
◆**特徴**　苞葉が大きく目立つ。小さな花が中心に集まる。
◆**栽培**　日なたと水はけのよい用土を好む。春までは室内の日当たりのよい窓辺で、夜も10℃以上を保つ。春に切り戻して植え替え、戸外で育てる。開花には短日条件が必要。
香／A-E／日なた／普／20〜100cm
開花期：1 2 3 4 5 6 7 8 9 10 11 12

ナンテン 南天
Nandina domestica
白 赤 白 緑
メギ科　耐寒性常緑低木
原生地：日本
◆**特徴**　正月の縁起木で、赤い実は穂状に上向きにつく。
◆**栽培**　半日陰と水はけのよい用土を好むが、日なたでも日陰でも育つ。開花が梅雨どきなので雨よけするとよく結実。剪定は2〜3月、古枝は根元から切り、更新する。
香／C-E／半日陰／普／50〜200cm
観賞期：1 2 3 4 5 6 7 8 9 10 11 12

マンリョウ 万両
Ardisia crenata
白 赤 白 緑
サクラソウ(ヤブコウジ)科　耐寒性常緑低木
原生地：日本、東アジア
◆**特徴**　赤い実と常緑の葉は正月の縁起木に利用。
◆**栽培**　半日陰と水もちのよい用土を好む。植えつけ適期は4月か9〜10月。大きくなりすぎたら枝を切るが、2〜3年花が咲かなくなるので注意。寒冷地では防寒が必要。
香／C-E／半日陰／湿／30〜100cm
観賞期：1 2 3 4 5 6 7 8 9 10 11 12

Red

パンジー、チューリップ、ストックなどの花とシルバーレースの銀葉が美しい(ガーデニングミュージアム花遊庭〈豊田ガーデン〉)

青・紫色
Blue & Purple

青色は明るく淡い色合いの水色から、
濃く暗い色合いの紺色まで。
紫色は赤と青の中間色、
赤に近いものから青に近いものまで含みます。
涼しさを感じさせるので、
春から夏の花壇で活躍します。

アリウム・ギガンチウム
アリウム
Allium giganteum

青紫 緑

ネギ(ユリ)科　耐寒性球根
原生地：中国中央部
◆特徴　星形の小花を多数集めて巨大な球状の花となる。
◆栽培　日なたと水はけのよい用土を好む。球根の植えつけは11月。大きな葉は開花前に枯れる。高温多湿に弱いので、花後、花茎が黄変したら掘り上げ、秋まで貯蔵。

香　A～D　日なた　普　80～120cm

開花期：1 2 3 **4 5 6** 7 8 9 10 11 12

春

アイビーゼラニウム 008

桃 赤 青紫 白 緑 香

開花期：1 2 3 **4 5 6 7 8 9** 10 11 12

アクイレギア 008

桃 赤 青紫 黄 白 他 緑 香

開花期：1 2 3 **4 5 6** 7 8 9 10 11 12

アネモネ
ボタンイチゲ、ハナイチゲ
Anemone coronaria

桃 赤 青紫 白 緑

キンポウゲ科　耐寒性球根
原生地：地中海沿岸
◆特徴　地ぎわから花茎が立ち上がり、開花。一重、八重咲き、菊咲きなどがある。
◆栽培　日なたで風通しがよく、水はけのよい土を好む。球根植えつけは10月。冬に出回るポット苗は南関東以西で戸外で長く観賞。追肥が必要。

香　C～D　日なた　普　15～40cm

開花期：1 **2 3 4 5** 6 7 8 9 10 11 12

アスペルラ
タマクルマバソウ
Asperula orientalis

青紫 白 緑

アカネ科　耐寒性一年草
原生地：コーカサス
◆特徴　葉が車輪のように輪生し、小さな筒状の花が集まって咲く。
◆栽培　日なたと水はけのよい用土を好む。タネまきは温暖地では秋、晩秋に苗を植える。寒冷地は春まきする。花がら摘みはこまめに。

香　A～E　日なた　普　30cm

開花期：1 2 3 **4 5 6** 7 8 9 10 11 12

アイリス
ダッチアイリス、キュウコンアイリス
Iris Duch Group

青紫 黄 白 緑

アヤメ科　耐寒性球根
原生地：ヨーロッパ
◆特徴　球根系の代表種。カラフルな色合いで切り花にも。
◆栽培　日なたと水はけのよい用土を好む。球根植えつけは10～11月。花後花がら摘みで結実を防ぎ追肥。球根は植えたままでよいが、地温の上がりにくい落葉樹の下に。

香　C～E　日なた　普　60cm

開花期：1 2 3 **4 5 6** 7 8 9 10 11 12

エレモフィラ
ホワイトツリー
Eremophila nivea

ゴマノハグサ(ハマジンチョウ)科 耐寒性常緑低木
原生地：オーストラリア
◆特徴 銀白色の枝と葉は周年観賞。春の薄紫色の花も美しい。
◆栽培 日なたと水はけのよい用土を好む。春〜秋は長雨に当てないように注意し戸外で管理。真夏は半日陰に移動する。花後植え替える。

開花期： 1 2 3 4 5 6 7 8 9 10 11 12

アヤメ　菖蒲
Iris sanguinea

アヤメ科 耐寒性宿根草
原生地：日本、アジア東北部
◆特徴 草原に生える。葉は細く、外花被片基部に網目状の模様が入る。
◆栽培 半日以上日が当たる、水はけのよい用土を好む。湿地では育たない。乾燥に強く大苗は水やり不要。冬に地上部が枯れるが寒さには強い。

開花期： 1 2 3 4 5 6 7 8 9 10 11 12

オーブリエチア
ムラサキナズナ、オーブリエタ
Aubrieta × cultorum

アブラナ科 耐寒性宿根草(一年草)
原生地：ヨーロッパ
◆特徴 マット状に広がり、小さな4弁花をつける。
◆栽培 日なたと水はけのよい用土を好み、ロックガーデンにも向く。酸性土を嫌う。苗の植えつけは晩秋または春。高温多湿に弱いので秋まき一年草扱い。

開花期： 1 2 3 4 5 6 7 8 9 10 11 12

オトメギキョウ　乙女桔梗
ベルフラワー
Campanula portenschlagiana

キキョウ科 耐寒性宿根草
原生地：クロアチア
◆特徴 春の鉢花。株を覆うように咲く。庭植えもよい。
◆栽培 日なたと水はけのよい用土を好む。鉢植えは長雨を避け、夏は涼しい半日陰に置き、秋にひと回り大きな鉢に植え替える。庭植えは石組みなどの間でよく育つ。

開花期： 1 2 3 4 5 6 7 8 9 10 11 12

カマッシア
Camassia spp.

ヒアシンス(ユリ)科 耐寒性球根
原生地：北アメリカ
◆特徴 茎先に星形の花を穂状につける。群植すると見事。
◆栽培 日なたから半日陰、水はけのよい用土を好む。10〜11月、腐葉土を十分に入れて球根を植えつける。強健で、数年植えたままでよく増殖。花後に追肥し、球根を肥大。

開花期： 1 2 3 4 5 6 7 8 9 10 11 12

アンチューサ
アフリカワスレナグサ
Anchusa capensis

ムラサキ科 耐寒性一年草
原生地：南アフリカ
◆特徴 春花壇に。ワスレナグサに似た青紫の花をつける。
◆栽培 日なたと水はけのよい用土を好む。タネまきは秋、移植を嫌うので小苗のうちに定植。寒さに強いが高温多湿には弱い。寒冷地では春まきし、花後切り戻すと秋も開花。

開花期： 1 2 3 4 5 6 7 8 9 10 11 12

イカリソウ　碇草、錨草

開花期： 1 2 3 4 5 6 7 8 9 10 11 12

春

クレマチス　インテグリフォリア系
Clematis integrifolia

青紫　緑

キンポウゲ科　耐寒性宿根草
原生地：ヨーロッパ中央部
◆特徴　新梢にベル形の花をつけるのが多い。四季咲きが中心。
◆栽培　日なたと水はけのよい用土を好む。半つる性は支柱を立てる。花後は切り戻すと再開花。新枝咲きなので、冬の剪定は地ぎわ近くで。

香　A~D　日なた　普　100cm
開花期：1 2 3 4 5 6 7 8 9 10 11 12

カリフォルニアライラック
ケアノサス
Ceanothus spp.

桃　青紫　白　緑

クロウメモドキ科　半耐寒性常緑低木
原生地：北アメリカ
◆特徴　青い空を思わせるブルーの花色が印象的。種や品種は多数。
◆栽培　日なたと水はけのよい用土を好む。冬温暖で夏涼しく乾燥した気候でよく育つ。霜に弱いので注意。適宜刈り込んで風通しを確保。

香　D~E　日なた　普　30~300cm
開花期：1 2 3 4 5 6 7 8 9 10 11 12

キリ　桐
Paulownia tomentosa

青紫　白　緑

キリ（ゴマノハグサ）科　耐寒性落葉高木
原生地：中国
◆特徴　枝先に淡い紫色の漏斗状の花が咲く。幼木は大きな葉をつける。
◆栽培　日なたと排水性のよい用土を好む。秋に蕾を形成し、冬を越して春に開花する。木材は軽くて木目が美しく、タンスや下駄などに使われる。

香　B~E　日なた　普　800~1500cm
開花期：1 2 3 4 5 6 7 8 9 10 11 12

ギリア・トリコロル
ヒメハナシノブ、バーズアイズ
Gilia tricolor

青紫　緑

ハナシノブ科　耐寒性一年草
原生地：北アメリカ西部
◆特徴　秋まき一年草。葉は羽状に切れ込み、淡紫色の花を開花。花の中心が目立つ。
◆栽培　乾燥に強く、日なたと水はけのよい用土を好む。移植を嫌うので直まきして間引くか、小苗を植える。過湿に弱いので水やりに注意。

香　A~E　日なた　普　60~70cm
開花期：1 2 3 4 5 6 7 8 9 10 11 12

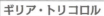

ギリア・レプタンサ
タマザキヒメハナシノブ
Gilia leptantha

青紫　緑

ハナシノブ科　耐寒性一年草
原生地：北アメリカ西部
◆特徴　秋まき一年草。青色の小花が集まり球状となる。
◆栽培　日なたと水はけのよい用土を好む。花壇などに晩秋に苗を植えて冬を越すと、よく分枝して花数も多くなる。乾燥には強いが、過湿に弱いので水やりに注意。

香　A~E　日なた　普　30~200cm
開花期：1 2 3 4 5 6 7 8 9 10 11 12

カキツバタ　杜若
カオヨバナ
Iris laevigata

青紫　白　緑

アヤメ科　耐寒性宿根草
原生地：日本、東アジア
◆特徴　水中に育つ。外花被片基部に白い条斑が入る。
◆栽培　日当たりのよい水辺などを好む。流動水がよく、よどむと生育が悪くなる。花がら摘みはこまめに。数年に一度、花後に株分けして、葉を半分に切り、植え替える。

香　A~D　日なた　水　70~80cm
開花期：1 2 3 4 5 6 7 8 9 10 11 12

クレマチス・ビチセラ
Clematis viticella

桃　赤　青紫　白　緑

キンポウゲ科　耐寒性つる性宿根草
原生地：南ヨーロッパ、アジア南西部
◆特徴　改良種も含む。小輪～中輪、多花性で花は横向きや下向きに咲く。
◆栽培　日なたと水はけのよい用土に大苗を植える。暑さや寒さに強く、強健で育てやすい。新枝咲きで、冬の剪定は地ぎわ近くで切る。

香　A~E　日なた　普　200cm
開花期：1 2 3 4 5 6 7 8 9 10 11 12

Blue&Purple

| 桃 | 赤 | **青・紫 春** | 橙 | 黄 | 白 | その他 |

クレマチス
カザグルマ、テッセン
Clematis Hybrids

桃 赤 青紫 白 他 緑　香　A-E
キンポウゲ科　耐寒性つる性宿根草
原生地：日本、中国、ヨーロッパ
◆特徴　中・大輪系がクレマチスの名で流通。一季咲きと四季咲きがある。
◆栽培　日なたから半日陰、水はけのよい用土を好む。庭には大苗を深植えし、株元の乾燥をマルチで防ぐ。冬の剪定は品種により異なる。
日なた　半日陰　普　200cm〜
開花期：1 2 3 4 5 6 7 8 9 10 11 12

ジャーマンアイリス
ドイツアヤメ
Iris Tall Bearded Group

桃 赤 青紫 橙 黄 白 他 緑　香　A-E
アヤメ科　耐寒性宿根草
原生地：地中海沿岸
◆特徴　花色が多彩。育種が盛んで毎年新品種が出る。
◆栽培　日なたと、乾燥ぎみの弱アルカリ性用土を好む。高温多湿で軟腐病が多発。植え替えは秋、根茎が見えるくらいに浅植えする。乾燥地なら数年は植えたままでよい。
日なた　乾　40〜80cm
開花期：1 2 3 4 5 6 7 8 9 10 11 12

クロッカス　101

青紫 黄 白 緑　香
開花期：1 2 3 4 5 6 7 8 9 10 11 12

シャガ　著莪
コチョウカ
Iris japonica

青紫 緑　香　C-D
アヤメ科　耐寒性宿根草
原生地：中国
◆特徴　古くに渡来し野生化。根茎が短く横に這い広がる。
◆栽培　葉は常緑。半日陰と保水性のある用土を好む。暑さや寒さに強く丈夫で、乾燥地以外どこでもよく育つ。株分けの適期は5〜10月、数年は植えたままでよい。
半日陰　湿　30〜70cm
開花期：1 2 3 4 5 6 7 8 9 10 11 12

ジギタリス
キツネノテブクロ、フォックスグローブ
Digitalis purpurea

桃 赤 青紫 黄 白 緑　香　B-C
オオバコ(ゴマノハグサ)科　耐寒性宿根草(二年草)
原生地：ヨーロッパ
◆特徴　筒形の花を多数つけた雄大な花穂が魅力。
◆栽培　日なたと水はけのよい用土を好む。花後、切り戻すと再開花。丈夫で乾燥に強いが、高温多湿に弱い。冷涼地なら宿根するが、南関東以西では二年草扱いする。
日なた　普　60〜100cm
開花期：1 2 3 4 5 6 7 8 9 10 11 12

シバザクラ　芝桜　122

桃 赤 青紫 白 緑　香
開花期：1 2 3 4 5 6 7 8 9 10 11 12

シャクナゲ　石楠花　122

桃 赤 青紫 黄 白 緑　香
開花期：1 2 3 4 5 6 7 8 9 10 11 12

Blue & Purple

春

シュッコンネメシア

Nemesia foetens

桃 青紫 白 緑 　香

ゴマノハグサ科　半耐寒性宿根草
原生地：南アフリカ

D-E　日なた　普　15〜30cm

◆特徴　花は小さいが四季咲きで、南関東以西なら冬も開花し宿根する。
◆栽培　日なたと水はけのよい用土を好む。花後に伸びた茎を刈り込み追肥すると再開花。強い雨で花が傷み草姿も乱れるので軒下などがよい。

開花期：1 2 **3 4 5 6 7** 8 9 10 11 12

スカビオサ　エコーシリーズ

Scabiosa Echo Series

桃 青紫 白 緑 　香

マツムシソウ科　耐寒性宿根草
原生地：ヨーロッパ

C-D　日なた　普　20〜30cm

◆特徴　種間交雑品種群。わい性で早春に鉢物やポット苗が出回る。
◆栽培　日なたと水はけのよい用土を好む。強健で、乾燥と寒さには強いが蒸れに弱い。花がら摘みをこまめにし、夏は風通しのよい半日陰に。

開花期：1 2 3 **4 5 6** 7 8 9 10 11 12

シラー・シベリカ

Scilla siberica

青紫 白 緑 　香

キジカクシ(ユリ)科　耐寒性球根
原生地：東ヨーロッパ、西アジア

A-D　半日陰　普　10〜15cm

◆特徴　早春、濃い青色のベル形の花を下向きにつける。
◆栽培　半日陰と水はけのよい用土を好む。球根植えつけは10〜11月、冬の寒風を避けた場所を選ぶ。花後にカリウム分の多い肥料を追肥。過湿に弱いので水やりに注意。

開花期：1 2 **3 4** 5 6 7 8 9 10 11 12

スイートピー

桃 赤 青紫 橙 白 緑　香

開花期：1 2 3 **4 5 6** 7 8 9 10 11 12

チューリップ　039

桃 赤 青紫 橙 黄 白 他 緑　香

開花期：1 2 **3 4 5** 6 7 8 9 10 11 12

スイートアリッサム　123

桃 青紫 白 緑　香

開花期：**1 2 3 4 5 6** 7 8 9 **10 11 12**

ゼラニウム　013

桃 赤 青紫 橙 白　香

開花期：1 2 3 **4 5 6 7 8 9** 10 11 12

スターチス

ハナハマサジ
Limonium sinuatum

桃 青紫 橙 黄 白 緑　香

イソマツ科　半耐寒性一年草
原生地：地中海沿岸

A-E　日なた　普　30〜60cm

◆特徴　萼が色づき、かさかさとした感触がある。ドライフラワーに向く。
◆栽培　日なたと水はけのよい用土を好む。タネは秋まきするが、霜に弱いので定植は春。乾燥や潮風に強いが、過湿や多肥にすると軟弱に育つ。

開花期：1 2 3 **4 5 6 7** 8 9 10 11 12

シラー・ペルビアナ

オオツルボ
Scilla peruviana

青紫 白 緑　香

キジカクシ(ユリ)科　耐寒性球根
原生地：地中海沿岸

C-D　日なた　半日陰　普　20〜40cm

◆特徴　花茎を伸ばして星形の花を多数、円錐形につける。
◆栽培　日なたから半日陰、水はけのよい用土を好む。球根植えつけは10〜11月。花後、花茎を切り、追肥。休眠中も根は生き続けるので植えたままのほうがよく育つ。

開花期：1 2 3 **4 5** 6 7 8 9 10 11 12

セリンセ

キバナルリソウ
Cerinthe major

青紫 黄 緑　香

ムラサキ科　耐寒性一年草
原生地：ヨーロッパ

A-E　日なた　普　30〜50cm

◆特徴　青緑色の葉が美しく、紫や黄色の花が下向きに咲く。
◆栽培　日なたと水はけのよい用土を好む。南関東以西の温暖地では花壇で越冬し、春に急に大きくなって開花。花がら摘みをこまめにする。

開花期：1 2 3 **4 5 6** 7 8 9 10 11 12

Blue&Purple

デルフィニウム　エラータム系
ヒエンソウ
Delphinium Elatum Group

桃 赤 青紫 白 緑

キンポウゲ科　耐寒性宿根草(一年草)
原生地：ヨーロッパ、小アジア
◆特徴　八重咲き。雄大な花穂を花壇に利用。わい性品種もある。
◆栽培　日なたと水はけのよい用土を好む。寒さに強いので秋に苗を植える。暑さに弱く、寒冷地では宿根するが、関東以西では夏越しできない。

香 A～B 日なた 普 80～150cm
開花期：1 2 3 4 5 6 7 8 9 10 11 12

チャイブ
エゾネギ、セイヨウアサツキ
Allium schoenoprasum

青紫 緑

ネギ(ユリ)科　耐寒性球根
原生地：ヨーロッパ、東アジア
◆特徴　花や葉をサラダなどの風味づけに利用するハーブ。ネギの仲間。
◆栽培　日なたと水はけのよい、弱アルカリ性用土を好む。乾燥や寒さに強く丈夫。株元を3～4cm残して収穫し、追肥するとまた葉が伸びる。

香 C～D 日なた 普 30cm
開花期：1 2 3 4 5 6 7 8 9 10 11 12

ニオイスミレ　匂い菫
スイートバイオレット
Viola odorata

桃 青紫 白 緑

スミレ科　耐寒性宿根草
原生地：ヨーロッパ
◆特徴　葉はハート形、花に芳香があり冬から咲き出す。八重咲きもある。
◆栽培　日なたを好むが、暑さに弱いので夏は半日陰になる場所がよい。酸性土を嫌うので苦土石灰を、腐葉土も入れて水はけをよくして定植。

香 B～D 日なた 普 10～15cm
開花期：1 2 3 4 5 6 7 8 9 10 11 12

チオノドクサ
Chionodoxa spp.

桃 青紫 白 緑

キジカクシ(ユリ)科　耐寒性球根
原生地：小アジア
◆特徴　早春に星形の花を咲かせる。鉢花は冬に流通。
◆栽培　日なたと水はけのよい用土を好むが、暑さに弱いので夏に涼しい木陰などを選ぶ。球根は数年植えたままでよい。鉢植えは凍らない程度の寒いところで長く咲く。

香 B～D 日なた 普 10～20cm
開花期：1 2 3 4 5 6 7 8 9 10 11 12

ネモフィラ・メンジエシー
ルリカラクサ
Nemophila menziesii

青紫 他 緑

ムラサキ(ハゼリソウ)科　耐寒性一年草
原生地：北アメリカ
◆特徴　茎は這うように広がり、皿状の花をつける。種により花色が異なる。
◆栽培　日なたと水はけのよい用土を好む。霜に耐えるが凍るような寒さでは枯れるので、地域により植えつけ期を変える。多肥と過湿を避ける。

香 A～E 日なた 普 20cm
開花期：1 2 3 4 5 6 7 8 9 10 11 12

デルフィニウム　ベラドンナ系 014

桃 青紫 黄 白 緑　香
開花期：1 2 3 4 5 6 7 8 9 10 11 12

ネメシア 040

桃 赤 青紫 橙 黄 緑　香
開花期：1 2 3 4 5 6 7 8 9 10 11 12

Blue & Purple

フクシア
ツリウキソウ、レディイヤードロップ
Fuchsia cvs.

桃 赤 青紫 橙 白 緑　　香
アカバナ科　非耐寒性常緑低木
原生地：ニュージーランド
◆特徴　花は下向きに咲き、萼と花弁との対比が美しい。
◆栽培　日なたを好むが、暑さに弱いので夏は半日陰の風通しのよい所で育てる。花がら摘みはこまめにして結実を防ぐ。冬は室内の日当たりで15℃以上で咲き続ける。

A～E　日なた　普　20～70cm

開花期：1 2 3 4 5 6 7 8 9 10 11 12

フジ　藤
ノダフジ
Wisteria floribunda

桃 青紫 白 緑　　香
マメ科　耐寒性落葉つる性木本
原生地：日本
◆特徴　つるは長く伸びる。花は蝶形、花色や花穂の長さはさまざま。
◆栽培　日なたと水はけのよい用土を好む。株元が日陰でも伸びるつるに日が当たれば育つ。剪定は12～3月、花芽を残して不要な枝を切る。

B～E　日なた　普　500cm

開花期：1 2 3 4 5 6 7 8 9 10 11 12

フリンジドラベンダー
ラベンダー
Lavandula dentata

青紫 白 緑　　香
シソ科　半耐寒性常緑低木
原生地：地中海沿岸
◆特徴　葉に細かい切れ込みが入る。四季咲きでほぼ周年開花する。
◆栽培　日なたと水はけのよい用土を好む。寒さにやや弱いが、南関東以西では戸外で越冬できる。蒸れに弱いので乾燥ぎみの水やりを。

D～E　日なた　乾　30～60cm

開花期：1 2 3 4 5 6 7 8 9 10 11 12

ボタン　牡丹　017

桃 赤 青紫 橙 黄 白 緑　香
開花期：1 2 3 4 5 6 7 8 9 10 11 12

マツバギク　松葉菊　089

桃 赤 青紫 橙 黄 白 緑　香
開花期：1 2 3 4 5 6 7 8 9 10 11 12

プルモナリア
Pulmonaria saccharata

桃 青紫 白 緑　　香
ムラサキ科　耐寒性宿根草
原生地：ヨーロッパ
◆特徴　斑入り葉が多く、花色が桃から青へ変化するものも。
◆栽培　半日陰と、水はけも水もちもよい用土を好む。暑さと乾燥を嫌うので、落葉樹の下などに植えるのがよい。花がら摘みと枯れ葉取りをして蒸れを防ぐ。

B～D　半日陰　普　30cm

開花期：1 2 3 4 5 6 7 8 9 10 11 12

ヘリオフィラ
Heliophila longifolia

青紫 白 黄 緑　　香
アブラナ科　耐寒性一年草
原生地：南アフリカ
◆特徴　葉は線形、茎は細かく枝分かれして小さな青い4弁花を多数つける。
◆栽培　日なたと水はけのよい用土を好む。タネまきは秋、南関東以西の強い霜の降りない地域は庭植えに。過湿を嫌う。寒冷地は春まきする。

A～E　日なた　普　25～30cm

開花期：1 2 3 4 5 6 7 8 9 10 11 12

Blue & Purple

春

ミヤコワスレ　都忘れ
ノシュンギク、ミヤマヨメナ
Aster savatieri

桃 青紫 白 緑

キク科　耐寒性宿根草
原生地：日本
◆特徴　清楚な花姿が好まれ、古くから庭植えされる。
◆栽培　半日陰と、水はけのよい弱酸性土を好む。高温多湿に弱いので夏に日陰になる場所がよい。花がら摘みはこまめに。冬の寒さにあって翌春開花する。

香 B-D 半日陰 普 30〜40cm

開花期：1 2 3 **4 5** 6 7 8 9 10 11 12

ミヤマホタルカズラ
ホタルカズラ
Lithodora diffusa

青紫 白 緑

ムラサキ科　耐寒性常緑低木
原生地：ヨーロッパ
◆特徴　枝を這うように横に伸ばし、青や白色の小さな星形の花をつける。
◆栽培　日なたと水はけのよい用土を好む。花後、全体を軽く刈り込み、夏は風通しのよい半日陰で管理。高温多湿に弱いが、水切れさせない。

香 C-D 日なた 普 15〜30cm

開花期：1 2 3 **4 5 6 7** 8 9 10 11 12

ブルーベリー
ラビットアイ系、ハイブッシュ系
Vaccinium

白 赤 青紫 緑

ツツジ科　耐寒性落葉低木
原生地：北アメリカ
◆特徴　冷涼地はハイブッシュ系、温暖地はラビットアイ系やハイブリッド系を選ぶ。
◆栽培　日なたで、やや保水性のある強酸性土を好む。乾燥に弱いので水やりに注意。剪定は冬に、古枝や傷んだ枝を株元から切る。

香 B-D 日なた 湿 100〜120cm

観賞期：1 2 3 4 5 6 **7 8 9** 10 11 12

ムスカリ・アルメニアカム
ブドウムスカリ、グレープヒアシンス
Muscari armeniacum

青紫 白 緑

キジカクシ(ユリ)科　耐寒性球根
原生地：ヨーロッパ南東部
◆特徴　壺形の花を穂状につける。密植させても美しい。
◆栽培　日なたから半日陰、水はけのよい用土を好む。球根植えつけは11月。球根は数年植えたままでよいが、掘り上げて11月に植え直すと葉が伸びすぎない。

香 A-D 日なた 半日陰 普 15〜20cm

開花期：1 2 **3 4** 5 6 7 8 9 10 11 12

フレンチラベンダー
ラベンダー
Lavandula stoechas

青紫 白 緑

シソ科　半耐寒性常緑低木
原生地：地中海沿岸
◆特徴　花穂の先端の苞葉が大きく目立つ。芳香はローズマリーに似る。
◆栽培　日なたと水はけのよい用土を好む。暑さに強いが、寒さにやや弱いので、南関東以西向き。梅雨前に剪定して風通しを確保する。

香 D-E 日なた 乾 30〜60cm

開花期：1 2 3 4 **5 6 7** 8 9 10 11 12

ムラサキハナナ　紫花菜
ショカツサイ、オオアラセイトウ
Orychophragmus violaceus

青紫 緑

アブラナ科　耐寒性一年草
原生地：中国
◆特徴　4弁花が穂状に咲く。野の花の風情があり、群生させると見事。
◆栽培　日なたから半日陰、水はけのよい用土を好む。移植に弱い。タネは9〜10月に直まきして発芽後に間引く。乾燥や潮風に強く強健。

香 A-E 日なた 半日陰 普 40〜60cm

開花期：1 2 3 **4 5** 6 7 8 9 10 11 12

ミヤマオダマキ　深山苧環
アクイレギア
Aquilegia flabellata var. *pumila*

桃 青紫 白 緑

キンポウゲ科　耐寒性一年草
原生地：日本、樺太
◆特徴　高山植物。葉が扇形に開き、ユニークな形の花をつける。
◆栽培　午前中日が当たり、午後は明るい日陰になる所がよい。暑さに弱いので夏は涼しい日陰に。水はけのよいロックガーデンに向く。

香 A-D 半日陰 普 10〜20cm

開花期：1 2 3 **4 5 6** 7 8 9 10 11 12

モクレン　木蓮
シモクレン、ハネズ、マグノリア
Magnolia liliiflora

青紫 緑

モクレン科　耐寒性落葉高木
原生地：中国
◆特徴　ハクモクレンよりやや小型。花は大きく開かない。
◆栽培　日なたと水はけのよい用土を好む。乾燥を嫌うので腐葉土や堆肥を入れて苗木を植える。幼木から徒長枝を刈り込み、花後に剪定を繰り返すと小さく維持できる。

香 B-E 日なた 普 300〜400cm

開花期：1 2 **3 4** 5 6 7 8 9 10 11 12

Blue & Purple

ヤグルマギク 128

桃 青紫 白 他 緑 | 香
開花期：1 2 3 4 5 6 7 8 9 10 11 12

ラッセルルピナス 018

桃 赤 青紫 橙 黄 白 緑 | 香
開花期：1 2 3 4 5 6 7 8 9 10 11 12

リューココリーネ
Leucocoryne spp.

桃 青紫 白 緑 | 香 C〜D 日なた

ネギ(ユリ)科　耐寒性球根
原生地：チリ
◆特徴　細い花茎を伸ばし6弁花を開く。庭に植え、群植すると見事。
◆栽培　日なたと水はけのよい用土を好むが、酸性土を嫌う。球根植えつけは10〜11月。花後追肥し、植えたままでよい。寒冷地は凍結に注意。

普　30〜40cm

開花期：1 2 3 4 5 6 7 8 9 10 11 12

ライラック
ムラサキハシドイ、リラ
Syringa spp.

桃 青紫 白 緑 | 香 A〜C 日なた

モクセイ科　耐寒性落葉高木
原生地：ヨーロッパ南東部
◆特徴　北国を代表する花。温暖地では交雑種を選ぶと栽培可能。
◆栽培　日なたと水はけのよい用土を好むが、夏の西日を避けた場所を選ぶ。花芽分化は7〜8月、成木は不要枝を冬に切るとよい。

普　200〜400cm

開花期：1 2 3 4 5 6 7 8 9 10 11 12

ラークスパー 129

桃 赤 青紫 白 緑 | 香
開花期：1 2 3 4 5 6 7 8 9 10 11 12

ルピナス・テキセンシス 019

桃 青紫 緑 | 香
開花期：1 2 3 4 5 6 7 8 9 10 11 12

ロベリア・エリヌス
ルリチョウソウ
Lobelia erinus

桃 青紫 白 緑 | 香 A〜E 日なた

キキョウ科　非耐寒性一年草
原生地：南アフリカ
◆特徴　小さな花があふれるように咲く。花壇やハンギングにもよい。
◆栽培　日なたと水はけのよい用土を好む。タネは秋まき。寒さに弱いので南関東以西でも定植は3月、乾燥にも過湿にも弱いので水やりに注意。

普　10〜25cm

開花期：1 2 3 4 5 6 7 8 9 10 11 12

ローズマリー
マンネンロウ
Rosmarinus officinalis

桃 青紫 白 緑 | 香 B〜E 日なた

シソ科　耐寒性常緑低木
原生地：地中海沿岸
◆特徴　緑の枝葉を料理に利用するハーブ。樹形は立性と這い性がある。
◆栽培　日なたと水はけのよい用土を好む。暑さには強いが過湿を嫌うので、混み合った枝は刈り込んで風通しよく管理。やせ地で香りが強い。

普　60〜100cm

開花期：1 2 3 4 5 6 7 8 9 10 11 12

ワスレナグサ　忘れな草
ミオソティス、エゾムラサキ
Myosotis sylvatica

桃 青紫 白 緑 | 香 A〜E 日なた

ムラサキ科　耐寒性一年草
原生地：ヨーロッパ
◆特徴　葉はへら形、茎が伸びて分枝し、その先に小さな花を多数開花。
◆栽培　日なたと水はけのよい用土を好む。寒さに強いので晩秋に苗を定植。根を傷めると短命になるので注意。南関東以西では冬に咲くのもある。

普　15〜25cm

開花期：1 2 3 4 5 6 7 8 9 10 11 12

夏

アサガオ　朝顔
ジャパニーズモーニンググローリー
Ipomoea nil

桃 赤 青紫 白 他 緑

ヒルガオ科　非耐寒性つる性一年草
原生地：熱帯、亜熱帯
◆特徴　花は早朝に開き、10時にはしぼむ。曜白系は午後まで開花。
◆栽培　日なたと風通しし、水はけのよい用土を好む。タネまきは5月、硬実種子なので一晩水につける。本葉5節で摘心して枝数をふやす。

香 A-E　日なた　普　200cm〜

開花期：1 2 3 4 5 6 7 8 9 10 11 12

アガパンサス
ムラサキクンシラン
Agapanthus

青紫 白 緑

ムラサキクンシラン(ユリ)科
耐寒性〜半耐寒性宿根草
原生地：南アフリカ
◆特徴　茂った葉の中心から花茎を伸ばし、花が咲く。
◆栽培　日なたから半日陰、水はけのよい用土を好む。耐寒性は異なり、落葉系は強いが、常緑系は弱いので注意。株分けは4〜5年ごとに。

香 B-D　日なた　半日陰　普　60〜100cm

開花期：1 2 3 4 5 6 7 8 9 10 11 12

アサリナ
ツタバキリカズラ
Maurandya barclayana

桃 青紫 白 緑

オオバコ(ゴマノハグサ)科　耐寒性つる性宿根草
原生地：メキシコ
◆特徴　つるを旺盛に伸ばし、釣り鐘形の花を絶え間なく咲かせる。
◆栽培　真夏の西日が当たらない場所で育てる。苗は5〜6月に植える。元肥に緩効性化成肥料を入れれば追肥は不要。0℃以上で戸外で越冬。

香 C-E　日なた　普　500cm〜

開花期：1 2 3 4 5 6 7 8 9 10 11 12

アーティチョーク
チョウセンアザミ
Cynara scolymus

青紫 白

キク科　耐寒性宿根草
原生地：地中海沿岸
◆特徴　銀白色の葉は大型で存在感がある。蕾が食用。
◆栽培　日なたと水はけのよい用土を好む。多肥を好むので定期的に追肥を。花後茎葉が枯れるが、秋に子株をだし、関東以西では常緑のまま越冬。寒冷地は株元に土を寄せて防寒。

香 A-D　日なた　普　150〜200cm

開花期：1 2 3 4 5 6 7 8 9 10 11 12

アジサイ　紫陽花
ガクアジサイ、ハイドランジア、セイヨウアジサイ
Hydrangea macrophylla

桃 赤 青紫 白 緑

アジサイ科　耐寒性落葉低木
原生地：日本
◆特徴　鉢物用に改良された品種群が多く、花色豊富。基本種は6月咲き。
◆栽培　水はけのよい用土を好むが、乾燥に弱いので注意。夏の高温乾燥で葉が傷むこともあるが、日なたのほうが花つきよい。剪定は花後すぐに。

香 B-E　日なた　普　30〜200cm

開花期：1 2 3 4 5 6 7 8 9 10 11 12

アゲラタム
カッコウアザミ
Ageratum houstonianum

桃 青紫 白 緑

キク科　半耐寒性宿根草(一年草)
原生地：中南米
◆特徴　わい性は株を覆うように開花。高性種は切り花に。
◆栽培　日なたと水はけのよい用土を好み、日陰では花が咲かない。高温多湿を嫌うので、夏前に株丈の半分まで刈り込み通風を図る。花がら摘みと追肥で長期間開花。

香 A-E　日なた　普　20〜100cm

開花期：1 2 3 4 5 6 7 8 9 10 11 12

Blue & Purple

| 桃 | 赤 | **青・紫** 夏 | 橙 | 黄 | 白 | その他 |

アンゲロニア
エンジェロニア
Angelonia salicariifolia

桃 青紫 白 緑　　香

オオバコ(ゴマノハグサ)科　非耐寒性宿根草(一年草)
原生地：メキシコ、西インド諸島

◆特徴　小さな花を穂状につけ次々に開花。日本の夏の暑さに強い。

◆栽培　日なたと水はけのよい用土を好む。花期が長いので追肥が必要。花後草丈の半分まで切り戻すと再開花。耐寒性がないので一年草扱い。

A-E　日なた　普　30～60cm

開花期：1 2 3 4 **5 6 7 8 9 10** 11 12

イングリッシュラベンダー
コモンラベンダー、ラバンドラ
Lavandula angustifolia

青紫 緑　　香

シソ科　耐寒性常緑低木
原生地：地中海沿岸

◆特徴　香りは鎮静効果があり、香料をとるために北海道などで栽培。

◆栽培　日なたと水はけのよい用土を好む。寒さや乾燥に強いが高温多湿に弱い。関東以西では斜面などに植え、梅雨前に刈り込み、通風を確保。

A-C　日なた　乾　50～60cm

開花期：1 2 3 4 **5 6 7** 8 9 10 11 12

エキナセア 020

桃 赤 青紫 橙 黄 白 他 緑　　香

開花期：1 2 3 4 5 **6 7 8 9** 10 11 12

グラジオラス 109

桃 赤 青紫 橙 黄 白 他 緑　　香

開花期：1 2 3 4 5 **6 7 8 9** 10 11 12

エキザカム
ベニヒメリンドウ、メキシカンバイオレット
Exacum affine

青紫 白 緑　　香

リンドウ科　非耐寒性宿根草(一年草)
原生地：イエメン

◆特徴　鉢花が出回る。涼しげな花色が印象的。一重と八重咲きがある。

◆栽培　明るい半日陰と水はけのよい用土を好む。真夏の直射日光、乾燥も過湿も嫌うので注意。花数が減少したら切り戻す。冬越しは5℃以上。

A-E　半日陰　普　20～40cm

開花期：1 2 3 4 5 **6 7 8 9 10** 11 12

アスター 043

桃 赤 青紫 黄 白 緑　　香

開花期：1 2 3 4 5 **6 7 8 9** 10 11 12

インパチェンス 131

桃 赤 青紫 橙 白 緑　　香

開花期：1 2 3 4 **5 6 7 8 9 10** 11 12

イソトマ
ラウレンティア
Laurentia axillaris

桃 青紫 緑　　香

キキョウ科　非耐寒性宿根草(一年草)
原生地：オーストラリア

◆特徴　細い花茎を伸ばしてさわやかな星形の花が咲く。

◆栽培　暑さには強いが過湿に弱いので乾燥ぎみに。花がら摘みはこまめにし、草姿が乱れたら切り戻して追肥する。汁液で肌がかぶれることがあるので注意。

A-E　日なた　乾　20～40cm

開花期：1 2 3 4 **5 6 7 8 9** 10 11 12

エボルブルス'アメリカンブルー'
アメリカンブルー
Evolvulus pilosus 'American Blue'

青紫 緑

ヒルガオ科　半耐寒性宿根草
原生地：北アメリカ

◆特徴　茎は這い広がる。花数は少ないが長期間咲く。

◆栽培　日なたと水はけのよい用土を好む。花は日が当たると開く。暑さに強く生育旺盛なので、適宜刈り込む。南関東以西の温暖地は軒下などで越冬可能。寒冷地は室内へ。

D-E　日なた　普　10～25cm

開花期：1 2 3 4 **5 6 7 8 9 10** 11 12

Blue&Purple

夏

キャットミント
ネペタ
Nepeta Hybrids
桃 青紫 白 緑

シソ科　耐寒性宿根草
原生地：地中海沿岸、ヨーロッパ、西アジア
◆特徴　種や交雑種が多い。花と香りの観賞用のハーブ。
◆栽培　日なたと風通し、水はけのよい用土を好む。強健で寒冷地ほど花期が長い。高温多湿に弱く蒸れやすいので梅雨入り前に間引く。春に前年の枯れ枝などを整理する。

開花期：1 2 3 4 5 6 7 8 9 10 11 12

エリンジウム
マツカサアザミ
Eryngium planum
青紫 緑

セリ科　耐寒性宿根草（一年草）
原生地：ヨーロッパ南東部～中央アジア
◆特徴　葉の縁と総苞に鋭い刺があり、小花が集まり球形。
◆栽培　日なたと水はけのよい用土を好む。高温多湿を嫌うが、冷涼地では宿根する。南関東以西では秋まき一年草扱い。西日の当たらない場所で、乾燥気味に育てる。

開花期：1 2 3 4 5 6 7 8 9 10 11 12

カンパニュラ・グロメラタ
リンドウザキカンパニュラ
Campanula glomerata
青紫 白 緑

キキョウ科　耐寒性宿根草
原生地：ヨーロッパ、シベリア
◆特徴　筒状ベル形のリンドウを思わせる花を茎の先端に集めてつける。
◆栽培　日なたと水はけのよい用土を好む。暑さに強く丈夫。花後花茎を切り戻して再開花。大株にしすぎると花が咲かないので、株分けをする。

開花期：1 2 3 4 5 6 7 8 9 10 11 12

オキシペタラム
ブルースター、ルリトウワタ
Tweedia caerulea
桃 青紫 白 緑

キョウチクトウ（ガガイモ）科　半耐寒性宿根草
原生地：ブラジル南部
◆特徴　葉は灰緑色、星形の花は薄紫から淡青色に変化。
◆栽培　日なたと水はけのよい用土を好む。梅雨時は花つきが悪いので切り戻し、追肥。南関東以西では戸外で越冬。冬を越した株は春に切り戻して枝数をふやす。

開花期：1 2 3 4 5 6 7 8 9 10 11 12

カンパニュラ・フラギリス
カンパニュラ'ジューンベル'
Campanula fragilis
青紫 緑

キキョウ科　半耐寒性宿根草
原生地：イタリア南部
◆特徴　花は星形、草丈低くよく分枝して横に広がるので吊り鉢によい。
◆栽培　日なたと水はけのよい用土を好む。夏は風通しのよい涼しい場所で。冬は南関東以西では南向きの軒下に、寒冷地は室内に置く。

開花期：1 2 3 4 5 6 7 8 9 10 11 12

キキョウ　桔梗
バルーンフラワー
Platycodon grandiflorus
桃 青紫 白 緑

キキョウ科　耐寒性宿根草
原生地：日本、東アジア
◆特徴　秋の七草のひとつ。蕾は紙風船のよう、開花すると星形になる。
◆栽培　日なたと水はけのよい用土を好む。暑さに強いが根が乾燥すると弱るので株元をマルチ。春に下葉を3枚残して切ると枝数がふえる。

開花期：1 2 3 4 5 6 7 8 9 10 11 12

カンパニュラ・ペルシキフォリア
モモバギキョウ
Campanula persicifolia
青紫 白 緑

キキョウ科　耐寒性宿根草
原生地：ヨーロッパ、北アフリカ
◆特徴　モモの葉に似た細長い葉に、青紫のベル形の花がさわやか。
◆栽培　日なたを好むが、暑さを嫌うので夏の西日を避けた涼しい場所を選ぶ。耐陰性もある。タネまきは4～5月、翌年初夏に咲く。

開花期：1 2 3 4 5 6 7 8 9 10 11 12

Blue & Purple

カンパニュラ・メディウム

フウリンソウ、ツリガネソウ
Campanula medium

キキョウ科　耐寒性二年草、一年草
原生地：南ヨーロッパ
◆**特徴**　わい性と高性種があり、ベル形の花は豪華。
◆**栽培**　冷涼な気候で、日なたと水はけのよい用土を好む。酸性土を嫌う。二年草で、タネは春まきで翌年初夏に開花だが、秋まき一年草品種もある。花がら摘みはこまめに。

開花期：5 6 7

グロキシニア　045

開花期：4 5 6 7 8

ゴデチア　046

開花期：4 5 6 7

カンパニュラ・ラプンクロイデス

Campanula rapunculoides

キキョウ科　耐寒性宿根草
原生地：ヨーロッパ、アフリカ北部
◆**特徴**　高性で、下向きに咲くベル形の花を穂状につける。
◆**栽培**　日なたと水はけのよい用土を好むが、酸性土は嫌う。冷涼地では栽培容易。寒さに強いが暑さにはやや弱いので、南関東以西では夏涼しい半日陰に植える。

開花期：5 6 7

クガイソウ　九蓋草

Veronicastrum sibiricum

オオバコ（ゴマノハグサ）科　耐寒性宿根草
原生地：日本、東アジア
◆**特徴**　輪生する葉が層をなして茎につき、先端に細い花穂をつける。
◆**栽培**　日当たりと風通し、水はけのよい用土を好む。寒さに強いが暑さに弱いので、南関東以西では半日陰に。花後、花茎を切ると再開花。

開花期：6 7 8

ゴシキトウガラシ　五色唐辛子　109

観賞期：5 6 7 8 9 10 11 12

コンボルブルス・トリカラー　023

開花期：5 6 7 8

コバノランタナ

Lantana montevidensis

クマツヅラ科　半耐寒性常緑半つる性木本
原生地：南アメリカ
◆**特徴**　半つる性で細い枝が四方に広がる。ランタナより耐寒性は強い。
◆**栽培**　日なたと水はけのよい用土を好む。過湿は嫌うが夏は水やりする。南関東以西では日だまりで越冬。萌芽前に枝を半分に刈り込む。

開花期：4 5 6 7 8 9 10

クレロデンドルム・ウガンデンセ

ブルーエルフィン、バタフライブッシュ
Clerodendrum ugandense

シソ（クマツヅラ）科　非耐寒性常緑低木
原生地：熱帯アフリカ
◆**特徴**　花は雌しべや雄しべが長く伸び、青いチョウを思わせ、優雅。
◆**栽培**　日なたと水はけのよい用土を好む。春〜秋は戸外、真夏は半日陰の涼しい場所で育てる。強健で、四季咲き性があり、次々に花を咲かせる。

開花期：5 6 7 8 9 10

コンボルブルス・サバティウス

ブルーカーペット
Convolvulus sabatius

ヒルガオ科　半耐寒性宿根草
原生地：地中海沿岸
◆**特徴**　茎は這い長く伸びる。薄紫色の花が多数咲く。
◆**栽培**　日なたと水はけのよい用土を好む。腐葉土を入れてポット苗を植える。暑さに強く旺盛に生育するが、多肥では葉が茂りすぎるので少なめに。東京以西では戸外で越冬。

開花期：6 7 8 9

Blue&Purple

夏

サルビア 'パープルレイン'
Salvia verticillata 'Purple Rain'

シソ科　耐寒性宿根草
原生地：中央ヨーロッパ～西アジア
◆特徴　小さな花が輪生した花穂をつくり、チョウを呼ぶ。
◆栽培　日なたと水はけのよい用土を好むが、酸性土は嫌う。生長は早く強健で育てやすい。寒さに強いが、株元で茎を切り、腐葉土などでマルチして越冬。

開花期：1 2 3 4 5 6 7 8 9 10 11 12

サルビア・ウリギノーサ
ボッグセージ
Salvia uliginosa

シソ科　耐寒性宿根草
原生地：南アメリカ
◆特徴　細い花茎を伸ばし、穂状に咲く空色の花が美しい。
◆栽培　日なたと水はけのよい用土を好む。暑さにも寒さに強く、長期間開花。乾燥を嫌うので天候に応じて水やりを。5月に切り戻すとコンパクトになる。

開花期：1 2 3 4 5 6 7 8 9 10 11 12

サルビア・パテンス
ソライロサルビア、ゲンチアナセージ
Salvia patens

シソ科　耐寒性宿根草
原生地：メキシコ
◆特徴　花数は少ないが大輪花が夏～秋に開花。1花は3～4日もつ。
◆栽培　日なたと水はけのよい用土を好む。暑さに強く、花後切り戻すと再開花。寒さに弱いので、晩秋に株元で枝を切り、腐葉土などでマルチ。

開花期：1 2 3 4 5 6 7 8 9 10 11 12

サルビア・グアラニティカ
メドーセージ
Salvia guaranitica

シソ科　耐寒性宿根草
原生地：南アメリカ
◆特徴　萼が黒色、唇形花は濃い青紫。茎に触ると粘つく。
◆栽培　日なたと水はけのよい用土を好むが、半日陰でも開花。花がら摘みをこまめに。冬は地上部が枯れるが、強健。毎年地下茎でふえていくので、ふえすぎた株は間引く。

開花期：1 2 3 4 5 6 7 8 9 10 11 12

サルビア・ファリナセア
ブルーサルビア
Salvia farinacea

シソ科　非耐寒性宿根草（一年草）
原生地：メキシコ
◆特徴　萼は白または紫、弁は白か紫。印象は異なる。
◆栽培　日なたと水はけのよい用土を好む。蒸れや過湿に弱いので風通しのよいところを選び水やりに注意。花がら摘みと追肥で開花を促す。一年草扱い。

開花期：1 2 3 4 5 6 7 8 9 10 11 12

サルビア・ネモローサ
サルビア・シルベストリス
Salvia nemorosa

シソ科　耐寒性宿根草
原生地：ヨーロッパ
◆特徴　花穂は多数出て、小花が密につく。
◆栽培　日なたと水はけのよい用土を好む。花後、花茎を短く切ると秋に再開花。追肥が必要。暑さや寒さに強く、戸外で越冬する。挿し芽か春の株分けで繁殖。

開花期：1 2 3 4 5 6 7 8 9 10 11 12

サルビア・ホルミナム
ペインテッドセージ、ムラサキサルビア
Salvia viridis

シソ科　非耐寒性一年草
原生地：地中海沿岸
◆特徴　花穂の先端の苞葉が美しく色づき、長く観賞。
◆栽培　日なたと水はけのよい用土を好む。タネまきは関東以西では春か秋、冷涼地は春に。秋まきは根がしっかり張って大株に育つ。摘心して分枝を多くするとよい。

開花期：1 2 3 4 5 6 7 8 9 10 11 12

Blue&Purple

サルビア 'インディゴスパイア'
Salvia 'Indigo Spires'

シソ科　耐寒性宿根草
原生地：メキシコ
◆特徴　大型で、初夏～秋を、分枝を続けながら咲き通す。
◆栽培　日なたと水はけのよい用土を好む。高くなるので適宜切り戻して草姿を整える。耐寒性はあるが、晩秋に地ぎわで切り、土を寄せて防寒する。株分けか挿し芽でふやす。

開花期：1 2 3 4 5 6 7 8 9 10 11 12

サンジャクバーベナ
ヤナギハナガサ
Verbena bonariensis

クマツヅラ科　半耐寒性宿根草
原生地：南アメリカ
◆特徴　風にそよぐ姿はナチュラル。花はチョウを呼ぶ。
◆栽培　日なたと水はけのよい用土を好む。暑さと乾燥に強く強健。花期が長いので窒素分の少ない肥料を追肥。南関東以西では宿根、以北ではこぼれダネで毎年開花。

開花期：1 2 3 4 5 6 7 8 9 10 11 12

ジャカランダ
キリモドキ
Jacaranda mimosifolia

ノウゼンカズラ科　半耐寒性落葉高木
原生地：アルゼンチン
◆特徴　羽状複葉の明るい緑色の葉に、淡い紫色の花が美しい。
◆栽培　日なたと水はけのよい用土を好む。大きくなると開花する。秋に落葉するが、0℃以上あれば庭植え可能。花芽分化は夏、剪定は花後すぐ。

開花期：1 2 3 4 5 6 7 8 9 10 11 12

スイレン 睡蓮（熱帯性）
熱帯スイレン、ウォーターリリー
Nymphaea

スイレン科　非耐寒性宿根草
原生地：アジア、アフリカなどの熱帯
◆特徴　水面から高く突き出た茎の先端に開花。品種が多く、花色豊富で夜に開花するもの、芳香のあるものもある。
◆栽培　日なたを好む。鉢植えを池や水鉢に入れて育てる。寒さに弱いので冬はバケツなどに入れて室内で越冬。

開花期：1 2 3 4 5 6 7 8 9 10 11 12

サルビア・スプレンデンス 046

開花期：1 2 3 4 5 6 7 8 9 10 11 12

シュッコンバーベナ 047

開花期：1 2 3 4 5 6 7 8 9 10 11 12

サワギキョウ 沢桔梗
ロベリア・セシリフォリア
Lobelia sessilifolia

キキョウ科　耐寒性宿根草
原生地：日本
◆特徴　各地の山地の湿原などに自生。庭植えにもよい。
◆栽培　日なたと風通しがよい場所を好む。湿地に生える植物だが、水が停滞するのは嫌う。保水性があり、水はけもよい用土に植える。寒さに強く地上部を枯らして越冬。

開花期：1 2 3 4 5 6 7 8 9 10 11 12

スカビオサ・コーカシカ
コーカサスマツムシソウ
Scabiosa caucasica

マツムシソウ科　耐寒性宿根草
原生地：コーカサス
◆特徴　花茎を伸ばし、先端に頭状花をつける。澄んだ花色が美しい。
◆栽培　日なたと水はけのよい用土を好むが、酸性土は嫌う。高温多湿を嫌い、過湿にすると根腐れをおこすので注意。株分けは2～4年ごとに。

開花期：1 2 3 4 5 6 7 8 9 10 11 12

Blue & Purple

夏

ストケシア
ルリギク
Stokesia laevis

桃 青紫 黄 白 緑 香
キク科　耐寒性宿根草
原生地：北アメリカ東南部
◆特徴　梅雨入りごろに咲き始める大輪の花が美しい。
◆栽培　日なたから半日陰、水はけのよい用土を好む。暑さにも寒さにも強く強健だが、極端に水切れすると株が弱る。花がら摘みはこまめに。鉢植えは毎年植え替える。
A〜D　日なた　半日陰　普　30〜50cm
開花期：1 2 3 4 5 6 7 8 9 10 11 12

ゼニアオイ　銭葵
Malva sylvestris var. mauritiana

青紫 緑 香
アオイ科　耐寒性宿根草
原生地：アジア南西部
◆特徴　古くに渡来した大型の宿根草。真夏は花を休むが秋まで咲く。
◆栽培　日なたと水はけのよい用土を好む。暑さ寒さに強く、土の過湿、乾燥にも強い。茎葉が混み合うと病害虫が多発するので間引き剪定を。
B〜E　日なた　普　70〜150cm
開花期：1 2 3 4 5 6 7 8 9 10 11 12

セイヨウアサガオ　西洋朝顔
ソライロアサガオ
Ipomoea tricolor

赤 青紫 白 緑 香
ヒルガオ科　非耐寒性つる性一年草
原生地：中央アメリカ
◆特徴　旺盛につるを伸ばすので緑のカーテンに向く。短日植物。昼すぎまで咲く。
◆栽培　日なたと水はけのよい用土を好む。照明のない所を選ぶ。5月にタネをまき、本葉5枚で摘心してわき芽を伸ばし、ネットに誘引。
A〜E　日なた　普　500cm
開花期：1 2 3 4 5 6 7 8 9 10 11 12

セイヨウニンジンボク
ヴィテックス
Vitex agnuscastus

青紫 白 緑 香
シソ科　耐寒性落葉低木
原生地：南ヨーロッパ、西アジア
◆特徴　細長い小葉を掌状に広げ、紫色の小花を穂状につける。
◆栽培　日なたと水はけのよい用土を好む。暑さに強く強健。春に刈り込むと適度の高さで花が咲く。花がら摘みをこまめにして次の開花を促す。
B〜E　日なた　普　200〜300cm
開花期：1 2 3 4 5 6 7 8 9 10 11 12

センニチコウ　千日紅　025
桃 青紫 白 緑 香
開花期：1 2 3 4 5 6 7 8 9 10 11 12

ダチュラ　111
青紫 黄 白 緑 香
開花期：1 2 3 4 5 6 7 8 9 10 11 12

タチアオイ　立葵　047
桃 赤 青紫 黄 白 他 緑 香
開花期：1 2 3 4 5 6 7 8 9 10 11 12

ツルハナナス　136
青紫 白 緑 香
開花期：1 2 3 4 5 6 7 8 9 10 11 12

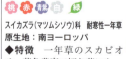

セイヨウマツムシソウ　西洋松虫草
スカビオサ
Scabiosa atropurpurea

桃 赤 青紫 白 緑 香
スイカズラ(マツムシソウ)科　耐寒性一年草
原生地：南ヨーロッパ
◆特徴　一年草のスカビオサ。花色豊富で切り花にも。
◆栽培　日なたと水はけのよい用土を好む。タネまきは秋、関東以西では戸外で越冬。春以降の高温多湿に弱いので注意。花後に花茎を切り戻すと再開花。
A〜E　日なた　普　30〜100cm
開花期：1 2 3 4 5 6 7 8 9 10 11 12

Blue & Purple

チコリー
キクニガナ、アンディーブ
Cichorium intybus

キク科　耐寒性宿根草
原生地：地中海沿岸
◆特徴　花や若葉はサラダなどに使うハーブ。青色の花は一日花。
◆栽培　日なたと水はけのよい用土を好むが、酸性土は嫌う。秋に堆肥や腐葉土を入れてよく耕し苗を植えつける。倒伏防止に支柱を立てる。

トルコギキョウ
ユーストマ
Eustoma grandiflorum

リンドウ科　非耐寒性一年草
原生地：北アメリカ
◆特徴　花茎の上部で分枝して大輪の花をつける。
◆栽培　鉢物を入手。風通しと日当たりのよい場所で育てる。花がらを摘み、花後草丈を半分に切り戻して追肥すると秋に再開花。タネまきは春、タネが小さいので注意。

チョウジソウ　丁字草
アムソニア
Amsonia spp.

キョウチクトウ科　耐寒性宿根草
原生地：日本、北アメリカ
◆特徴　薄紫色の星形の花をつける。2〜3種が出回る。
◆栽培　半日陰を好むが、乾燥しすぎないようなら日なたでもよい。腐葉土を多めに加えて保水性のある土に植え、天候に応じて水やりする。秋に黄葉して地上部を枯らす。

トケイソウ　時計草
[136]

ニーレンベルギア
[134]

ツンベルギア・エレクタ
コダチヤハズカズラ
Thunbergia erecta

キツネノマゴ科　非耐寒性常緑つる性木本
原生地：熱帯アフリカ西部
◆特徴　紫色の花に筒部が白色のコントラストが涼しげ。四季咲き。
◆栽培　日なたと水はけのよい用土を好むが、真夏の西日を避ける。開花中は追肥を。乾燥に弱いので水やりに注意。冬越しは5℃以上で。

トレニア
ナツスミレ、ハナウリグサ
Torenia fournieri

アゼトウガラシ（ゴマノハグサ）科　非耐寒性一年草
原生地：東南アジア
◆特徴　花色豊富。黄花は別種のバイロニー、コンカラーはほふくタイプ。
◆栽培　日なたと水はけのよい用土を好むが、西日は避ける。花がら摘みと追肥を。乾燥に弱い。8月下旬に切り戻して追肥すると再開花。

デュランタ
ハリマツリ、タイワンレンギョウ
Duranta erecta

クマツヅラ科　非耐寒性常緑低木
原生地：熱帯アメリカ
◆特徴　紫の小花を房状に下垂させる。室内の観葉植物でも利用。
◆栽培　日なたと水はけのよい用土を好む。咲き終わった枝は適宜切り戻してわき芽を伸ばして次の花を咲かせる。冬越しは5℃以上を保つ。

トレニア・コンカラー→トレニア
[075]

Blue & Purple

夏

ニオイバンマツリ　匂蕃茉莉
ブルンフェルシア
Brunfelsia australis

青紫 （白） 緑

ナス科　半耐寒性常緑低木
原生地：南アフリカ

◆特徴　花は咲き進むにつれて紫から白に変化し、夜によく香る。

◆栽培　日なたを好むが、夏は半日陰になる場所がよい。南関東以西の温暖地では落葉するが庭植え可能。冷涼地は鉢植えにし、冬は室内へ。

香／D-E／日なた／普／30〜200cm

開花期：1 2 3 4 5 6 7 8 9 10 11 12

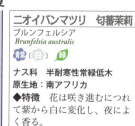

バーベナ・ハスタータ　026
桃 青紫 白 緑　　香
開花期：1 2 3 4 5 6 7 8 9 10 11 12

ニチニチソウ　日日草　026
桃 赤 青紫 白 緑　香
開花期：1 2 3 4 5 6 7 8 9 10 11 12

ニューギニアインパチェンス　093
桃 赤 青紫 橙 白 赤 緑　香
開花期：1 2 3 4 5 6 7 8 9 10 11 12

バーベナ・リキダ
シュッコンバーベナ
Verbena rigida

青紫 白 緑

クマツヅラ科　耐寒性宿根草
原生地：南アフリカ

◆特徴　茎は直立し、散房花序をつけて開花。花序は長く伸び、穂状に。

◆栽培　日なたと水はけのよい用土を好む。暑さと乾燥に強く強健。花がら摘みをこまめに。追肥も必要。草姿が乱れたら刈り込むと再開花。

香／C-D／日なた／普／15〜50cm

開花期：1 2 3 4 5 6 7 8 9 10 11 12

ニンニクカズラ　大蒜葛
ガーリックバイン
Mansoa alliacea

青紫 （白） 緑

ノウゼンカズラ科　非耐寒性常緑つる性木本
原生地：熱帯アメリカ

◆特徴　ラッパ形の花は青紫から白に変化。葉をもむとニンニク臭がある。

◆栽培　日なたと水はけのよい用土を好む。過湿を嫌う。花後、花のついていた位置の少し下で切ると次の花が咲く。冬越しは5℃以上必要。

香／A-E／日なた／普／200cm〜

開花期：1 2 3 4 5 6 7 8 9 10 11 12

ハナショウブ　花菖蒲
Iris ensata

桃 青紫 黄 白 他 緑

アヤメ科　耐寒性宿根草
原生地：日本、中国、ロシア

◆特徴　江戸時代に自生のノハナショウブから改良。花色や花形はさまざま。

◆栽培　日なたと保水性のある用土を好む。菖蒲池は開花中は水を入れるが、それ以外は根が傷みやすいので抜く。鉢植えは鉢皿に水をためる。

香／A-D／日なた／湿／50〜100cm

開花期：1 2 3 4 5 6 7 8 9 10 11 12

ノアサガオ　野朝顔
シュッコンアサガオ、琉球アサガオ、オーシャンブルー
Ipomoea indica

青紫 緑

ヒルガオ科　半耐寒性つる性宿根草
原生地：熱帯アジア

◆特徴　花色は青紫から赤紫に変化。開花盛期は10月。

◆栽培　日なたと水はけのよい用土を好む。苗をフェンスやネットに誘引し、追肥する。垂れ下がる茶色のつるは地表に達すると発根するので取る。

香／D-E／日なた／普／600cm〜

開花期：1 2 3 4 5 6 7 8 9 10 11 12

ブッドレア
バタフライブッシュ
Buddleja spp.

桃 赤 青紫 橙 黄 白 緑

ゴマノハグサ（フジウツギ）科　耐寒性落葉低木
原生地：日本、中国

◆特徴　フサフジウツギと他の数種が出回り花色豊富。花はチョウを呼ぶ。

◆栽培　日なたと水はけのよい用土を好む。成長がよすぎる場合は2〜3月に地ぎわで切るとコンパクトになる。花がら摘みは早めにして、結実を防ぐ。

香／B-E／日なた／普／100〜200cm

開花期：1 2 3 4 5 6 7 8 9 10 11 12

Blue & Purple

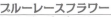

ブルーレースフラワー
トラキメネ、ディディスカス
Trachymene coerulea

桃 青紫 白 緑

ウコギ(セリ)科　半耐寒性一年草
原生地：オーストラリア西部
◆特徴　小花が傘状に多数つき、レースの花模様のよう。切り花にも向く。
◆栽培　日なたと水はけのよい用土を好む。タネまきは秋、霜に弱いので春に花壇へ定植する。高温多湿に弱いので夏がくる前に枯れる。

香　A-E　日なた　普　50〜70cm

開花期：1 2 3 4 5 6 7 8 9 10 11 12

ブラキカム・ディベルシフォリア 028

桃 青紫 緑

開花期：1 2 3 4 5 6 7 8 9 10 11 12

ペチュニア 138

桃 赤 青紫 黄 白 他 緑　香

開花期：1 2 3 4 5 6 7 8 9 10 11 12

ブロワリア
Browallia spp.

青紫 白 緑

ナス科　非耐寒性一年草
原生地：中央〜南アメリカ
◆特徴　こんもりとした草姿で、青紫色の涼しげな花をつける。真夏の半日陰を彩る。
◆栽培　水はけのよい用土を好む。真夏は花数が減るので、草丈を半分に切り戻して追肥。風通しのよい涼しい場所で養生すると秋に再開花。

香　A-E　半日陰　普　30〜60cm

開花期：1 2 3 4 5 6 7 8 9 10 11 12

フロックス・マキュラータ 028

桃 青紫 白　香

開花期：1 2 3 4 5 6 7 8 9 10 11 12

ベロニカ・オルナータ
トウテイラン
Veronica ornata

青紫 白

オオバコ(ゴマノハグサ)科　耐寒性一年草
原生地：日本
◆特徴　銀白色の葉と青色の花穂のコントラストが美しい。冬は落葉。
◆栽培　日なたと水はけのよい用土を好む。植えつけは3月、腐葉土を入れて耕す。根を張れば乾燥や潮風に強く強健。花後に切り、草姿を整える。

香　C-E　日なた　普　30〜60cm

開花期：1 2 3 4 5 6 7 8 9 10 11 12

フロックス・パニキュラータ
オイランソウ、クサキョウチクトウ
Phlox paniculata

桃 赤 青紫 白 緑

ハナシノブ科　耐寒性宿根草
原生地：北アメリカ
◆特徴　半球形の花穂が魅力。マキュラータは円筒形の花穂で区別できる。
◆栽培　日なたと水はけのよい用土を好むが、夏の西日を避ける。苗は腐葉土を入れて植える。花後、切り戻して追肥すると二番花が咲く。

香　B-C　日なた　普　70〜120cm

開花期：1 2 3 4 5 6 7 8 9 10 11 12

ベロニカ・スピカタ

Veronica spicata

桃 赤 青紫 白 緑

オオバコ(ゴマノハグサ)科　耐寒性宿根草
原生地：ヨーロッパ、アジア
◆特徴　長い花穂が美しい。園芸品種が多く、花色豊富。
◆栽培　日なたと水はけのよい用土を好むが、夏は半日陰に。苗の植えつけは秋、乾燥を嫌うので水やりに注意。開花には冬の低温が必要。春に摘心して枝数をふやす。

香　A-D　日なた　普　20〜60cm

開花期：1 2 3 4 5 6 7 8 9 10 11 12

Blue&Purple

夏

ペンステモン 138
桃 赤 青紫 白 赤 緑　　香
開花期：1 2 3 4 5 6 7 8 9 10 11 12

ホウセンカ　鳳仙花 050
桃 赤 青紫 白 緑　　香
開花期：1 2 3 4 5 6 7 8 9 10 11 12

ボリジ
ルリチシャ、ルリジサ、ボラゴ
Borago officinalis

青紫 白 緑　　香　A-E　日なた　普　50〜100cm

ムラサキ科　耐寒性一年草
原生地：地中海沿岸
◆**特徴**　若い葉をサラダに、花を砂糖漬けなどに利用。
◆**栽培**　日なたと水はけのよい用土を好むが、酸性土を嫌う。秋にタネをまくか、苗を花壇に植える。強健だが蒸れに弱いので枝や葉を間引き、風通しを確保。

開花期：1 2 3 4 5 6 7 8 9 10 11 12

ポレモニウム
ヨウシュハナシノブ
Polemonium caeruleum

青紫 白 緑　　香　B-D　日なた　普　50〜60cm

ハナシノブ科　耐寒性宿根草
原生地：ヨーロッパ、北アジア
◆**特徴**　羽状の葉をつけて茎を直立させ、浅いベル形の花をつける。
◆**栽培**　日なたと水はけのよい用土を好む。高温過湿を嫌うので、夏は半日陰になる涼しい場所で、乾燥ぎみに管理。咲き終わった花茎は切り取る。

開花期：1 2 3 4 5 6 7 8 9 10 11 12

ペンタス 029
桃 赤 青紫 白 緑　　香
開花期：1 2 3 4 5 6 7 8 9 10 11 12

ムクゲ　木槿 139
桃 赤 青紫 白 緑　　香
開花期：1 2 3 4 5 6 7 8 9 10 11 12

ホタルブクロ 029
桃 青紫 白 緑　　香
開花期：1 2 3 4 5 6 7 8 9 10 11 12

ムラサキセンダイハギ
バプティシア
Baptisia australis

青紫 緑　　香　B-D　日なた　普　100cm

マメ科　耐寒性宿根草
原生地：北アメリカ
◆**特徴**　蝶形花を穂状につける。年々大株になり花数もふえる。
◆**栽培**　日なたと、水はけと水もちのよい用土を好む。苗の植えつけは秋、春に支柱を立てて倒伏を防ぐ。晩秋、花茎を地ぎわで切り、越冬。

開花期：1 2 3 4 5 6 7 8 9 10 11 12

ホテイアオイ　布袋葵
スイギョク、ウォーターヒアシンス、ホテイソウ
Eichhornia crassipes

青紫 緑　　香　A-E　日なた　水　20cm

ミズアオイ科　非耐寒性宿根草
原生地：熱帯アメリカ
◆**特徴**　浮遊性の水生植物。葉柄がふくらんで浮袋となる。花は一日花。
◆**栽培**　日なたで育てるが、真夏は水温上昇を防ぐため、午後は日陰へ。ふえすぎた株は生態系を乱すので池などに捨てない。5℃で越冬。

開花期：1 2 3 4 5 6 7 8 9 10 11 12

ムラサキツユクサ　紫露草
トラディスカンチア
Tradescantia

桃 青紫 白 赤 緑　　香　B-D　日なた　半日陰　普　30〜90cm

ツユクサ科　耐寒性宿根草
原生地：北アメリカ
◆**特徴**　交雑種が出回る。3弁花が美しく、一日花だが長期間咲き続ける。
◆**栽培**　日なたから半日陰、水はけも水もちもよい用土を好む。腐葉土を十分に入れて苗を植える。強健で、管理は花後に茎を整理する程度。

開花期：1 2 3 4 5 6 7 8 9 10 11 12

Blue&Purple

青・紫 夏

モナルダ・ディディマ 050

開花期：1 2 3 4 5 6 7 8 9 10 11 12

ロベリア・スペシオーサ 051

開花期：1 2 3 4 5 6 7 8 9 10 11 12

ユウゼンギク 友禅菊
メリケンコギク、ニューヨークアスター
Aster novi-belgii

キク科　耐寒性宿根草
原生地：北アメリカ

◆特徴　小さな花を株いっぱいに咲かせる。早咲きが6月から開花。

◆栽培　日なたと水はけのよい用土を好む。高性品種は6月に地ぎわから刈り込んで草丈を抑える。花がら摘みはこまめに、秋に地上部が枯れる。

A-D 日なた 普 60〜100cm

開花期：1 2 3 4 5 6 7 8 9 10 11 12

ヤブラン　薮蘭
リリオーペ
Liriope muscari

キジカクシ(ユリ)科　耐寒性宿根草
原生地：日本、朝鮮半島、中国

◆特徴　薄紫色の小花を穂状につける。フイリヤブランは黄覆輪葉。白覆輪葉品種も。

◆栽培　日なたから半日陰、水はけのよい土を好む。耐陰性があり、日陰でもよく育つ。強健で、春に古葉を取る程度で、管理は不要。

A-E 日なた／半日陰 普 30cm

開花期：1 2 3 4 5 6 7 8 9 10 11 12

リアトリス
キリンギク
Liatris spicata

キク科　耐寒性宿根草
原生地：北アメリカ

◆特徴　すらっとした草姿で上部が花穂となる。花穂は上から下へ開花。

◆栽培　日なたと水はけのよい用土を好む。春か秋に苗を植える。夏の地温上昇防止に株元をマルチ。翌年以降、貧弱な芽は春に抜き取る。

A-E 日なた 普 100〜150cm

開花期：1 2 3 4 5 6 7 8 9 10 11 12

ヤマアジサイ　山紫陽花
サワアジサイ
Hydrangea serrata

アジサイ科　耐寒性落葉低木
原生地：日本

◆特徴　小型で葉に光沢がない。品種が多くガクアジサイタイプが多い。

◆栽培　乾燥と強い日差しに弱いので、半日陰と保水性のある土に植える。剪定は花後すぐに、花がついた枝は2節4枚の葉を枝に残して切る。

B-D 半日陰 湿 30〜60cm

開花期：1 2 3 4 5 6 7 8 9 10 11 12

ルリタマアザミ　瑠璃玉薊
エキノプス
Echinops ritro

キク科　耐寒性宿根草二年草
原生地：ヨーロッパ中部、アジア中部

◆特徴　葉はアザミに似て刺があり、球形の花をつける。

◆栽培　日なたと水はけのよい用土を好む。タネまきは初夏、開花は翌年夏。暑さに弱いので夏の西日を避けた場所に。花後に茎を刈り取り追肥。南関東以西では二年草扱い。

A-C 日なた 普 70〜100cm

開花期：1 2 3 4 5 6 7 8 9 10 11 12

ユウギリソウ 夕霧草
トラケリウム
Trachelium caeruleum

キキョウ科　半耐寒性宿根草(一年草)
原生地：地中海沿岸

◆特徴　小さな花を密に集めて咲く。花は星形で、雌しべが突きでている。

◆栽培　日なたと水はけのよい用土を好む。苗を3月に定植、摘心して枝数をふやす。多湿を嫌うので乾燥ぎみに。暑さも寒さにも弱い一年草扱い。

A-E 日なた 乾 30〜100cm

開花期：1 2 3 4 5 6 7 8 9 10 11 12

ルリマツリ　瑠璃茉莉
プルンバーゴ、アオマツリ
Plumbago auriculata

イソマツ科　半耐寒性常緑半つる性木本
原生地：南アフリカ

◆特徴　よく分枝して枝先に淡青色の花を咲かせる。春〜夏に苗が流通。

◆栽培　生育旺盛で、炎天下で長期間咲き続けるので、追肥や水やりが必要。南関東以西なら霜の当たらない軒下などで越冬。

D-E 日なた 普 100〜300cm

開花期：1 2 3 4 5 6 7 8 9 10 11 12

Blue & Purple

秋

クジャクアスター 031
桃 青紫 白 緑　　香
開花期：1 2 3 4 5 6 7 8 9 10 11 12

ダリア 053
桃 赤 青紫 橙 黄 白 他 緑 赤　香
開花期：1 2 3 4 5 6 7 8 9 10 11 12

サルビア・レウカンサ
アメジストセージ、メキシカンブッシュセージ
Salvia leucantha

桃 青紫 緑　　香

シソ科　半耐寒性宿根草
原生地：中央アメリカ
◆特徴　短日性で秋に開花。萼が紫か白のビロード状で、花弁は紫か白、桃色。
◆栽培　日なたと水はけのよい用土を好む。天候に応じて水やりが必要。6月に切り戻すと草丈低く開花。南関東以西で庭植えできる。
D-E　日なた　普　50〜200cm
開花期：1 2 3 4 5 6 7 8 9 10 11 12

コムラサキ　小紫
ムラサキシキブ、コシキブ
Callicarpa dichotoma

青紫 白 緑　　香

シソ（クマツヅラ）科　耐寒性落葉低木
原生地：日本、東アジア
◆特徴　本来のムラサキシキブより実つきがよい。実は野鳥を呼ぶ。
◆栽培　日なたと保水性のある用土を好むが、西日は避ける。丈夫で育てやすい。乾燥を嫌うので、腐葉土を入れて苗を植え、夏は水やりする。
B-E　日なた　湿　50〜300cm
観賞期：1 2 3 4 5 6 7 8 9 10 11 12

コンギク　紺菊
ノコンギク
Aster micrcephalus spp. *ovatus*

青紫 緑　　香

キク科　耐寒性宿根草
原生地：日本
◆特徴　山野に咲くノコンギクから選ばれ栽培される。
◆栽培　日なたと風通し、水はけのよい用土を好む。暑さにも寒さにも強く、強健で育てやすい。鉢植えは水切れや根詰まり、肥料不足で下葉が枯れるので注意。
C-D　日なた　普　40〜100cm
開花期：1 2 3 4 5 6 7 8 9 10 11 12

シオン　紫苑
オニノシコグサ
Aster tataricus

青紫 緑　　香

キク科　耐寒性宿根草
原生地：東アジア
◆特徴　野菊の1種で、薄紫色の小花が群がるように咲き、秋を告げる。
◆栽培　日なたと水はけのよい用土を好む。乾燥に弱いので夏の西日を避ける。6月に摘心すると草丈を抑えられる。地上部が枯れたら整理。
A-E　日なた　普　50〜200cm
開花期：1 2 3 4 5 6 7 8 9 10 11 12

サフラン
サフランクロッカス
Crocus sativus

青紫 緑　　香

アヤメ科　耐寒性球根
原生地：ヨーロッパ南部、小アジア
◆特徴　夏植え球根。赤い雌しべを乾燥させ、香料や染料に利用。
◆栽培　日なたと水はけのよい用土を好む。球根植えつけは8〜9月。花後に追肥し球根を肥大させる。卓上でも開花。花後に土へ植え、球根を育成。
A-E　日なた　普　30cm
開花期：1 2 3 4 5 6 7 8 9 10 11 12

シコンノボタン　紫紺野牡丹
スパイダーフラワー
Tibouchina urvilleana

青紫 緑　　香

ノボタン科　半耐寒性常緑低木
原生地：ブラジル
◆特徴　秋に開花する大輪花。長く飛びだした雄しべも紫色。一日花。
◆栽培　日なたと水はけのよい用土を好む。東京以西では地上部は枯れるが戸外で越冬し春に萌芽する。寒冷地では小さく仕立てて室内へ移動。
D-E　日なた　普　40〜100cm
開花期：1 2 3 4 5 6 7 8 9 10 11 12

Blue&Purple
—80—

シンジュノキ 真珠の木 142

桃 白 桃 赤 青紫 白 緑　香

観賞期：1 2 3 4 5 6 7 8 9 10 11 12

フジバカマ　藤袴

サワフジバカマ
Eupatorium × arakianum

青紫 緑　香

キク科　耐寒性宿根草
原生地：日本、中国

◆特徴　秋の七草のひとつ。小花がまとまって咲く。

◆栽培　日なたと保水性のある用土を好む。乾燥を嫌うので、西日を避け、腐葉土を入れて定植。雑種のサワフジバカマがフジバカマの名で市販される。

C〜D　日なた　湿　50〜120cm

開花期：1 2 3 4 5 6 7 8 9 10 11 12

セラトスティグマ

ケラトスティグマ、ルリマツリモドキ
Ceratostigma spp.

青紫 緑　香

イソマツ科　耐寒性常緑低木
原生地：中国

◆特徴　2〜3種が流通。いずれも青紫色の花は小さいがよく目立つ。

◆栽培　日なたから半日陰、水はけのよい用土を好む。暑さに強いが、夏の西日は避ける。関東以西では戸外で常緑、寒冷地では落葉して越冬。

C〜D　日なた　半日陰　普　30〜60cm

開花期：1 2 3 4 5 6 7 8 9 10 11 12

ネリネ　054

桃 赤 青紫 橙 白 緑　香

開花期：1 2 3 4 5 6 7 8 9 10 11 12

バコパ　143

桃 青紫 白 緑　香

開花期：1 2 3 4 5 6 7 8 9 10 11 12

ダンギク　段菊

カリオプテリス、ランギク
Caryopteris incana

青紫 白 緑　香

シソ（クマツヅラ）科　耐寒性宿根草
原生地：日本、朝鮮半島、中国

◆特徴　茎や葉は灰緑色、淡紫色の小花が葉のつけ根にまとまって咲く。

◆栽培　日なたと水はけのよい用土を好むが、乾燥に弱い。関東以西では冬は地上部が枯れるので地ぎわで切り、土を寄せて防寒。寒冷地は室内に移動。

C〜E　日なた　普　30〜70cm

開花期：1 2 3 4 5 6 7 8 9 10 11 12

ヘリオトロープ

ニオイムラサキ
Heliotropium spp.

青紫 白 緑　香

ムラサキ科　半耐寒性一年草、常緑低木
原生地：南アメリカ

◆特徴　香水に利用する低木と、香りは弱いが花が大きい一年草が出回る。

◆栽培　日なたと水はけのよい用土を好む。乾燥に弱いが、花は雨に当てると傷みやすいので注意。夏は半日陰の涼しい場所に。四季咲き性がある。

A〜E　日なた　普　30〜50cm

開花期：1 2 3 4 5 6 7 8 9 10 11 12

トリカブト　鳥兜

アコニタム、ウズ、ブシ
Aconitum spp.

青紫 白 緑　香

キンポウゲ科　耐寒性宿根草
原生地：日本、中国

◆特徴　ハナトリカブトやヤマトリカブトなどが栽培される。有毒植物。

◆栽培　半日陰でやや保湿性のある用土を好むので、夏の直射日光を避けた場所を選ぶ。水や肥料を切らさない。暑さに弱く寒冷地向き。

A〜D　半日陰　普　100cm

開花期：1 2 3 4 5 6 7 8 9 10 11 12

ホトトギス　杜鵑草

Tricyrtis spp.

青紫 白 緑　香

ユリ科　耐寒性宿根草
原生地：日本、台湾

◆特徴　花びらに斑点の模様が入る。台湾原産種との交雑品種も出回る。

◆栽培　半日陰で、水もちと水はけのよい用土を好む。強健だが、高温乾燥を嫌うので夏の強光は避け、株元をマルチする。株分けは春。

C〜D　半日陰　普　40〜100cm

開花期：1 2 3 4 5 6 7 8 9 10 11 12

Blue & Purple

秋　　　　　　　　　冬

イオノプシジウム
バイオレットクレス
Ionopsidium acaule

アブラナ科　耐寒性一年草
原生地：ポルトガル
◆特徴　株は低く広がり、真冬に白に近い薄紫色の星形の花を咲かせる。
◆栽培　日なたと水はけのよい土を好む。秋から苗が流通するが、秋まきで年内に開花し、冬の間咲き続ける。翌年はこぼれダネでも繁殖。

開花期：1 2 3 4 5 6 7 8 9 10 11 12

リンドウ　竜胆
ゲンチアナ
Gentiana spp.

リンドウ科　耐寒性宿根草
原生地：日本、朝鮮半島
◆特徴　鉢物用は花茎が伸びないわい性種が多い。花は日がさすと開く。
◆栽培　日なたと水はけのよい用土を好む。暑さを嫌うので、夏の西日の当たらない場所を選ぶ。株分けは早春、根を傷めないように注意。

開花期：1 2 3 4 5 6 7 8 9 10 11 12

アイリス・レティキュラータ
イリス・レティキュラータ
Iris reticulata

アヤメ科　耐寒性球根
原生地：トルコ、イラン
◆特徴　わい性アイリス。外花被片の基部に黄と白色の縞模様がある。
◆栽培　日なたと水はけのよい用土を好む。球根植えつけは10〜11月。早春に葉がでて開花。花後葉が伸びるので追肥して球根を充実させる。

開花期：1 2 3 4 5 6 7 8 9 10 11 12

ミヤギノハギ　宮城野萩
イトハギ、ナツハギ
Lespedeza thunbergii

マメ科　耐寒性落葉低木
原生地：日本
◆特徴　一般的に栽培されるハギ。長い枝が湾曲して垂れ、大きく広がる。
◆栽培　日なたと水はけのよい用土を好む。冬に枝の大部分が枯れるので、地ぎわで刈り込むと春に萌芽する。初夏に刈り込むと樹高を抑えて花が咲く。

開花期：1 2 3 4 5 6 7 8 9 10 11 12

クリスマスローズ　033

開花期：1 2 3 4 5 6 7 8 9 10 11 12

ハツコイソウ　初恋草　056

開花期：1 2 3 4 5 6 7 8 9 10 11 12

ユーパトリウム
ミストフラワー
Conoclinium coelestinum

キク科　耐寒性宿根草
原生地：北アメリカ
◆特徴　夏の終わりに、アゲラタムに似た花を咲かせる。
◆栽培　日なたから半日陰、水はけのよい用土を好む。暑さに強く丈夫。花後、切り戻すと再開花。生育は早く、地下茎でふえ広がるので、余分な株は春先に間引くとよい。

開花期：1 2 3 4 5 6 7 8 9 10 11 12

ストック
アラセイトウ
Matthiola incana

アブラナ科　耐寒性一年草
原生地：ヨーロッパ南部、地中海沿岸
◆特徴　一重や八重咲きの香りのよい花を穂状につける。
◆栽培　日なたと水はけのよい用土を好む。南関東以西では開花苗を晩秋に植えると春まで咲き続ける。寒冷地は春花壇に。乾燥に強いが過湿に弱いので注意。

開花期：1 2 3 4 5 6 7 8 9 10 11 12

Blue&Purple

パンジー＆ビオラ

ビオラ、サンシキスミレ
Viola × wittrockiana

桃 赤 青紫 橙 黄 白 他 緑 　香

スミレ科　耐寒性一年草
原生地：ヨーロッパ中北部

◆特徴　花径4〜12cmをパンジー、3cm以下をビオラと便宜上分類。

◆栽培　日なたと水はけのよい用土を好む。南関東の植えつけ適期は11月、早すぎると徒長しやすい。花がら摘みと追肥が必要。

開花期　1 2 3 4 5 6 7 8 9 10 11 12

プリムラ・ポリアンサ

Primula Polyanthus Group

桃 赤 青紫 橙 黄 白　緑　香

サクラソウ科　半耐寒性宿根草（一年草）
原生地：中国、ヨーロッパ

◆特徴　ジュリアンは小輪多花性。大輪のポリアンサより耐寒性がある。

◆栽培　日なたと水はけのよい用土を好む。南関東以西では南向きの花壇や軒下で長く咲く。花がら摘みをこまめに。暑さに弱いので一年草扱い。

開花期　1 2 3 4 5 6 7 8 9 10 11 12

プリムラ・ジュリアン→プリムラ・ポリアンサ　083

桃 赤 青紫 橙 黄 白　緑　香
開花期　1 2 3 4 5 6 7 8 9 10 11 12

プリムラ・オブコニカ

トキワザクラ
Primula obconica

桃 青紫 橙 黄 白　緑　香

サクラソウ科　非耐寒性宿根草（一年草）
原生地：中国

◆特徴　大輪花をつける。葉に触るとかぶれる品種もある。

◆栽培　耐陰性があり、明るい室内でよく花が咲く。水切れに注意し、花がら摘みと追肥をこまめに。暑さに弱いので一年草扱いするが、冷涼地は夏越し可能。

開花期　1 2 3 4 5 6 7 8 9 10 11 12

ラケナリア

Lachenalia spp.

桃 青紫 橙 黄 白 他　緑　香

キジカクシ（ユリ）科　半耐寒性球根
原生地：南アフリカ

◆特徴　種や品種が多く、花の色や形、草姿はさまざま。

◆栽培　日なたと水はけのよい用土を好む。球根は5号鉢5球を目安に9月に植え、乾燥ぎみに管理。霜の降りるころ、軒下や室内に。花後葉が枯れたら断水し、鉢のまま夏越し。

開花期　1 2 3 4 5 6 7 8 9 10 11 12

レースラベンダー

ラベンダー
Lavandula spp.

青紫 白　緑　香

シソ科　非耐寒性常緑低木
原生地：カナリー諸島

◆特徴　2〜3種が出回る。葉が羽状に切れ込む。

◆栽培　日なたと風通し、水はけのよい用土を好む。四季咲きで鉢物が周年流通。冬に入手したものは春まで室内に置き、5℃以上を保つ。高温多湿に弱いので水やりに注意。

開花期　1 2 3 4 5 6 7 8 9 10 11 12

ヒューケラ、リナリア、アスチルベなどのボーダーガーデン（軽井沢レイクガーデン）

橙色
Orange

橙色はダイダイの果実の色。
赤に近い色合いから
黄色に近い色合いまでを集めました。
楽しい雰囲気を感じさせ、
夏には暑さに負けない元気な印象を、
秋には実りの秋にふさわしい
季節感を与えます。

春

アルストロメリア
インカノユリ、ユリズイセン
Alstroemeria Hybrids

桃 赤 橙 黄 白 緑　　香　D-E　日なた　普

ユリズイセン科　半耐寒性球根
原生地：南アメリカ
◆**特徴**　花数が多く、花もちもよい。鉢花が冬から出回る。
◆**栽培**　日なたと風通しがよく、水はけがよい用土を好む。暑さと多湿に弱いので真夏は日陰に。冬は霜に当たると傷むので軒下や室内に。庭植えは腐葉土などでマルチ。

30〜100cm

開花期：1 2 3 **4 5 6** 7 8 9 10 11 12

オリエンタルポピー
オニゲシ
Papaver orientale

桃 赤 橙 白 緑　　香　B-D　日なた　乾

ケシ科　耐寒性宿根草
原生地：西南アジア
◆**特徴**　花色豊富で、花が大きく豪華。八重咲きもある。
◆**栽培**　日なたとやや乾燥ぎみの用土を好む。高温多湿に弱いが、寒さに強いので冷涼地向き。温暖地は秋に根鉢をくずさず定植。春以降の蒸れに注意する。

70〜100cm

開花期：1 2 3 4 **5 6** 7 8 9 10 11 12

ガザニア
クンショウギク
Gazania Hybrids

桃 赤 橙 黄 白 白 緑　　香　D-E　日なた　普

キク科　半耐寒性宿根草
原生地：南アフリカ
◆**特徴**　春〜秋を中心に長期間開花。花色豊富、斑入り葉や銀葉もある。
◆**栽培**　日なたと水はけのよい用土を好む。強健で乾燥に強く、茎は這うように広がるので南関東以西ではグラウンドカバーになる。

20〜40cm

開花期：1 2 3 **4 5 6 7 8 9 10** 11 12

アークトチス　ハーレクイーングループ　098

桃 赤 橙 黄 白 緑　　香

開花期：1 2 3 **4 5 6** 7 8 9 **10 11** 12

カーネーション　037

桃 赤 橙 黄 白 緑　　香

開花期：1 2 **3 4 5** 6 7 8 9 10 11 12

アイスランドポピー　036

橙 赤 黄 白 緑　　香

開花期：1 **2 3 4 5 6** 7 8 9 10 11 12

ガーベラ　037

桃 赤 橙 黄 白 緑　　香

開花期：1 2 3 **4 5 6** 7 8 9 **10 11** 12

カルセオラリア
キンチャクソウ
Calceolaria

赤 橙 黄 緑　　香　A-E　日なた　普

キンチャクソウ（ゴマノハグサ）科　半耐寒性一年草
原生地：メキシコ、ペルー、ニュージーランド
◆**特徴**　早春の鉢花で流通。袋状にふくらんだ特異な花形が人目を引く。
◆**栽培**　サクラの開花までは室内の日当たりのよい窓辺に置く。水やりの水や雨を花にかけないように注意。花がら摘みはこまめに行う。

20〜40cm

開花期：1 **2 3 4 5** 6 7 8 9 10 11 12

| 桃 | 赤 | 青・紫 | 橙 春 | 黄 | 白 | その他 |

カンガルーポー 100
桃 赤 橙 黄 他 緑 ／ 香
開花期：1 2 3 4 5 6 7 8 9 10 11 12

ゲウム 038
赤 橙 黄 緑 ／ 香
開花期：1 2 3 4 5 6 7 8 9 10 11 12

シャクナゲ 石楠花 122
桃 赤 青紫 橙 黄 白 緑 ／ 香
開花期：1 2 3 4 5 6 7 8 9 10 11 12

スパラキシス 039
桃 赤 橙 黄 白 緑 ／ 香
開花期：1 2 3 4 5 6 7 8 9 10 11 12

キンセンカ 金盞花
カレンデュラ、ポットマリーゴールド
Calendula officinalis

橙 黄 白 緑 ／ 香

キク科　耐寒性一年草
原生地：地中海沿岸

◆特徴　大輪八重咲き品種が一般的だが、分枝が多い一重咲き品種も多彩に。

◆栽培　日なたと水はけのよい用土を好む。タネまきは秋、ポット苗は南関東以西では冬花壇にも利用。花がら摘みをこまめに追肥も必要。

A～E　日なた　普　20～60cm

開花期：1 2 3 4 5 6 7 8 9 10 11 12

キンギョソウ 金魚草 037
桃 赤 橙 黄 白 緑 赤 ／ 香
開花期：1 2 3 4 5 6 7 8 9 10 11 12

ジャーマンアイリス 061
桃 赤 青紫 橙 黄 白 他 緑 香
開花期：1 2 3 4 5 6 7 8 9 10 11 12

ディモルフォセカ
アフリカキンセンカ
Dimorphotheca sinuata

橙 黄 緑 ／ 香

キク科　半耐寒性一年草
原生地：南アフリカ

◆特徴　オステオスペルマムに似るが、本種は一年草で花色は橙と黄のみ。

◆栽培　日なたと水はけのよい用土を好む。寒さや雨に弱く、耐陰性がないので日当たりのよい、ベランダ向きの鉢花。水やりに注意し、花がら摘みと枯れ葉取りをこまめに。

A～E　日なた　普　20～60cm

開花期：1 2 3 4 5 6 7 8 9 10 11 12

サイネリア
シネラリア、フウキギク
Pericallis × hybrida

桃 赤 青紫 橙 黄 白 緑 ／ 香

キク科　非耐寒性宿根草（一年草）
原生地：カナリア諸島

◆特徴　鉢花が冬から流通。花色多彩で花の大きさも多様。

◆栽培　日なたを好む。春まで室内で、暖房の効きすぎは花もちを悪くする。花がら摘みをこまめにし、花後草丈を半分に切ると再開花する。暑さに弱いので一年草扱い。

A～E　日なた　普　20～60cm

開花期：1 2 3 4 5 6 7 8 9 10 11 12

スターチス 062
桃 青紫 橙 黄 白 緑 ／ 香
開花期：1 2 3 4 5 6 7 8 9 10 11 12

ゼラニウム 013
桃 赤 青紫 橙 白 緑 ／ 香
開花期：1 2 3 4 5 6 7 8 9 10 11 12

春

ハナビシソウ　花菱草
カリフォルニアポピー
Eschscholzia californica

桃 赤 橙 黄 白 緑　香

ケシ科　耐寒性一年草
原生地：北アメリカ

A〜E

◆特徴　4弁花。品種は多く花色豊富で八重咲きもある。
◆栽培　日なたとやや乾燥ぎみの用土を好む。移植を嫌うので直まきするか、小苗の根鉢をくずさず定植。過湿や多肥を避け強健に育てる。寒冷地は春まきで7〜9月に開花。

日なた
乾
30〜60cm

開花期：1 2 3 4 5 6 7 8 9 10 11 12

チューリップ　039
桃 赤 青紫 橙 黄 白 他 緑　香
開花期：1 2 3 4 5 6 7 8 9 10 11 12

バーベナ　125
桃 赤 青紫 橙 黄 白 他 緑　香
開花期：1 2 3 4 5 6 7 8 9 10 11 12

トリトマ
トーチリリー
Kniphofia

赤 橙 黄 緑　香

ツルボラン(ユリ)科　耐寒性宿根草
原生地：南アフリカ

B〜E

◆特徴　雄大な花穂が林立。大型〜小型、冬咲きもある。
◆栽培　日なたと水はけのよい用土を好む。植えつけは春か秋、暑さにも寒さにも強く丈夫で育てやすい。花後花茎を元から切り、枯れ葉や古葉を取り、風通しをよくする。

日なた
普
60〜100cm

開花期：1 2 3 4 5 6 7 8 9 10 11 12

ナスタチウム
キンレンカ、ノウゼンハレン
Tropaeolum majus

赤 橙 黄 緑　香

ノウゼンハレン科　非耐寒性宿根草(一年草)
原生地：南アメリカ北西部

A〜E

◆特徴　葉は円形、一重や八重の花が咲く。サラダ用のハーブでも利用。
◆栽培　日なたと水はけのよい用土を好むが、夏は涼しい半日陰がよい。窒素肥料と水が多いと葉ばかり茂るので注意。冬は5℃以上を保つ。

日なた
普
30〜50cm

開花期：1 2 3 4 5 6 7 8 9 10 11 12

ネメシア　040
桃 赤 青紫 橙 黄 白 緑　香
開花期：1 2 3 4 5 6 7 8 9 10 11 12

ヒアシンス　103
香
開花期：1 2 3 4 5 6 7 8 9 10 11 12

バラ　薔薇　040
桃 赤 青紫 橙 黄 白 緑　香
開花期：1 2 3 4 5 6 7 8 9 10 11 12

Orange

ビグノニア
カレーバイン、ツリガネカズラ
Bignonia capreolata

橙 緑 香

ノウゼンカズラ科　耐寒性落葉つる性木本
原生地：北アメリカ
C-E　日なた　普
◆特徴　巻きひげや吸着根でつるを伸ばし、カレーの香りの花を開花。
◆栽培　日なたと水はけのよい用土を好む。生育旺盛なので、花後すぐに伸びすぎたつるを半分まで切る。強健で関東以西では戸外で越冬。
500cm

開花期：1 2 3 4 5 6 7 8 9 10 11 12

マツバギク　松葉菊
ランプランサス
Lampranthus spp.

桃 赤 青紫 橙 黄 白 緑 香

ハマミズナ科　半耐寒性宿根草
原生地：南アフリカ
D-E　日なた　普
◆特徴　多肉植物。茎は這い広がり、花色豊富。
◆栽培　日なたと水はけのよい用土を好む。乾燥に強いので石垣などに下垂させるとよい。寒さにやや弱いので、冷涼地は赤紫花で別属のデロスペルマ・クーペリを選ぶ。
10cm

開花期：1 2 3 4 5 6 7 8 9 10 11 12

ブルビネラ　105
橙 黄 白 緑　香
開花期：1 2 3 4 5 6 7 8 9 10 11 12

ミムラス　042
赤 橙 白 緑　香
開花期：1 2 3 4 5 6 7 8 9 10 11 12

ラナンキュラス　129
桃 赤 橙 黄 白 緑　香
開花期：1 2 3 4 5 6 7 8 9 10 11 12

リビングストンデージー　042
桃 赤 橙 黄 白 緑　香
開花期：1 2 3 4 5 6 7 8 9 10 11 12

フリージア
アサギズイセン
Freesia Hybrids

桃 赤 青紫 橙 黄 白 緑 香

アヤメ科　半耐寒性球根
原生地：南アフリカ
D-E　日なた　普
◆特徴　線形の葉の間から花茎を伸ばし、花をつける。
◆栽培　日なたと水はけのよい用土を好む。東京近辺では12月の遅植えをして寒さを避ける。冷涼地は鉢植えにして軒下や室内で。花後、葉が黄変したら掘り上げ、貯蔵する。
30～50cm

開花期：1 2 3 4 5 6 7 8 9 10 11 12

レンゲツツジ　蓮華躑躅
Rhododendron japonicum

橙 黄 緑 香

ツツジ科　耐寒性落葉低木
原生地：日本
B-D　日なた　普
◆特徴　新葉の展開とともに開花。山野に生えるが、庭植えにもされる。
◆栽培　日なたと水はけのよい肥沃な酸性土を好む。高温多湿を嫌うので夏の西日を避ける。剪定は花が終わった直後に、刈り込みも可能。
30～600cm

開花期：1 2 3 4 5 6 7 8 9 10 11 12

ボタン　牡丹　017
桃 赤 青紫 橙 黄 白 緑　香
開花期：1 2 3 4 5 6 7 8 9 10 11 12

ラッセルルピナス　018
桃 赤 青紫 橙 黄 白 緑　香
開花期：1 2 3 4 5 6 7 8 9 10 11 12

夏

アガスターシェ・オーランティアカ
Agastache aurantiaca

シソ科　耐寒性宿根草
原生地：北アメリカ南部
◆特徴　多花性で長期間開花。ミントの香りを放つハーブ。
◆栽培　日なたで風通しがよく、水はけのよい用土を好む。耐暑性は強いが、真夏に花数が減ったら草丈を半分に切り戻す。秋に気温が下がると花色がさえる。

アフリカンマリーゴールド
マリーゴールド、センジュギク
Tagetes erecta

キク科　非耐寒性一年草
原生地：中央アメリカ
◆特徴　夏秋花壇用。大輪八重咲き、高性もあり、降霜時まで咲き続ける。
◆栽培　日なたと水はけのよい用土を好む。定植は5〜9月。花がら摘みと追肥で長く咲き続ける。真夏に花数が減ってきたら、切り戻して追肥する。

エンゼルストランペット 132

キダチベゴニア 133

アキレア 107

アブチロン 020

オシロイバナ　白粉花 021

キバナセンニチュウ 045

アスクレピアス・ツベロサ 107

エレムルス 108

オニユリ　鬼百合
テンガイユリ
Lilium lancifolium

ユリ科　耐寒性球根
原生地：日本、中国
◆特徴　花弁は強く反り返る。葉腋にムカゴができる。
◆栽培　日なたと水はけのよい用土を好む。球根植えつけは10〜11月、深めに植える。夏の西日を避け、株元に草などを敷いて地温を下げる。強健で数年植えたままでよい。

クフェア・イグネア

ベニチョウジ、タバコソウ
Cuphea ignea

ミソハギ科　半耐寒性常緑低木
原生地：メキシコ

◆特徴　よく分枝して横に広がり、花長2〜3cmの細長い筒状の花が目立つ。

◆栽培　日なたと水はけのよい用土を好む。旺盛に生育するので適宜切り戻して草姿を整える。越冬温度5℃以上、霜に弱いので注意。

開花期：1 2 3 4 5 6 7 8 9 10 11 12

カンナ

ハナカンナ
Canna ×generalis

カンナ科　半耐寒性球根
原生地：熱帯アメリカ

◆特徴　葉は大きく銅葉や黄色の条斑もある。大型系と小型系がある。

◆栽培　日当たりのよい場所を選ぶ。球根植えつけは5月。寒冷地では球根を掘り上げるが、南関東以西では葉が枯れたら元で切り、盛り土で防寒。

開花期：1 2 3 4 5 6 7 8 9 10 11 12

グラジオラス　109

開花期：1 2 3 4 5 6 7 8 9 10 11 12

クロコスミア　045

開花期：1 2 3 4 5 6 7 8 9 10 11 12

キバナコスモス

Cosmos sulphureus

キク科　非耐寒性一年草
原生地：メキシコ

◆特徴　葉は羽状で花は八重咲き。草丈60cmが基本種だがわい性もある。

◆栽培　日なたと水はけのよい用土を好む。タネまきは4〜7月、花壇に直まきもよい。多肥は茎葉が茂りすぎて倒伏しやすくなり、花つきも悪い。

開花期：1 2 3 4 5 6 7 8 9 10 11 12

クロッサンドラ

ジョウゴバナ、ヘリトリオシベ
Crossandra infundibuliformis

キツネノマゴ科　非耐寒性常緑低木
原生地：インド

◆特徴　鉢物が流通。枝先に花を折り重なるようにつける。

◆栽培　日照不足では花が咲かないが、夏の強光では葉焼けをおこすので注意。冬越しは10℃以上で、15℃あれば冬も開花。5〜6月に水はけのよい用土で植え替える。

開花期：1 2 3 4 5 6 7 8 9 10 11 12

キュウコンベゴニア　球根ベゴニア

Begonia Tuberhybrida Group

シュウカイドウ科　非耐寒性球根
原生地：アンデス高原

◆特徴　小輪〜大輪、豪華な花を咲かせる。冷涼地向き。

◆栽培　鉢物が流通。半日陰と排水性と保水性のある用土を好む。球根植えつけは春。花後、切り戻すと再開花。生育適温は15〜25℃で寒さにも暑さにも弱い。

開花期：1 2 3 4 5 6 7 8 9 10 11 12

グロリオサ　045

開花期：1 2 3 4 5 6 7 8 9 10 11 12

ゴシキトウガラシ　五色唐辛子　109

観賞期：1 2 3 4 5 6 7 8 9 10 11 12

夏

ケイトウ 鶏頭 045
桃 赤 橙 黄 緑　香
開花期：1 2 3 4 5 6 7 8 9 10 11 12

サルビア・スプレンデンス 046
桃 赤 青紫 橙 黄 白 緑　香
開花期：1 2 3 4 5 6 7 8 9 10 11 12

サンビタリア 109
橙 黄 緑　香
開花期：1 2 3 4 5 6 7 8 9 10 11 12

スイレン 睡蓮（耐寒性） 135
桃 赤 橙 黄 白 緑　香
開花期：1 2 3 4 5 6 7 8 9 10 11 12

スイレン 睡蓮（熱帯性） 073
桃 赤 青紫 橙 黄 白 緑 香
開花期：1 2 3 4 5 6 7 8 9 10 11 12

ザクロ 柘榴、石榴
セキリュウ
Punica granatum
橙 赤 緑　香

ミソハギ（ザクロ）科　耐寒性落葉高木
原生地：地中海沿岸、西南アジア
C～E
◆特徴　梅雨のころに花をつける。果実は球状で秋に熟すと果肉の粒が現れる。
◆栽培　日なたと水はけのよい場所を選ぶ。剪定は落葉期に、徒長枝や乱れた枝を間引く。子房の小さい花は実にならないので摘花する。
日なた　普　300～500cm
開花期：1 2 3 4 5 6 7 8 9 10 11 12

サンダーソニア
クリスマスベル、チャイニーズランタン
Sandersonia aurantiaca
橙 緑　香

イヌサフラン科　耐寒性球根
原生地：南アフリカ
B～E
◆特徴　春植え球根。ベル形の花を下向きにつける。
◆栽培　日なたと水はけのよい用土を好む。過湿を嫌うので鉢植えがよい。3月に球根を植え、軒下などで雨を避けて育てる。葉が枯れたら鉢のまま越冬。
日なた　普　70～80cm
開花期：1 2 3 4 5 6 7 8 9 10 11 12

ジニア・エレガンス 110
桃 赤 橙 黄 白 他 緑　香
開花期：1 2 3 4 5 6 7 8 9 10 11 12

ジニア・リネアリス 110
橙 黄 白 緑　香
開花期：1 2 3 4 5 6 7 8 9 10 11 12

サンタンカ 山丹花
イクソラ
Ixora Hybrids
桃 赤 橙 黄 白 緑　香

アカネ科　非耐寒性常緑低木
原生地：台湾、中国、東南アジア
A～E
◆特徴　熱帯花木。茎頂に4弁の花がかたまって咲く。
◆栽培　日なたと水はけのよい用土を好む。炎天下でも元気に育つので、春～秋は戸外の花壇に植えてもよい。冬は室内の日当たりで10℃以上を保つ。15℃以上で開花を続ける。
日なた　普　30～100cm
開花期：1 2 3 4 5 6 7 8 9 10 11 12

ジニア 'プロフュージョン'
Zinnia Profusion Series
桃 赤 橙 黄 白 緑　香

キク科　非耐寒性一年草
原生地：メキシコ
A～E
◆特徴　種間交雑種。一重咲きと半八重咲きがあり、花色幅拡大中。
◆栽培　日なたと水はけのよい用土を好む。苗の植えつけは5月以降、こまめな花がら摘みと定期的な追肥が必要。草丈を半分に刈り込んで追肥すると再開花。
日なた　普　25～35cm
開花期：1 2 3 4 5 6 7 8 9 10 11 12

Orange

| 桃 | 赤 | 青・紫 | **橙** 夏 | 黄 | 白 | その他 |

ニューギニアインパチェンス
ニューギニアホウセンカ
Impatiens New Guinea Group

桃 赤 青紫 橙 黄 白 赤 緑　　香

ツリフネソウ科　非耐寒性宿根草(一年草)
原生地：ニューギニア
A～E　半日陰
◆特徴　インパチェンスより花も葉も大きく、耐陰性は強いが性質は弱い。
◆栽培　半日陰と保水性と排水性のある用土を好む。苗の植えつけは5月。肥料切れや水切れに注意。草姿が乱れたら草丈を半分に切り追肥。
30～50cm

開花期：1 2 3 **4 5 6 7 8 9 10** 11 12

ハイブリッドカラー
カラー
Zantedeschia

桃 赤 青紫 橙 黄 他 緑　　香

サトイモ科　半耐寒性球根
原生地：南アフリカ
C～D　日なた　普
◆特徴　畑地性のキバナカイウやモモイロカイウなどの交雑品種群。
◆栽培　日なたと水はけのよい用土を好む。球根は4月に植える。咲き終わった花茎は元から切る。葉が枯れたら掘り上げ室内で保管。
30～80cm

開花期：1 2 3 4 5 **6 7 8** 9 10 11 12

ヒマワリ　向日葵　[112]

赤 橙 黄 他 緑　　香

開花期：1 2 3 4 5 6 **7 8 9 10** 11 12

ハイビスカス　[048]

桃 赤 橙 黄 白 緑　　香

開花期：1 2 3 4 **5 6 7 8 9 10** 11 12

ノウゼンカズラ　凌霄花
Campsis grandiflora

橙 緑　　香

ノウゼンカズラ科　耐寒性落葉つる性木本
原生地：中国中部～南部
C～E　日なた　普
◆特徴　つるから付着根をだしてよじ登り、橙色の花を下垂させる。
◆栽培　日なたと水はけのよい用土を好む。生育旺盛なので萌芽前に枝の基部2～3節を残して剪定。長雨で蕾が落ちやすい。耐寒温度は−5℃以上。
500cm

開花期：1 2 3 4 5 6 **7 8 9** 10 11 12

ヒオウギ　射干、檜扇
ヌバタマ、カラスオウギ
Belamcanda chinensis

橙 黄 他 緑　　香

アヤメ科　耐寒性宿根草
原生地：日本、東アジア
C～D　日なた　普
◆特徴　葉は扇状に配列し、花は橙に斑点があるのが多い。実は黒色。
◆栽培　日なたを好むが夏の西日を避けた場所を選ぶ。過湿にも乾燥にも弱いので、水もちと水はけのよい用土を選ぶ。暑さや寒さに強く強健。
40～60cm

開花期：1 2 3 4 5 6 **7 8 9** 10 11 12

テイオウカイザイク 帝王貝細工　[048]

桃 赤 橙 黄 白 緑　　香

開花期：1 2 3 **4 5 6 7 8** 9 10 11 12

ハナキリン　花麒麟　[048]

桃 赤 橙 黄 白 緑　　香

開花期：1 2 3 **4 5 6 7 8 9 10** 11 12

Orange

夏

ブーゲンビレア
イカダカズラ
Bougainvillea

桃 赤 青紫 橙 黄 白 緑　香

オシロイバナ科　非耐寒性常緑つる性木本
原生地：南アメリカ
◆特徴　花びらに見えるのは3枚の苞で花は中にある。
◆栽培　日なたでよく生育し、用土は選ばない。つるはよく伸びるので、咲き終わったつるは2〜3節を残して切り戻す。冬越しは室内で5℃以上、植え替えは春。

開花期：1 2 3 4 5 6 7 8 9 10 11 12

ホオズキ　酸漿
カガチ、チャイニーズランタン
Physalis alkekengi var. *franchetii*

白 橙 緑　香

ナス科　耐寒性宿根草
原生地：東アジア
◆特徴　花後、萼が袋状に大きくなり、実を包み込む。
◆栽培　日なたと水はけのよい用土を好む。庭植えは地下茎が縦横に広がるので、地中に40cm深さの仕切りをする。冬は地上部が枯れる。鉢植えは乾燥を嫌うので水やりに注意。

観賞期：1 2 3 4 5 6 7 8 9 10 11 12

ポーチュラカ　[113]
桃 赤 橙 黄 白 緑　香

開花期：1 2 3 4 5 6 7 8 9 10 11 12

マツバボタン　松葉牡丹　[113]
香

開花期：1 2 3 4 5 6 7 8 9 10 11 12

ヘメロカリス
デイリリー
Hemerocallis

桃 赤 橙 黄 白 緑　香

ワスレグサ(ユリ)科　耐寒性宿根草
原生地：日本、中国
◆特徴　ユウスゲなどの交雑品種群。1花は短命だが次々に花が咲く。
◆栽培　日なたと水はけのよい用土を好む。暑さや寒さに強く強健。花後の花茎や枯れ葉は取り除く。鉢植えは水切れに注意し、真夏は半日陰に。

開花期：1 2 3 4 5 6 7 8 9 10 11 12

フレンチマリーゴールド
マリーゴールド、クジャクソウ
Tagetes patula

赤 橙 黄 緑　香

キク科　非耐寒性一年草
原生地：中央アメリカ
◆特徴　夏秋花壇に。小輪多花性で花色豊富、一重と八重咲きがある。
◆栽培　日なたと水はけのよい用土を好む。苗の植えつけは5月、夏に花がひと休みするので、丈を半分ほど切り戻して追肥すると秋によく咲く。

開花期：1 2 3 4 5 6 7 8 9 10 11 12

マツモトセンノウ　松本仙翁
リクニス・シーボルディー
Silene sieboldii

桃 赤 青紫 橙 白 緑　香

ナデシコ科　耐寒性宿根草
原生地：日本
◆特徴　古くから栽培される。茎は直立し、大輪の5弁花をつける。
◆栽培　日なたと水はけのよい用土を好む。乾燥に弱いので腐葉土を多めに入れて定植。暑さに弱いので夏は半日陰に。挿し芽でも繁殖。

開花期：1 2 3 4 5 6 7 8 9 10 11 12

ベニバナ　紅花
Carthamus tinctorius

橙 黄 緑　香

キク科　耐寒性一年草
原生地：西アジア
◆特徴　アザミに似た花は、花色を黄から橙に変化。ドライフラワーにも向く。
◆栽培　日なたと水はけのよい用土を好む。移植を嫌うので9月に直まきする。高温多湿に弱いので注意。冷涼地では春まきで8月開花。

開花期：1 2 3 4 5 6 7 8 9 10 11 12

メキシカンマリーゴールド
ホソバクジャクソウ、マリーゴールド
Tagetes tenuifolia

橙 黄 緑　香

キク科　非耐寒性一年草
原生地：メキシコ
◆特徴　マリーゴールドの仲間で、花も葉も小型で繊細。
◆栽培　日なたと水はけのよい用土を好む。肥料を少なめにして葉が茂りすぎるのを防ぐ。高温多湿に弱く、南関東以西では梅雨時に枯れやすいので注意。

開花期：1 2 3 4 5 6 7 8 9 10 11 12

Orange
—94—

秋

ランタナ
シチヘンゲ
Lantana camara

桃 赤 青紫 橙 黄 白 緑

クマツヅラ科　半耐寒性常緑低木
原生地：熱帯アメリカ
◆特徴　小花が集まって咲く。咲き進むにつれて花色が変化するものもある。
◆栽培　日なたと水はけのよい用土を好む。花後、わき芽の上で切ると枝が伸びて次の花が咲く。南関東以西の温暖地では戸外で越冬。

A〜E　日なた　普　20〜150cm

開花期：1 2 3 4 **5 6 7 8 9** 10 11 12

キク　菊　114

桃 赤 橙 黄 白 他 緑　香

開花期：1 2 3 4 5 6 7 8 **9 10 11** 12

ダリア　053

桃 赤 青紫 橙 黄 白 他 緑 赤　香

開花期：1 2 3 4 **5 6 7 8 9 10 11** 12

ラズベリー　051

白 赤 橙 黄 緑

観賞期：1 2 3 4 5 **6 7 8 9** 10 11 12

キンモクセイ　金木犀
モクセイ
Osmanthus fragrans var. *aurantiacus*

橙 緑　香

モクセイ科　耐寒性常緑高木
原生地：中国南部
◆特徴　芳醇な香りで秋本番を告げる。雌雄異株で日本には雄株のみで実はできない。
◆栽培　日なたと水はけのよい用土を好む。日陰では花がつかない。刈り込んで樹形を整えるが、春〜夏の生育期は花つきが悪くなるので冬に。

C〜E　日なた　普　200〜600cm

開花期：1 2 3 4 5 6 7 8 **9 10** 11 12

ユリ　アジアティックハイブリッド　140

桃 赤 橙 黄 白 緑　香

開花期：1 2 3 4 5 **6 7** 8 9 10 11 12

コスモス　031

桃 赤 橙 黄 白 緑　香

開花期：1 2 3 4 5 6 **7 8 9 10 11** 12

フユサンゴ　冬珊瑚　054

白 赤 橙 白 赤 緑　香

観賞期：1 2 3 4 5 6 **7 8 9 10 11** 12

ミナ・ロバータ
Ipomoea lobata

橙 黄 緑　香

ヒルガオ科　非耐寒性つる性宿根草（一年草）
原生地：中央〜南アメリカ
◆特徴　穂状の花をつける。蕾は赤だが橙、黄へと変化。
◆栽培　日なたと水はけのよい用土を好む。タネまきは5月、肥料は元肥のみでよい。つるを勢いよく伸ばすので支柱は大型を用意。短日植物なので外灯の近くでは咲かない。

A〜E　日なた　普　500cm〜

開花期：1 2 3 4 5 6 7 **8 9 10 11** 12

ピンクのミソハギ、コガマ、水面に浮かぶスイレンのある水辺の風景（軽井沢レイクガーデン）

黄色
Yellow

黄色は遠くからでもはっきり見える色。
淡いパステルイエローはさわやかな明るい印象を与え、
鮮やかな黄色はアクセントカラーとして効果的。
春は新しい生命力を感じさせ、夏は元気を与えます。

春

アリウム・モリー
ゴールデンガーリック
Allium moly

黄 緑　香

ネギ(ユリ)科　耐寒性球根
原生地：ヨーロッパ　C〜D　日なた
◆特徴　葉は披針形で対になり、小花は星形で鮮黄色、散形状につく。
◆栽培　日なたと水はけのよい用土を好む。球根植えつけは10〜11月。夏の高温多湿で球根が腐ることがあるので、花茎が枯れたら掘り上げる。

普　20〜30cm

開花期：1 2 3 4 5 6 7 8 9 10 11 12

アクイレギア　008
桃 赤 青紫 黄 白 他 緑　香
開花期：1 2 3 4 5 6 7 8 9 10 11 12

アルストロメリア　086
桃 赤 橙 黄 白 緑　香
開花期：1 2 3 4 5 6 7 8 9 10 11 12

アークトチス　ハーレクイーングループ
Arctotis Harlequin Hybrids
桃 赤 橙 黄 白 緑　香

キク科　耐寒性宿根草
原生地：南アフリカ　C〜E　日なた
◆特徴　種間雑種。パステルカラーの花が日が当たると開き、夜は閉じる。
◆栽培　日なたと水はけのよい用土を好む。四季咲き性がある。耐寒温度は−5℃程度以上。鉢植えは毎年植え替えて根詰まりを防ぐ。

普　30〜45cm

開花期：1 2 3 4 5 6 7 8 9 10 11 12

アリッサム・サクサティリス
イワナズナ
Aurinia saxatilis
黄 緑　香

アブラナ科　耐寒性宿根草
原生地：ヨーロッパ　B〜C　日なた
◆特徴　スイートアリッサムとは別属。鮮黄色の芳香のある花をつける。
◆栽培　日なたを好むが夏の西日を避ける。石組みなど水はけのよい場所に植えるとよい。高温多湿に弱いので花後に軽く切り戻す。

乾　10〜20cm

開花期：1 2 3 4 5 6 7 8 9 10 11 12

アイスランドポピー　036
桃 赤 橙 黄 白 緑　香
開花期：1 2 3 4 5 6 7 8 9 10 11 12

アイリス　058
青紫 黄 白 緑　香
開花期：1 2 3 4 5 6 7 8 9 10 11 12

イエローサルタン
キバナニオイヤグルマ
Amberboa moschata
黄 緑　香

キク科　耐寒性一年草
原生地：地中海沿岸　A〜E　日なた
◆特徴　葉は灰緑色で、鮮黄色の花は芳香を放つ。切り花や鉢物で流通。
◆栽培　日なたと水はけのよい用土を好むが、酸性土は嫌う。タネまきは秋。本葉5〜6枚で定植。肥料過多は徒長して開花が遅れるので注意。

普　60〜80cm

開花期：1 2 3 4 5 6 7 8 9 10 11 12

| 桃 | 赤 | 青・紫 | 橙 | **黄 春** | 白 | その他 |

エニシダ　金雀枝

Cytisus spp.

桃 赤 黄 白 緑

マメ科　耐寒性常緑～落葉低木
原生地：地中海沿岸
◆特徴　緑色の枝は細く弓なりになり、蝶形花が連なる。
◆栽培　日なたと水はけのよい用土を好む。生長は早いが倒れやすいので強風の当たる場所は避ける。花芽分化は7～8月。剪定は花後、混み合う枝を間引く。

香　B～E　日なた　普　130～300cm

開花期：1 2 3 **4 5 6** 7 8 9 10 11 12

カーネーション　037

桃 赤 橙 黄 白 緑　香

開花期：1 2 3 **4 5 6** 7 8 9 10 11 12

ガザニア　086

桃 赤 橙 黄 白 緑　香

開花期：1 2 3 **4 5 6 7 8 9** 10 11 12

イキシア　119

桃 赤 青紫 橙 黄 白 他 緑 香

開花期：1 2 3 **4 5 6** 7 8 9 10 11 12

オステオスペルマム　010

桃 青紫 黄 橙 白 緑　香

開花期：1 2 **3 4 5** 6 7 8 9 10 11 12

カラタネオガタマ　唐種小賀玉

トウオガタマ、バナナツリー
Michelia figo

黄 緑

モクレン科　耐寒性常緑高木
原生地：中国
◆特徴　葉は光沢があり、花は小さく、バナナのような甘い香りを放つ。
◆栽培　日なたと水はけのよい用土を好むが、半日陰でも育つ。寒さにやや弱いので寒風は避ける。花芽分化は夏、剪定は花後すぐに行う。

香　C～E　日なた　普　200～500cm

開花期：1 2 3 4 **5 6** 7 8 9 10 11 12

オウバイ　黄梅

ゲイシュンカ
Jasminum nudiflorum

黄 緑

モクセイ科　耐寒性落葉低木
原生地：中国北部
◆特徴　庭木や盆栽に利用。早春に葉が開く前に花が咲き、春を告げる。
◆栽培　日なたと水はけのよい用土を好む。下垂するので石垣の間や斜面の上に植えるとよい。花芽分化は6～7月、剪定は花後すぐに行う。

香　B～D　日なた　普　50～100cm

開花期：1 **2 3** 4 5 6 7 8 9 10 11 12

ガーベラ　037

桃 赤 橙 黄 白 緑　香

開花期：1 2 3 **4 5 6** 7 8 9 **10 11** 12

カルセオラリア　086

赤 橙 黄 緑　香

開花期：1 2 **3 4 5** 6 7 8 9 10 11 12

オキザリス・ペスカプラエ

オオキバナカタバミ
Oxalis pes-caprae

黄 緑

カタバミ科　半耐寒性球根
原生地：南アフリカ
◆特徴　葉に小さな褐色の斑点がある。花茎の先端に20輪ほどの黄花が咲く。
◆栽培　日なたと水はけのよい用土を好む。球根植えつけは9月、南関東以西では南向きの日だまりで越冬し、春に開花。球根はよくふえる。

香　D～E　日なた　普　20～30cm

開花期：1 **2 3 4 5** 6 7 8 9 10 11 12

カロライナジャスミン

イブニングトランペットフラワー
Gelsemium sempervirens

黄 緑

ゲルセミウム科　半耐寒性常緑つる性木本
原生地：北アメリカ
◆特徴　つるを旺盛に伸ばし黄色の花をつける。芳香はあるが有毒植物。
◆栽培　日当たりがよければ用土は選ばない。東京以西では戸外で越冬。花芽分化は夏。つるが伸びすぎたら花後すぐに1/3まで切り、誘引し直す。

香　D～E　日なた　普　400～800cm

開花期：1 2 **3 4 5** 6 7 8 9 10 11 12

Yellow

春

クリサンセマム・ムルチコーレ
Coleostephus myconis

黄 緑　　　　　　　　香

キク科　半耐寒性一年草
原生地：ヨーロッパ南部
A〜E
◆特徴　茎を這うように伸ばし、黄色の花を多数つける。
◆栽培　日当たりと水はけのよい用土を好む。耐寒性がやや弱いので南関東以西でも苗は春に定植する。花期が長いので追肥と花がら摘みが必要。花後切り戻すと再開花。

日なた／普／15〜30cm

開花期：1 2 3 4 5 6 7 8 9 10 11 12

キングサリ
ゴールデンチェーン
Laburnum × watereri

黄 緑　　　　　　　　香

マメ科　耐寒性落葉高木
原生地：ヨーロッパ中部
A〜D
◆特徴　フジに似た長い花穂が美しい。タネは有毒。
◆栽培　暑さに弱いので東京以西では夏の強光を避けた場所を選ぶ。日当たりがよければ土壌は選ばない。生長が早いので、落葉期に伸びすぎた枝や混んだ枝を剪定。

日なた／普／400〜500cm

開花期：1 2 3 4 5 6 7 8 9 10 11 12

ギンヨウアカシア
アカシア、ミモザアカシア
Acacia baileyana

黄 赤 白　　　　　　香

マメ科　耐寒性常緑高木
原生地：オーストラリア
C〜E
◆特徴　樹全体が金色に染まるように花をつける。
◆栽培　日なたと水はけのよい用土を好む。強健で生長が早く、枝葉が大きくなりすぎ強風で倒伏しやすい。切り花で利用し、花後に各枝の2/3を切ってコントロール。

日なた／普／300〜600cm

開花期：1 2 3 4 5 6 7 8 9 10 11 12

キバナカタクリ　黄花片栗
エリスロニウム
Erythronium Hybrids

黄 緑　　　　　　　　香

ユリ科　耐寒性球根
原生地：北アメリカ
B〜D
◆特徴　木陰などで、うつむいて咲く。日本産のカタクリより大型。
◆栽培　半日陰を好むが、西日が当たらなければ日なたでも育つ。球根植えつけは10〜11月、水はけのよい用土を好む。暑さや寒さに強い。

半日陰／普／15〜60cm

開花期：1 2 3 4 5 6 7 8 9 10 11 12

カンガルーポー
アニゴザントス
Anigozanthos Hybrids

桃 赤 橙 黄 他 緑　　香

ハエモドルム科　半耐寒性宿根草
原生地：オーストラリア
A〜E
◆特徴　筒状の花の先端が割れ、カンガルーの足のよう。
◆栽培　鉢花で流通。日なたと水はけのよい用土を好む。花後、花茎を切る。高温多湿を嫌うので夏は風通しのよい半日陰に。冬は室内で5℃以上を保つ。

日なた／普／40〜100cm

開花期：1 2 3 4 5 6 7 8 9 10 11 12

キンギョソウ　金魚草 [037]

桃 赤 橙 黄 白 赤緑 他　香

開花期：1 2 3 4 5 6 7 8 9 10 11 12

キンセンカ　金盞花 [087]

橙 黄 白 緑　　　　　香

開花期：1 2 3 4 5 6 7 8 9 10 11 12

キショウブ　黄菖蒲
イエローフラッグ
Iris pseudacorus

黄 緑　　　　　　　　香

アヤメ科　耐寒性宿根草
原生地：北アメリカ、ヨーロッパ
B〜E
◆特徴　湿地性植物。ハナショウブの近縁種でよく似た花をつける。
◆栽培　日当たりのよい水湿地を好むが、かなりの乾燥にも耐え、庭植えも。暑さにも寒さにも強く、強健で野生化しているものも見られる。

日なた／湿／60〜150cm

開花期：1 2 3 4 5 6 7 8 9 10 11 12

Yellow

クロッカス
ハナサフラン
Crocus spp.

アヤメ科　耐寒性球根
原生地：地中海沿岸、西アジア
◆特徴　紫や白花のウェルネスや黄花のクリサンタスなどが一般的。
◆栽培　日なたと水はけのよい用土を好む。球根植えつけは10〜11月。花後に追肥して球根を肥大させる。数年は植えたままでよい。

開花期：1 2 3 4 5 6 7 8 9 10 11 12

コロニラ・ヴァレンティナ
Coronilla valentina

マメ科　耐寒性落葉低木
原生地：ヨーロッパ南部
◆特徴　美しい斑入り葉品種が花壇苗などとして出回る。黄花が鮮やか。
◆栽培　日なたと水はけのよい用土を好む。高温多湿を嫌うので夏の西日は避け、風通しを確保する。花後、丈を半分まで切り戻すと再開花。

開花期：1 2 3 4 5 6 7 8 9 10 11 12

ゲウム　038
開花期：1 2 3 4 5 6 7 8 9 10 11 12

サイネリア　087
開花期：1 2 3 4 5 6 7 8 9 10 11 12

コツラ・バルバータ
カゲロウソウ、ハナホタル
Cotula barbata

キク科　耐寒性一年草
原生地：南アフリカ
◆特徴　羽状の葉がマット状に茂り、ボタンのような黄色の花が咲く。
◆栽培　日なたと水はけのよい用土を好む。ポット苗が秋〜冬に流通。定植すると春は大株になる。過湿に弱いので、花がら摘みをこまめに。

開花期：1 2 3 4 5 6 7 8 9 10 11 12

シナマンサク　支那満作
Hamamelis mollis

マンサク科　耐寒性落葉高木
原生地：中国中部
◆特徴　開花時期に褐色の枯れ葉が残っていることでマンサクと見分ける。
◆栽培　日なたと水はけのよい用土を好む。植えつけは晩秋か早春。真夏は天候に応じて水やりする。剪定は花後すぐに、枯れ枝を切る程度に。

開花期：1 2 3 4 5 6 7 8 9 10 11 12

サンシュユ
ハルコガネバナ、アキサンゴ
Cornus officinalis

ミズキ科　耐寒性落葉高木
原生地：中国
◆特徴　早春に咲く花は庭を明るくする。秋に赤く実る。
◆栽培　日なたと水はけのよい用土を好む。苗木の植えつけ適期は11〜3月。花芽分化は夏。剪定は花後に、混み合った枝や長い枝を元から切り、樹高を抑える。

開花期：1 2 3 4 5 6 7 8 9 10 11 12

ジャーマンアイリス　061
開花期：1 2 3 4 5 6 7 8 9 10 11 12

シャクヤク　芍薬　039
開花期：1 2 3 4 5 6 7 8 9 10 11 12

春

スイセン　バルボコディウム
ペチコートスイセン
Narcissus bulbocodium

黄　緑　香 B〜E 日なた 普

ヒガンバナ科　耐寒性球根
原生地：地中海沿岸
◆特徴　花弁が小さく副花冠が大きく発達してラッパ形。
◆栽培　日なたと水はけのよい用土を好む。球根植えつけは9〜10月、鉢植えは深めに植えつけ、戸外で霜に当てず育てる。庭植えは夏の雨で腐りやすいので掘り上げる。

15〜20cm

開花期：1 2 3 4 5 6 7 8 9 10 11 12

ダンコウバイ　檀香梅
ウコンバナ
Lindera obtusiloba

黄　緑　香 C〜E 日なた 普

クスノキ科　耐寒性落葉低木
原生地：日本
◆特徴　黄色の小花が集まって咲く。雌雄異株。枝にも芳香がある。
◆栽培　日なたと水はけのよい用土を好む。乾燥すると葉が枯れて翌年の花つきが悪くなるので天候に応じて水やりする。剪定は落葉期に。

200〜400cm

開花期：1 2 3 4 5 6 7 8 9 10 11 12

スターチス　062

桃 青紫 橙 黄 白 緑　香

開花期：1 2 3 4 5 6 7 8 9 10 11 12

セリンセ　102

青紫 黄 緑　香

開花期：1 2 3 4 5 6 7 8 9 10 11 12

スイセン　水仙
ラッパズイセン、カップズイセン、フサザキズイセン
Narcissus Hybrids

黄　白　緑　香 A〜E 日なた 普

ヒガンバナ科　耐寒性球根
原生地：地中海沿岸、東ヨーロッパ
◆特徴　副花冠が目立つ。系統や品種が多く、花形はさまざま。八重咲きもある。
◆栽培　日なたと水はけのよい用土を好む。球根植えつけは10〜12月、やや深めに植える。花後、葉が黄変するまで切らずに球根の肥大を助ける。

15〜40cm

開花期：1 2 3 4 5 6 7 8 9 10 11 12

センダイハギ　先代萩
Thermopsis lupinoides

黄　緑　香 A〜D 日なた 普

マメ科　耐寒性宿根草
原生地：日本、朝鮮半島、東シベリア
◆特徴　東北以北の海岸砂地に自生する。ルピナスのように穂状に開花。
◆栽培　日なたと水はけのよい用土を好む。北国の花だが暑さにも強い。丈夫でつくりやすく、花壇にも向く。地下茎がよく伸びるので不要な茎は春先に整理する。

40〜80cm

開花期：1 2 3 4 5 6 7 8 9 10 11 12

ディモルフォセカ　087

橙 黄 緑　香

開花期：1 2 3 4 5 6 7 8 9 10 11 12

デルフィニウム　ベラドンナ系　014

桃 青紫 黄 白 緑　香

開花期：1 2 3 4 5 6 7 8 9 10 11 12

Yellow
—102—

ナスタチウム 088

トリトマ 088

ナノハナ 菜の花
ハナナ、ナバナ
Brassica rapa var. *amplexicaulis*

アブラナ科　耐寒性一年草
原生地：ヨーロッパ
◆特徴　春に4弁花を咲かせる。観賞用と食用ともに園芸品種がある。
◆栽培　日なたと水はけのよい用土を好む。タネは9〜10月に直まきし、発芽後間引く。腐葉土などで株元をマルチして霜柱を防ぐ。

トサミズキ
イヨミズキ
Corylopsis spicata

マンサク科　耐寒性落葉低木
原生地：中国
◆特徴　出葉前に、数輪の花を穂状に下向きにつける。
◆栽培　日なたなと水はけのよい用土を好む。生育旺盛なので、狭い場所では枝数を制限し長い枝は適宜切り詰める。寒さに弱いが、関東以西では庭植えできる。

ネメシア 040

バラ 薔薇 040

チューリップ・クルシアナ・クリサンタ→チューリップ 039

チューリップ 039

ハナビシソウ 花菱草 088

ヒメキンギョソウ 姫金魚草 016

チューリップ・グルダ→チューリップ 039

バビアナ 064

ヒアシンス
ニシキユリ
Hyacinthus orientalis

キジカクシ(ユリ)科　耐寒性一年草
原生地：地中海沿岸
◆特徴　香りのよい花を穂状につける。品種が多く、八重咲きもある。
◆栽培　日なたから半日陰、水はけのよい用土を好む。球根植えつけは10〜11月、天候に応じて水やりを。冬の寒さにあって休眠から覚める。

春

ヒイラギナンテン 柊南天
Mahonia japonica

メギ科　耐寒性常緑低木
原生地：中国、台湾
◆特徴　羽状に並ぶ葉も花穂も横に広がる。夏に黒紫色の丸い実が熟す。
◆栽培　強健で日なたから半日陰で育つが、夏の西日は避ける。腐葉土を十分に入れて苗木を植える。小枝があまり出ないので剪定は不要。
開花期：1 2 3 4 5 6 7 8 9 10 11 12

ヒュウガミズキ 日向水木
ヒメミズキ
Corylopsis pauciflora

マンサク科　耐寒性落葉低木
原生地：日本、台湾
◆特徴　トサミズキと同属。花も葉も小ぶりで繊細。
◆栽培　日なたと水はけのよい用土を好むが、耐陰性があるので半日陰でもよい。乾燥に弱いので注意。花芽分化は7〜8月、剪定は花後すぐ。刈り込みもでき、境栽にも向く。
開花期：1 2 3 4 5 6 7 8 9 10 11 12

ヒメエニシダ 姫金雀枝
キバナエニシダ
Cytisus × spachianus

マメ科　耐寒性常緑低木
原生地：ヨーロッパ、北アフリカ
◆特徴　エニシダと同属だが、花も葉も小型。早春に鉢物が流通。
◆栽培　日なたと水はけのよい用土を好む。入手した鉢物は春以降、戸外で育てる。エニシダより寒さに弱いが南関東以西では庭植え可能。
開花期：1 2 3 4 5 6 7 8 9 10 11 12

ヒューケラ　041

フリージア　089

開花期：1 2 3 4 5 6 7 8 9 10 11 12
開花期：1 2 3 4 5 6 7 8 9 10 11 12

ヒメハナビシソウ 姫花菱草
エスコルチア
Eschscholzia caespitosa

ケシ科　耐寒性一年草
原生地：北アメリカ
◆特徴　ハナビシソウより小型の花をいっせいに開花。花は一重黄色のみ。
◆栽培　日なたとやや乾燥ぎみの用土を好む。移植を嫌うので秋に直まきするか、小苗の根鉢をくずさず植える。過湿を嫌うので乾燥ぎみに管理。
開花期：1 2 3 4 5 6 7 8 9 10 11 12

プリムラ・ヴェリス
カウスリップ
Primula veris

サクラソウ科　耐寒性宿根草
原生地：ヨーロッパ、アジア西部
◆特徴　株の中心から太い花茎を伸ばして先端に房状に花をつける。
◆栽培　日なたで、水もちと水はけのよい用土を好む。高温乾燥に弱いので夏は涼しい半日陰になる場所に、腐葉土を十分に入れて苗を植える。
開花期：1 2 3 4 5 6 7 8 9 10 11 12

ヒメリュウキンカ 姫立金花
Ranunculus ficaria

キンポウゲ科　耐寒性宿根草
原生地：ヨーロッパ、西アジア
◆特徴　湿地性のリュウキンカと異なる。ハート形の葉と金色の花が魅力。
◆栽培　日なたを好むが、6月には地上部が枯れ休眠するので、落葉樹の下など夏は日陰になる場所がよい。休眠までは十分肥培させる。
開花期：1 2 3 4 5 6 7 8 9 10 11 12

プリムラ・キューエンシス
ヤグラザクラ
Primula × kewensis

サクラソウ科　非耐寒性宿根草
原生地：中国
◆特徴　茎や葉は白い粉を薄くつけたよう。鮮やかな黄色の花が印象的。
◆栽培　早春に鉢物が流通。暖房のきいていない室内の日当たりのよい所で育てる。過湿を嫌うので水やりに注意。夏は涼しい半日陰で管理。
開花期：1 2 3 4 5 6 7 8 9 10 11 12

Yellow

ブルビネラ
Bulbinella spp.

ツルボラン科　半耐寒性球根
原生地：南アフリカ、ニュージーランド
◆特徴　秋植え球根。長い花茎に小さな花を100輪ほど穂状につける。
◆栽培　日なたと水はけのよい用土を好む。南関東以西では戸外で越冬し開花。夏は地上部が枯れて休眠。北関東以北では鉢植えは霜に当てない。

D〜E　日なた　普　70〜100cm
開花期：1 2 3 4 5 6 7 8 9 10 11 12

マトリカリア
ナツシロギク
Tanacetum parthenium

キク科　耐寒性宿根草（一年草）
原生地：ヨーロッパ、バルカン半島
◆特徴　白花一重咲きはハーブに利用。切り花用や花壇用の八重咲きもある。
◆栽培　日なたと水はけのよい用土を好む。暑さや蒸れに弱いので秋まき一年草扱い。開花苗は春に定植し、花がら摘みをこまめに。

A〜B　日なた　普　30〜80cm
開花期：1 2 3 4 5 6 7 8 9 10 11 12

ペンツィア
Pentzia grandiflora

キク科　非耐寒性一年草
原生地：南アフリカ
◆特徴　葉は羽状に切れ込み、花茎を伸ばして舌状花のない花が咲く。
◆栽培　日なたと風通し、水はけのよい用土を好む。タネまきは9月、南関東以西では11月に小苗を植えつける。冷涼地では春まきで夏花壇に。過湿を嫌うので乾燥ぎみに管理。

A〜E　日なた　普　50〜70cm
開花期：1 2 3 4 5 6 7 8 9 10 11 12

マンサク　満作　万作
アオモミ
Hamamelis japonica

マンサク科　耐寒性落葉高木
原生地：日本
◆特徴　黄色の4弁の花はひも状。交雑種は花色が橙、赤などもある。
◆栽培　日なたと水はけのよい肥沃な用土を好む。花後に剪定し、さらに徒長枝は随時切って樹高調節。花つきが悪いときは4〜5月に肥料を。

B〜E　日なた　普　200〜500cm
開花期：1 2 3 4 5 6 7 8 9 10 11 12

メキシコマンネングサ
マンネングサ、セダム
Sedum mexicanum

ベンケイソウ科　耐寒性宿根草
原生地：不明
◆特徴　多肉植物。茎は這い、葉が密に茂るのでグラウンドカバーによい。
◆栽培　日なたと水はけのよい用土を好むが、半日陰でもよく育つ。乾燥に強くとても強健で、切った茎を土にまいておけば根づくほど。

D〜E　日なた　普　10〜20cm
開花期：1 2 3 4 5 6 7 8 9 10 11 12

ボタン　牡丹　017
開花期：1 2 3 4 5 6 7 8 9 10 11 12

マツバギク　松葉菊　089
開花期：1 2 3 4 5 6 7 8 9 10 11 12

マーガレット　128
開花期：1 2 3 4 5 6 7 8 9 10 11 12

ミムラス　042
開花期：1 2 3 4 5 6 7 8 9 10 11 12

モッコウバラ　木香薔薇
Rosa banksiae

バラ科　耐寒性常緑つる性木本
原生地：中国
◆特徴　つるに刺がない。白花は芳香があるが八重咲きの黄花にはない。
◆栽培　日なたと水はけのよい用土を好む。パーゴラなどに誘引して育てる。春から伸びた新梢に、夏には花芽ができる。冬に古枝を剪定する。

C〜E　日なた　普　600cm
開花期：1 2 3 4 5 6 7 8 9 10 11 12

春

ヤマブキ 山吹
オモカゲグサ
Kerria japonica

黄 緑

バラ科　耐寒性落葉低木
原生地：日本、朝鮮半島、中国
◆特徴　明るい緑の葉に黄色の花が鮮やか。花は一重と八重咲きがある。
◆栽培　日なたから半日陰、有機質に富んだ土を好む。枝は3～4年で花つきが悪くなるので、地際から剪定。強健で、病害虫も少ない。

香　A～E　日なた　半日陰　普　50～150cm

開花期：1 2 3 4 5 6 7 8 9 10 11 12

リビングストンデージー 042

桃 赤 橙 黄 白 緑　香
開花期：1 2 3 4 5 6 7 8 9 10 11 12

レンゲツツジ 蓮華躑躅 089

橙 黄 緑　香
開花期：1 2 3 4 5 6 7 8 9 10 11 12

リムナンテス
フライドエッグ
Limnanthes douglasii

黄 緑

リムナンタ科　半耐寒性一年草
原生地：北アメリカ
◆特徴　毛状の葉は明るい緑色。花色は目玉焼を思わせる。
◆栽培　日なたと水はけのよい用土を好む。関東以西では早めに花壇に定植し、寒さがくる前に根を張らせるとよい。冷涼地は春に定植。多肥を嫌うので注意。

香　A～E　日なた　普　25～40cm

開花期：1 2 3 4 5 6 7 8 9 10 11 12

ラッセルルピナス 018

桃 赤 青紫 橙 黄 白 緑　香
開花期：1 2 3 4 5 6 7 8 9 10 11 12

ラナンキュラス 129

桃 赤 橙 黄 白 緑　香
開花期：1 2 3 4 5 6 7 8 9 10 11 12

ユーフォルビア・キパリッシアス
マツバトウダイ
Euphorbia cyparissias

黄 緑

トウダイグサ科　耐寒性宿根草
原生地：ヨーロッパ
◆特徴　黄色のカップ状の苞をつけた花を咲かせる。
◆栽培　日なたと水はけのよい用土を好む。強健だが高温多湿を嫌うので、夏は半日陰で風通しのよい場所がよい。茎を切ると白い汁液がでるが、かぶれる場合もあるので注意。

香　B～D　日なた　普　30～60cm

開花期：1 2 3 4 5 6 7 8 9 10 11 12

ユーフォルビア・ポリクロマ
Euphorbia polychroma

黄 緑

トウダイグサ科　耐寒性宿根草
原生地：ヨーロッパ
◆特徴　常緑、花時に苞が美しい黄色に色づき、花後も長く残る。
◆栽培　日なたを好むが、南関東以西は真夏は半日陰になる場所がよい。花後に花がらのみを切り取るとよい。夏は天候に応じて水やりする。

香　B～D　日なた　普　40cm

開花期：1 2 3 4 5 6 7 8 9 10 11 12

夏

ラナンキュラス 'ゴールドコイン'
ハイキンポウゲ
Ranunculus repens 'Gold Coin'

黄 緑　　香　A~D　日なた　半日陰　湿　20cm

キンポウゲ科　耐寒性宿根草
原生地：日本、北半球温帯
◆特徴　小輪八重咲きの園芸品種。茎をほふくさせてふえ広がる。
◆栽培　日なたから半日陰、保水性のある用土を好み、水辺でよく育つ。高温多湿や高温乾燥に弱いので水やりに注意。伸びすぎた茎は間引く。

開花期：1 2 3 **4 5 6** 7 8 9 10 11 12

アキレア
セイヨウノコギリソウ、ヤロー
Achillea millefolium

桃 赤 橙 黄 白 緑　香　A~D　日なた　普　50~80cm

キク科　半耐寒性宿根草
原生地：ヨーロッパ中北部
◆特徴　葉はハーブティーに、花はドライフラワーにも向く。
◆栽培　日なたと水はけのよい用土を好む。花後に草丈を半分に切り、株元の通風をよくして蒸れを防ぎ、次の開花を促す。病害虫は少ない。

開花期：1 2 3 4 5 **6 7 8 9** 10 11 12

アスクレピアス・ツベロサ
ヤナギトウワタ
Asclepias tuberosa

橙 黄 緑　香　C~E　日なた　普　60~100cm

キョウチクトウ(ガガイモ)科　耐寒性宿根草
原生地：北米、西インド諸島
◆特徴　葉の形がヤナギのよう。羽根つきの羽根に似た花形がユニーク。
◆栽培　日なたと水はけのよい有機質の多い用土を好む。苗の植えつけは秋。暑さに強く、茎は細いが風にも強く倒伏しない。株分けで繁殖。

開花期：1 2 3 4 5 **6 7 8 9** 10 11 12

アスター 043
桃 赤 青紫 黄 白 緑　香
開花期：1 2 3 4 5 **6 7 8 9** 10 11 12

アブチロン 020
桃 赤 青紫 橙 黄 白 緑　香
開花期：1 2 3 **4 5 6 7 8 9 10 11** 12

レンギョウ　連翹
Forsythia spp.

黄 緑　香　A~E　日なた　普　200~300cm

モクセイ科　耐寒性落葉低木
原生地：中国、朝鮮半島
◆特徴　展葉前に開花。レンギョウやシナレンギョウ、交雑種が出回る。
◆栽培　日なたと水はけのよい用土を好み、日陰では花つきが悪くなる。花芽分化は7～8月、剪定は花後に。古枝や細い枝は株元で切る。

開花期：1 2 **3 4** 5 6 7 8 9 10 11 12

アフェランドラ 'ダニア'
ゼブラプラント
Aphelandra squarrosa 'Dania'

黄 緑　香　A~E　半日陰　普　30cm

キツネノマゴ科　非耐寒性常緑低木
原生地：ブラジル
◆特徴　葉の白色の葉脈が美しい。花は重なった黄色の苞の間から咲く。
◆栽培　半日陰と水はけのよい用土を好む。高温を好み、夏は強光を避けた戸外でよく育つ。冬は室内で10℃以上を保つ。苞は長く観賞できる。

開花期：1 2 3 4 5 6 **7 8 9** 10 11 12

夏

アフリカンマリーゴールド 090

橙 黄 白 緑　　香
開花期：1 2 3 4 5 6 7 8 9 10 11 12

ガイラルディア 044

赤 黄 緑　　香
開花期：1 2 3 4 5 6 7 8 9 10 11 12

キバナノノコギリソウ　黄花の鋸草
アキレア、ヤロー
Achillea filipendulina

黄 緑　　香

キク科　耐寒性宿根草
原生地：コーカサス地方
◆特徴　黄色の小さな花が密生して大型の花序をつくる。
◆栽培　日なたと水はけのよい用土を好む。タネまき、苗の植えつけは春か秋。追肥は春。乾燥に強く強健だが、蒸れに弱いので注意。ドライフラワーにも向く。

A～D　日なた　普　60～80cm

開花期：1 2 3 4 5 6 7 8 9 10 11 12

エレムルス
フォックステールリリー、デザートキャンドル
Eremurus spp.

桃 橙 白 緑　　香

ツルボラン科　耐寒性球根
原生地：中央アジア
◆特徴　タコのような巨大な球根。雄大な花穂をつけ下から順に咲く。
◆栽培　日なたと乾燥ぎみの用土を好む。暑さに弱いので寒冷地向き。球根植えつけは11月。花後球根を掘り上げ、乾燥した土に埋め夏越しする。

A～C　日なた　乾　100～150cm

開花期：1 2 3 4 5 6 7 8 9 10 11 12

カンナ 091

桃 赤 橙 黄 白 緑 赤　　香
開花期：1 2 3 4 5 6 7 8 9 10 11 12

キバナコスモス 091

赤 橙 黄 緑　　香
開花期：1 2 3 4 5 6 7 8 9 10 11 12

オシロイバナ　白粉花 021

桃 赤 橙 黄 白 緑　　香
開花期：1 2 3 4 5 6 7 8 9 10 11 12

カリブラコア 022

桃 赤 青紫 橙 黄 白 緑　　香
開花期：1 2 3 4 5 6 7 8 9 10 11 12

キリンソウ　麒麟草
Sedum kamtschaticum

黄 緑　　香

ベンケイソウ科　耐寒性宿根草
原生地：日本、朝鮮半島、中国
◆特徴　多肉植物。花は小さいがまとまって咲きにぎやか。葉も観賞。
◆栽培　日なたとやや乾燥ぎみの用土を好む。乾燥ぎみに管理すれば強健。花後に株元2～3cmまで切ると草丈が大きくなりすぎない。

A～D　日なた　乾　50cm

開花期：1 2 3 4 5 6 7 8 9 10 11 12

オミナエシ　女郎花
Patrinia scabiosifolia

黄 緑　　香

スイカズラ(オミナエシ)科　耐寒性宿根草
原生地：日本、東アジア
◆特徴　秋の七草のひとつで古くからなじみがある。花は円錐花序につく。
◆栽培　日なたと水はけのよい用土を好むが、過乾燥を嫌うので夏の西日を避けた場所を選ぶ。茎を6月に切り戻すと草丈低く、花数が多くなる。

A～D　日なた　普　60～120cm

開花期：1 2 3 4 5 6 7 8 9 10 11 12

キュウコンベゴニア　球根ベゴニア 091

桃 赤 橙 黄 白 緑　　香
開花期：1 2 3 4 5 6 7 8 9 10 11 12

クロコスミア 045

赤 橙 黄 緑　　香
開花期：1 2 3 4 5 6 7 8 9 10 11 12

| 桃 | 赤 | 青・紫 | 橙 | **黄 夏** | 白 | その他 |

ケイトウ 鶏頭 [045]
桃 赤 橙 黄 緑　香
開花期：1 2 3 4 5 6 7 8 9 10 11 12

サンタンカ 山丹花 [092]
桃 赤 橙 黄 白 緑　香
開花期：1 2 3 4 5 6 7 8 9 10 11 12

ゴシキトウガラシ 五色唐辛子
カプシカム、トウガラシ
Capsicum annuum

青紫 白 桃 青紫 橙 黄 他 赤 緑　香

ナス科　非耐寒性一年草
原生地：中南米
◆特徴　トウガラシの観賞用品種群で、色や形が多様な実を観賞。実色が変化するのも。
◆栽培　日なたと水はけのよい用土を好む。タネまきは4～5月、本葉6～7枚で定植。市販のポット苗も利用。実がしぼんできたら取る。

A～E　日なた　普　30～40cm
開花期：1 2 3 4 5 6 7 8 9 10 11 12

グラジオラス
トウショウブ
Gladiolus

桃 赤 青紫 橙 黄 白 他 緑　香

アヤメ科　非耐寒性球根
原生地：アフリカ、地中海沿岸
◆特徴　春植え球根。剣状の葉をだし、大ぶりの花が穂状に咲く。
◆栽培　日なたと風通し、水はけのよい場所を選ぶ。球根植えつけは4～7月、多湿にも乾燥にも弱い。花後、葉が黄変したら掘り上げ貯蔵。

A～E　日なた　普　60～100cm
開花期：1 2 3 4 5 6 7 8 9 10 11 12

キンシバイ 金糸梅
クサヤマブキ
Hypericum patulum

黄 緑　香

オトギリソウ科　耐寒性常緑低木
原生地：中国
◆特徴　枝はゆるやかに枝垂れ、5弁花をつける。'ヒドコート'は多花性。
◆栽培　日なたから半日陰、水はけのよい用土を好む。強健で、乾燥にも強い。冬に切り戻して枝を更新すると花がそろう。冷涼地では冬に落葉。

B～D　日なた　半日陰　普　100cm
開花期：1 2 3 4 5 6 7 8 9 10 11 12

コレオプシス・グランディフロラ
キンケイギク
Coreopsis grandiflora

黄 緑　香

キク科　耐寒性宿根草
原生地：北アメリカ
◆特徴　黄色の花が咲く。よく似た大型のオオキンケイギクは外来生物法で栽培禁止。
◆栽培　日なたと水はけのよい用土を好む。暑さにも寒さにも強く強健。花がら摘みはこまめに。鉢植えはひと回り大きな鉢に植え替える。

C～D　日なた　普　30～60cm
開花期：1 2 3 4 5 6 7 8 9 10 11 12

クロッサンドラ [091]
橙 黄 緑　香
開花期：1 2 3 4 5 6 7 8 9 10 11 12

グロリオサ [045]
赤 橙 黄 緑　香
開花期：1 2 3 4 5 6 7 8 9 10 11 12

サンビタリア
クリーピングジニア
Sanvitalia procumbens

橙 黄 緑　香

キク科　非耐寒性一年草
原生地：中央アメリカ
◆特徴　茎は這うように低く広がり、ヒマワリに似た小花をつける。
◆栽培　日なたと水はけのよい用土を好む。夏の強光や乾燥にも強く丈夫。多湿に弱いので、花がら摘みをこまめに、適宜刈り込んで風通しを確保。

A～E　日なた　普　10～15cm
開花期：1 2 3 4 5 6 7 8 9 10 11 12

Yellow

夏

ジニア・エレガンス
ヒャクニチソウ
Zinnia elegans

桃 赤 橙 黄 白 他 緑

キク科　非耐寒性一年草
原生地：メキシコ
◆特徴　品種が多く、花色、花形、草丈が多様で、夏秋を咲きとおす。
◆栽培　日なたと水はけのよい用土を好む。タネまきは4〜6月、小苗で定植すると根がしっかり張る。花がら摘みと、水やりが必要。

A〜E　日なた　普　20〜60cm

開花期：1 2 3 4 5 6 7 8 9 10 11 12

ソリダスター
× *Solidaster luteus*

黄 緑

キク科　耐寒性宿根草
原生地：北アメリカ
◆特徴　ソリダゴとアスターの属間交配種で一重の小花が多数咲く。
◆栽培　日なたと水はけのよい用土を好む。強健で、少肥でよい。苗の植えつけは春、摘心してわき芽を育てる。花後、切り戻すと再開花。

B〜D　日なた　普　60〜100cm

開花期：1 2 3 4 5 6 7 8 9 10 11 12

ジニア・リネアリス
ホソバヒャクニチソウ
Zinnia angustifolia

橙 黄 白 緑

キク科　非耐寒性一年草
原生地：メキシコ
◆特徴　花色は3色のみ。花は小型だが花つきがよく、夏秋花壇に向く。
◆栽培　日なたと水はけのよい用土を好む。強健。草姿が乱れたら半分に刈り込んで追肥。秋は花色がさえ、降霜時まで咲き続ける。

A〜E　日なた　普　25〜35cm

開花期：1 2 3 4 5 6 7 8 9 10 11 12

スイレン　睡蓮（耐寒性）　135

桃 赤 橙 黄 白 緑　香

開花期：1 2 3 4 5 6 7 8 9 10 11 12

スイレン　睡蓮（熱帯性）　073

桃 赤 青紫 橙 黄 白 赤 緑　香

開花期：1 2 3 4 5 6 7 8 9 10 11 12

ジニア'プロフュージョン'　092

桃 赤 橙 黄 白 緑　香

開花期：1 2 3 4 5 6 7 8 9 10 11 12

ストケシア　074

桃 青紫 黄 白 緑　香

開花期：1 2 3 4 5 6 7 8 9 10 11 12

ダールベルグデージー
ディソディア
Thymophylla tenuiloba

黄 緑

キク科　非耐寒性一年草
原生地：メキシコ
◆特徴　葉は羽状に切れ込み、鮮黄色の小花をつける。
◆栽培　日なたと水はけのよい用土を好む。移植を嫌うので根鉢をくずさず苗を植える。高温と乾燥に強いが梅雨時の過湿に注意。花後、草丈を半分に切り追肥すると再開花。

A〜E　日なた　普　15cm

開花期：1 2 3 4 5 6 7 8 9 10 11 12

シロタエヒマワリ　白妙向日葵
ギンバヒマワリ
Helianthus argophyllus

黄 白

キク科　非耐寒性一年草
原生地：北アメリカ南部
◆特徴　葉に毛が密生し灰白色。分枝性があり、花は小型で多数咲く。
◆栽培　日なたと水はけのよい用土を好む。腐葉土を施し、4〜6月にタネを直まきするか、本葉3〜4枚で定植。支柱を立てて倒伏を防ぐ。

A〜E　日なた　普　100〜200cm

開花期：1 2 3 4 5 6 7 8 9 10 11 12

ダイヤーズカモミール
コウヤカミツレ
Anthemis tinctoria

黄 緑

キク科　耐寒性宿根草（一年草）
原生地：ヨーロッパ南部〜中部
◆特徴　古くは染料用のハーブ。芳香はないが切れ込んだ葉と黄花が美しい。
◆栽培　日なたと水はけのよい用土を好む。タネまきは秋、翌年初夏に開花するが、4月に摘心して草丈を抑える。暑さに弱く一年草扱い。

A〜E　日なた　普　60〜80cm

開花期：1 2 3 4 5 6 7 8 9 10 11 12

Yellow

ダチュラ
ダツラ、チョウセンアサガオ
Datura spp.

ナス科　半耐寒性宿根草、一年草
原生地：熱帯アメリカ
◆特徴　草本で、ラッパ形の大輪花をつける。全草が有毒。
◆栽培　日なたで水はけのよい用土を好む。タネまきは春、丈夫で育てやすく夏〜秋に咲くが、花がら摘みが必要。生育旺盛なので鉢植えは大きな鉢に植え替える。

トレニア・バイロニー→トレニア 075

ハイブリッドカラー 093

タチアオイ　立葵 047

テイオウカイザイク　帝王貝細工 048

ハルシャギク　春車菊
ジャノメギク
Coreopsis tinctoria

キク科　耐寒性一年草
原生地：北アメリカ
◆特徴　花は黄色に赤褐色の蛇の目模様が入る。わい性で単色の品種もある。
◆栽培　日なたと水はけのよい用土を好む。秋に直まきし、発芽後に間引く。春に入手したポット苗はすぐに定植。強健でこぼれダネでふえる。

タンジー
ヨモギギク、ビターボタン
Tanacetum vulgare

キク科　耐寒性宿根草
原生地：ヨーロッパ
◆特徴　ポプリ用のハーブ。羽状の葉と、ボタン形の黄花が目立つ。
◆栽培　日なたと風通し、水はけのよい場所を選ぶ。強健で育てやすいが、混み合うと蒸れやすくなる。寒さに強いので関東では防寒不要。

ニコチアナ 048

ハナキリン　花麒麟 048

ディル
イノンド
Anethum graveolens

セリ科　耐寒性一年草
原生地：地中海沿岸、西アジア
◆特徴　料理用ハーブでフェンネルに似るが、本種は小型で一年草。
◆栽培　日なたと水はけのよい用土を好む。タネまきは秋か春。移植を嫌うので直まきもよい。発芽後に間引いて育てる。葉の収穫は適宜。

ハイビスカス 048

ブッドレア 076

夏

ヒマワリ　向日葵
ニチリンソウ
Helianthus annuus

赤 橙 黄 他 緑　　香

キク科　非耐寒性一年草
原生地：北アメリカ

◆特徴　花の大きさや形、色はさまざま。1本立ち系と分枝系がある。

◆栽培　日なたと水はけのよい用土を好む。タネが大きく直まきが容易。5月にタネをまく。乾燥しすぎると株が弱るので、水やりする。

開花期：1 2 3 4 5 6 7 8 9 10 11 12

A〜E　日なた　普　25〜200cm

ヒメヒマワリ　姫向日葵
ヘリオプシス、キクイモモドキ
Heliopsis helianthoides

黄 緑　　香

キク科　耐寒性宿根草
原生地：北アメリカ

◆特徴　葉は小さくざらざらとした感触。花は一重と八重咲きがある。

◆栽培　日なたと水はけのよい用土を好む。強健だが、倒伏防止に支柱を立てる。花がら摘みはこまめに。花後7月末までに切り戻すと再開花。

開花期：1 2 3 4 5 6 7 8 9 10 11 12

A〜D　日なた　普　100〜120cm

フレンチマリーゴールド　094
赤 橙 黄 緑　　香

開花期：1 2 3 4 5 6 7 8 9 10 11 12

ヘメロカリス　094
桃 赤 橙 黄 白 緑　　香

開花期：1 2 3 4 5 6 7 8 9 10 11 12

ヒペリカム・カリシナム
セイヨウキンシバイ
Hypericum calycinum

黄 緑　　香

オトギリソウ科　耐寒性常緑低木
原生地：小アジア

◆特徴　花つきがよく、樹高が低いのでグラウンドカバーに適している。

◆栽培　日なたから半日陰、水はけのよい用土を好む。冬の寒風で傷むが寒さには強く丈夫。株が老化したら株元から刈り込んで仕立て直す。

開花期：1 2 3 4 5 6 7 8 9 10 11 12

C〜D　日なた　半日陰　普　30〜50cm

フェンネル
ウイキョウ、スイートフェンネル
Foeniculum vulgare

黄 緑 赤　　香

セリ科　耐寒性宿根草
原生地：ニューギニア

◆特徴　茎葉に芳香のある料理用ハーブで、羽毛状の葉は周年観賞。

◆栽培　日なたと水はけのよい用土を好む。移植を嫌う。強健で乾燥にも強く育てやすい。花後、花茎を元から切ると株元から新葉がでる。

開花期：1 2 3 4 5 6 7 8 9 10 11 12

A〜E　日なた　普　100〜200cm

| 桃 | 赤 | 青・紫 | 橙 | 黄 夏 | 白 | その他 |

ペチュニア 138
桃 赤 青紫 黄 白 他 緑　香
開花期： 1 2 3 4 5 6 7 8 9 10 11 12

メランポジウム
Melampodium paludosum
黄 緑　香
キク科　非耐寒性一年草
原生地：メキシコ
A～E
◆特徴　夏花壇に、鮮やかな黄花と明るい緑葉とのコントラストを活用。
日なた
◆栽培　日なたと水はけのよい用土を好む。真夏の強光に強いが、水やりが必要。花後に花がら摘みを兼ねて切り戻し、次の花を咲かせる。
普
25～60cm
開花期： 1 2 3 4 5 6 7 8 9 10 11 12

ポーチュラカ
ハナスベリヒユ
Portulaca oleracea
桃 赤 橙 黄 白 緑　香
スベリヒユ科　非耐寒性宿根草（一年草）
原生地：インド
A～E
◆特徴　茎を這うように伸ばし、次々に開花。一日花で午後に閉じる。
日なた
◆栽培　日なたと水はけのよい用土を好む。暑さと乾燥に強く強健だが、天候に応じて水やりが必要。茎が伸びすぎて花数が減ったら刈り込む。
普
10～15cm
開花期： 1 2 3 4 5 6 7 8 9 10 11 12

マツバボタン　松葉牡丹
ツメキリソウ、ヒデリソウ
Portulaca grandiflora
桃 赤 橙 黄 白 緑　香
スベリヒユ科　非耐寒性一年草
原生地：南アメリカ
A～E
◆特徴　葉は細長く肉厚。花は午後にはしぼむが毎日新しい花が咲く。
日なた
◆栽培　日なたを好み、乾燥したやせ地でも炎天下に花を咲かせる。タネまきや苗の植えつけは5月中旬以降に。花がら摘みをこまめに。
乾
10～20cm
開花期： 1 2 3 4 5 6 7 8 9 10 11 12

ユリ　アジアティックハイブリッド 140
桃 赤 橙 黄 白 緑　香
開花期： 1 2 3 4 5 6 7 8 9 10 11 12

ランタナ 095
桃 赤 青紫 橙 黄 白 緑　香
開花期： 1 2 3 4 5 6 7 8 9 10 11 12

メキシカンマリーゴールド 094
橙 黄 緑　香
開花期： 1 2 3 4 5 6 7 8 9 10 11 12

ラズベリー 051
白 赤 橙 黄 緑　香
観賞期： 1 2 3 4 5 6 7 8 9 10 11 12

リグラリア・プルゼワルスキー
Ligularia przewalskii
黄 緑　香
キク科　耐寒性宿根草
原生地：中国北部
A～D
◆特徴　葉は大きく切れ込む。夏にすらりと伸びた花穂をつける。
日なた／半日陰
◆栽培　日なたから半日陰で育つが暑さに弱いので温暖地は半日陰に。乾燥に弱く、水辺など多湿の場所に向く。寒さには強く丈夫で2～3年で大株に育つ。
湿
100～120cm
開花期： 1 2 3 4 5 6 7 8 9 10 11 12

Yellow

夏　　　　　　　　　　　　　　　秋

リシマキア・プンクタータ
Lysimachia punctata

サクラソウ科　耐寒性宿根草
原生地：ヨーロッパ、小アジア
◆特徴　初夏に花茎を伸ばし、5弁花が各葉腋に3〜4輪ずつつく。
◆栽培　日なたから半日陰、排水性と保水性のある用土を好むが、日なたのほうが花つきがよい。乾燥に弱いので、天候に応じて水やりする。

開花期：1 2 3 4 5 6 7 8 9 10 11 12

キク　菊
ポットマム、クッションマム
Dendranthema × grandiflorum

キク科　耐寒性宿根草
原生地：中国、日本
◆特徴　鉢物は周年流通するが、日本の秋を象徴する。花形や花色豊富。
◆栽培　日なたと水はけのよい用土を好む。鉢植えはひと回り大きな鉢に植え替えて根詰まりを防ぐ。花がら摘みをこまめに強い霜に当てない。

開花期：1 2 3 4 5 6 7 8 9 10 11 12

ルー
ヘンルーダ
Ruta graveolens

ミカン科　耐寒性常緑低木
原生地：ヨーロッパ南東部
◆特徴　独特の香りが殺虫効果のあるハーブ。4弁の黄花をつける。
◆栽培　日なたと水はけのよい用土を好むが、酸性土を嫌う。乾燥に強く病害虫の発生も少ない。梅雨時に枝透かし剪定をして風通しを確保。

開花期：1 2 3 4 5 6 7 8 9 10 11 12

ロニセラ・テルマニアーナ
ハニーサックル
Lonicera × tellmanniana

スイカズラ科　耐寒性常緑つる性木本
原生地：北アメリカ、中国
◆特徴　つるは旺盛に伸び、花は固まって咲く。
◆栽培　日なたと水はけのよい用土を好む。寒冷地でも育つが、北風を避けた日だまりでよく生育する。花後、絡んだつるをほぐして整理。多肥を好む。

開花期：1 2 3 4 5 6 7 8 9 10 11 12

イソギク　磯菊
Chrysanthemum pacificum

キク科　耐寒性宿根草
原生地：日本
◆特徴　花は筒状花のみ。葉は緑葉に銀色の縁取り、葉裏も銀白色。
◆栽培　日なたと水はけのよい用土を好む。海岸に生える植物で乾燥に強く強健。咲き終わった株は株元で刈り込み、6月に摘心する。

開花期：1 2 3 4 5 6 7 8 9 10 11 12

ワタ　綿
コットン
Gossypium spp.

アオイ科　非耐寒性宿根草（一年草）
原生地：熱帯・亜熱帯
◆特徴　花は黄色、花後にできる実が完熟して弾ける。
◆栽培　日なたと水はけのよい用土を好むが、酸性土を嫌う。5月にタネをポットにまき、6〜7月に花壇に定植。花が咲いたら追肥すると、花後30〜50日で実が弾ける。

開花期：1 2 3 4 5 6 7 8 9 10 11 12

ウインターコスモス
ビデンス
Bidens laevis

キク科　半耐寒性宿根草
原生地：北アメリカ
◆特徴　秋に咲く貴重な花。コスモスを小型にしたような黄色の花が咲く。
◆栽培　日なたと水はけのよい用土を好む。苗の植えつけは春か秋。夏に切り戻して草丈を抑える。肥料は少なめでよい。南関東以西では宿根。

開花期：1 2 3 4 5 6 7 8 9 10 11 12

Yellow

ダリア 053

桃 赤 青紫 橙 黄 白 他 緑 香
開花期：1 2 3 4 5 6 7 8 9 10 11 12

ピラカンサ 127

白 赤 橙 黄 緑 　香
観賞期：1 2 3 4 5 6 7 8 9 10 11 12

サルビア 'イエローマジェスティ'

Salvia madolensis 'Yellow Majesty'

黄 緑　香

シソ科　半耐寒性宿根草
原生地：メキシコ

D〜E　日なた

◆特徴　秋咲きのサルビアで、大型。花壇の後方などによい。
◆栽培　日なたと水はけのよい用土を好む。6月に切り戻して草丈を抑える。南関東以西では霜が降りる前に地上部を切り、盛り土などで防寒。

普　150〜200cm

開花期：1 2 3 4 5 6 7 8 9 10 11 12

ツワブキ

タクゴ
Farfugium japonicum

黄 緑　香

キク科　耐寒性宿根草
原生地：東アジア

C〜E　日なた　半日陰

◆特徴　常緑の葉に黄色の花が鮮やか。晩秋の庭を彩る。
◆栽培　強健で用土を選ばず、日なたから日陰までどこでもよく育つ。ただし斑入り葉は半日陰で葉色が美しくなる。花後、花茎を元から切る。

普　30〜40cm

開花期：1 2 3 4 5 6 7 8 9 10 11 12

コスモス 031

桃 赤 橙 黄 白 緑　香
開花期：1 2 3 4 5 6 7 8 9 10 11 12

ハゲイトウ　葉鶏頭 054

他 赤 橙 黄　香
観賞期：1 2 3 4 5 6 7 8 9 10 11 12

ミナ・ロバータ 095

橙 黄 緑　香
開花期：1 2 3 4 5 6 7 8 9 10 11 12

ステルンベルギア

キバナタマスダレ
Sternbergia lutea

黄 緑　香

ヒガンバナ科　耐寒性球根
原生地：地中海沿岸、小アジア

C〜E　日なた　半日陰

◆特徴　球根から2〜3本の花茎を伸ばし、黄花をつける。
◆栽培　日なたから半日陰、水はけのよい用土を好む。球根植えつけは7〜8月。花後葉が伸び、翌年5月に葉が枯れ休眠する。関東以西では植えたままでよい。

普　20cm

開花期：1 2 3 4 5 6 7 8 9 10 11 12

フォックスフェイス

カナリーナス、ツノナス
Solanum mammosum

白 黄 緑　香

ナス科　非耐寒性常緑低木（一年草）
原生地：熱帯アメリカ

A〜E　日なた

◆特徴　8月に白花を開花。秋に黄色の実を観賞。
◆栽培　日なたと水はけのよい用土を好む。耐寒性がないので一年草扱い。タネまきは2〜3月、室内で育苗し5月に定植。3〜4本仕立てにし、他のわき芽はとる。

普　100〜200cm

観賞期：1 2 3 4 5 6 7 8 9 10 11 12

冬

ウォールフラワー
エリシマム、チェイランサス
Erysimum cheiri

赤 橙 黄 白 緑　香　A~E

アブラナ科　耐寒性宿根草(一年草)
原生地：南ヨーロッパ
◆特徴　芳香のある花。南関東以西では秋冬春の花壇に。
◆栽培　日なたと水はけのよい用土を好む。移植を嫌うので定植時はていねいに扱う。花がら摘みはこまめに。暑さを嫌うので一年草扱いだが、冷涼地では宿根し、春に開花。

日なた　普　20~50cm

開花期：1 2 3 4 5 6 7 8 9 10 11 12

キルタンサス
ファイヤーリリー
Cyrtanthus spp.

桃 橙 黄 白 緑　香　D~E

ヒガンバナ科　半耐寒性球根
原生地：南アフリカ
◆特徴　線形の葉を出し、筒状の花をつける。鉢栽培向き。
◆栽培　日なたと水はけのよい用土を好む。春か秋に、5号鉢に3~5球を目安に植える。水切れ、過湿に弱いので注意。冬は霜に当てずに育て、3年ごとに植え替える。

日なた　普　20~30cm

開花期：1 2 3 4 5 6 7 8 9 10 11 12

エラチオールベゴニア　055

桃 赤 橙 黄 白 緑　香
開花期：1 2 3 4 5 6 7 8 9 10 11 12

カナリーヒース→アワユキエリカ　033

黄 緑　香
開花期：1 2 3 4 5 6 7 8 9 10 11 12

クレマチス・ペトリエイ
Clematis petriei

黄 緑　香　C~E

キンポウゲ科　耐寒性つる性宿根草
原生地：ニュージーランド
◆特徴　芳香のある小さな花が株全体にびっしり咲く。
◆栽培　半日陰で水はけのよい用土を好む。高温多湿を嫌うので夏は半日陰で管理する。常緑の旧枝咲きで、冬から春にかけて生育する。

半日陰　普　50cm

開花期：1 2 3 4 5 6 7 8 9 10 11 12

カレンデュラ '冬知らず'
フユシラズ、フユザキキンセンカ
Calendula arvensis 'Fuyushirazu'

黄 緑　香　A~E

キク科　耐寒性一年草
原生地：地中海沿岸
◆特徴　ふんわりとした草姿で、一重の小さな花を長期間咲かせる。
◆栽培　日なたと水はけのよい用土を好む。霜や雪にも強い。春になると急に大きくなるので、摘心して草丈を調節する。定期的に追肥を。

日なた　普　10~50cm

開花期：1 2 3 4 5 6 7 8 9 10 11 12

ストック　082
桃 赤 青紫 黄 白 緑　香
開花期：1 2 3 4 5 6 7 8 9 10 11 12

センリョウ　千両　056
白 赤 黄 緑　香
観賞期：1 2 3 4 5 6 7 8 9 10 11 12

パンジー＆ビオラ　083
桃 赤 青紫 橙 黄 白 他 緑　香
観賞期：1 2 3 4 5 6 7 8 9 10 11 12

Yellow

ソシンロウバイ　素心蝋梅
ロウバイ
Chimonanthus praecox 'Concolor'

黄　緑

ロウバイ科　耐寒性落葉高木
原生地：中国
◆特徴　ロウバイの園芸品種。花芯も黄色で芳香はロウバイより強い。
◆栽培　日なたと肥沃な用土を好む。病害虫に強く育てやすい。苗木の植えつけは11〜2月が適期。剪定は花後に、不要枝や徒長枝を切る。

開花期：1 2 3 4 5 6 7 8 9 10 11 12

マーガレットコスモス
ガモレピス、ステイロディスカス
Steirodiscus euryopoides

黄　緑

キク科　耐寒性常緑低木
原生地：南アフリカ
◆特徴　ユリオプスデージーに似るが、葉色は緑。四季咲き性がある。
◆栽培　日なたと水はけのよい用土を好む。乾燥や風、夏の暑さにも強い。南関東以西では戸外で冬も咲き続ける。花後に好みの高さで刈り込む。

開花期：1 2 3 4 5 6 7 8 9 10 11 12

ハツコイソウ　初恋草　056
赤 青紫 橙 黄 白 緑　香
開花期：1 2 3 4 5 6 7 8 9 10 11 12

プリムラ・ジュリアン→プリムラ・ポリアンサ　083
桃 赤 青紫 橙 黄 白 他 緑　香
開花期：1 2 3 4 5 6 7 8 9 10 11 12

マホニア'チャリティ'
Mahonia × *media* 'Charity'

黄　緑

メギ科　耐寒性常緑低木
原生地：中国
◆特徴　ヒイラギナンテンなどの交雑種。冬に咲く黄色の花穂が印象的。
◆栽培　半日陰と保水性のある肥沃な用土を好む。日なたでも育つが、日陰では花つきが悪い。強健で管理は不要だが、夏は水やりする。

開花期：1 2 3 4 5 6 7 8 9 10 11 12

フクジュソウ　福寿草
ガンジツソウ
Adonis amurensis

橙　黄　他　緑

キンポウゲ科　耐寒性宿根草
原生地：日本、中国
◆特徴　正月の鉢物に使われるが、自然開花は早春。
◆栽培　葉のある間は日なた、それ以外は半日陰を好むので落葉樹の下などがよい。根は太く長いので、正月用の鉢物は花後早めに深鉢か庭に植え替える。乾燥を嫌うので注意。

開花期：1 2 3 4 5 6 7 8 9 10 11 12

ポインセチア　056
桃 赤 橙 黄 白 緑　香
開花期：1 2 3 4 5 6 7 8 9 10 11 12

ラケナリア　083
桃 赤 青紫 橙 黄 白 他 緑　香
開花期：1 2 3 4 5 6 7 8 9 10 11 12

プリムラ・ポリアンサ　083
桃 赤 青紫 橙 黄 白 緑　香
開花期：1 2 3 4 5 6 7 8 9 10 11 12

ユリオプスデージー
Euryops pectinatus

黄　白　緑

キク科　耐寒性常緑低木
原生地：南アフリカ
◆特徴　銀葉と鮮黄色の花とのコントラストが印象的。秋〜春に開花。
◆栽培　日なたと水はけのよい用土を好む。刈り込みができるので生垣風に使うとよい。真冬に入手した鉢物は春に植えると、1年で大株になる。

開花期：1 2 3 4 5 6 7 8 9 10 11 12

白色
White

純白といいたいような透明感のある白色、
赤色や黄色などがわずかにかかった
色合いも白色に集めました。
主役になれ、
他の色と組み合わせても相性がよく、
暗い色を引き立てます。

アグロステンマ
ムギセンノウ、ムギナデシコ
Agrostemma githago
桃 白 緑　　香

ナデシコ科　耐寒性一年草
原生地：ヨーロッパ
A~D
◆**特徴**　茎が細くしなやかで大輪の花が風になびく。
日なた
◆**栽培**　水はけのよい用土を好むので、腐葉土を多めに入れ改良する。関東以西では11月に苗を植えつける。春に花茎をぐんぐん伸ばすので早めに支柱を立てて倒伏を防ぐ。
普
60~90cm

開花期：1 2 3 4 5 6 7 8 9 10 11 12

アケボノフウロ　曙風露　008
桃 白 緑　　香
開花期：1 2 3 4 5 6 7 8 9 10 11 12

アッツザクラ　009
桃 白 緑　　香
開花期：1 2 3 4 5 6 7 8 9 10 11 12

春

アケビ　木通
Akebia quinata
白 他 他 緑　　香

アケビ科　耐寒性落葉つる性木本
原生地：日本
A~E
◆**特徴**　雌雄同株。雌花は萼片が大きく花弁状で目立つ。
日なた
◆**栽培**　水はけのよい用土を好む。苗の植えつけは12～3月、フェンスなどに絡ませるとよい。他家受粉するので2本以上植えないと実がならない。秋に熟す果実は甘い。
普
500cm

開花期：1 2 3 4 5 6 7 8 9 10 11 12

アークトチス　ハーレクイーングループ　098
桃 赤 橙 黄 白 緑　　香
開花期：1 2 3 4 5 6 7 8 9 10 11 12

アイリス　058
青紫 黄 白 緑　　香
開花期：1 2 3 4 5 6 7 8 9 10 11 12

アイスランドポピー　036
桃 赤 橙 黄 白 緑　　香
開花期：1 2 3 4 5 6 7 8 9 10 11 12

アクイレギア　008
桃 赤 青紫 黄 白 他 緑　　香
開花期：1 2 3 4 5 6 7 8 9 10 11 12

アセビ　馬酔木　008
桃 白 緑　　香
開花期：1 2 3 4 5 6 7 8 9 10 11 12

アマリリス　009
桃 赤 白 緑　　香
開花期：1 2 3 4 5 6 7 8 9 10 11 12

アヤメ　菖蒲　059
青紫 白 緑　　香
開花期：1 2 3 4 5 6 7 8 9 10 11 12

イカリソウ　碇草、錨草　009
桃 青紫 白 緑　　香
開花期：1 2 3 4 5 6 7 8 9 10 11 12

イベリス・ウンベラタ
キャンディタフト、マガリバナ
Iberis umbellata

桃 赤 青紫 白 緑　　香

アブラナ科　耐寒性一年草
原生地：南ヨーロッパ

A–E　日なた　普　20〜50cm

◆特徴　秋まき一年草。春に4弁の小花を傘状につける。
◆栽培　日なたと風通し、水はけのよい用土を好む。寒さに強く丈夫だが、寒冷地では春まきする。花壇に直まきもよい。株間を広めに取り大株に育てると花つきがよい。

開花期：1 2 3 4 5 6 7 8 9 10 11 12

アリウム・トリクエトルム
アリウム・ペンデュリナム
Allium triquetrum

白 緑　　香

ネギ(ユリ)科　耐寒性球根
原生地：南ヨーロッパ

C–D　日なた　普　30〜40cm

◆特徴　秋植え球根。花は白い花弁に緑色のラインが入る。
◆栽培　日なたと水はけのよい用土を好む。球根植えつけは10〜11月。暑さにも寒さにも強く強健で、植えっぱなしができる。分球とこぼれダネで旺盛に繁茂する。

開花期：1 2 3 4 5 6 7 8 9 10 11 12

イモカタバミ　芋片喰　010
桃 白 緑　　香
開花期：1 2 3 4 5 6 7 8 9 10 11 12

オステオスペルマム　010
桃 青紫 黄 橙 白 緑　　香
開花期：1 2 3 4 5 6 7 8 9 10 11 12

アルメリア　009
桃 白 緑 赤　　香
開花期：1 2 3 4 5 6 7 8 9 10 11 12

イチゴ　苺　036
桃 赤 白 赤 緑　　香
開花期：1 2 3 4 5 6 7 8 9 10 11 12

イベリス・センペルビレンス
トキワナズナ
Iberis sempervirens

白 緑　　香

アブラナ科　耐寒性宿根草
原生地：ギリシャ〜西南アジア

A–D　日なた　普　20〜30cm

◆特徴　常緑。茎は這うように広がり、白花をつける。
◆栽培　日なたと風通し、水はけのよい用土を好む。高温多湿に弱いので夏の西日を避けて植える。乾燥に強く、丈夫で育てやすい。鉢植えは長雨を避け、夏は涼しい場所に。

開花期：1 2 3 4 5 6 7 8 9 10 11 12

イキシア
ヤリズイセン、コーンリリー
Ixia

桃 赤 青紫 橙 黄 白 他 緑　　香

アヤメ科　耐寒性球根
原生地：南アフリカ

C–D　日なた　普　30〜80cm

◆特徴　葉は剣状、細い花茎に6弁の花を穂状につける。
◆栽培　日なたと水はけのよい用土を好む。連作、酸性土は嫌う。球根植えつけは10〜11月、強い霜に弱いので軒下や明るい木陰などを選ぶ。葉が枯れたら球根は掘り上げる。

開花期：1 2 3 4 5 6 7 8 9 10 11 12

エゴノキ
チシャノキ
Styrax japonicus

桃 白 白 緑　　香

エゴノキ科　耐寒性落葉高木
原生地：日本、東アジア

A–D　日なた　普　200〜800cm

◆特徴　白花が一般的。多数の花を下向きにつける。花や実は有毒。
◆栽培　日なたを好むが、乾燥を嫌うので、株元は半日陰に。植えつけ適期は落葉期、堆肥を十分に施す。剪定は冬に、不要な枝を切る程度に。

開花期：1 2 3 4 5 6 7 8 9 10 11 12

春

オオデマリ　大手毬
テマリバナ
Viburnum plicatum var. *plicatu*

桃 白 緑　香

レンプクソウ(スイカズラ)科　耐寒性落葉低木
原生地：日本、東アジア
◆特徴　小花が集まって手毬状。花は装飾花で豪華だが結実しない。
◆栽培　日なたと水はけのよい用土を好む。乾燥を嫌うので西日を避ける。花芽分化は前年の5〜6月。剪定は落葉期、古枝や枯れ枝を整理する。

A-E　日なた　普　200〜300cm

開花期： 1 2 3 4 5 6 7 8 9 10 11 12

オルレア
オルラヤ
Orlaya grandiflora

白 緑　香

セリ科　耐寒性宿根草(一年草)
原生地：ヨーロッパ
◆特徴　羽毛のような葉に、繊細で清楚な白い花が美しい。
◆栽培　日なたで水はけのよい用土を好む。タネまきは9〜10月、移植を嫌うので11〜12月に小苗のうちに根鉢をくずさず定植。翌年はこぼれダネで開花する。

A-D　日なた　普　60cm

開花期： 1 2 3 4 5 6 7 8 9 10 11 12

オーニソガラム・ウンベラツム
オオアマナ、スターオブベツレヘム
Ornithogalum umbellatum

白 緑　香

キジカクシ(ユリ)科　耐寒性球根
原生地：ヨーロッパ、西アジア
◆特徴　花びらの外側は緑、内側は白色。花は昼間開き、夜は閉じる。
◆栽培　半日陰で風通しがよく、水はけのよい用土を好む。球根植えつけは10〜11月。6月に葉を枯らして休眠する。球根は植えたままでよくふえる。

B-D　半日陰　普　10〜30cm

開花期： 1 2 3 4 5 6 7 8 9 10 11 12

オガタマノキ　招霊の木
Michelia compressa

白 緑

モクレン科　耐寒性常緑高木
原生地：日本、台湾、フィリピン
◆特徴　サカキと同じように神事に使われる。黄白色の花は上品な香りがする。
◆栽培　日なたと水はけのよい用土を好む。寒風を避けた場所に堆肥などを入れて苗木を植える。間引き剪定をして通風と日当たりを確保。

香　A-E　日なた　普　700〜1000cm

開花期： 1 2 3 4 5 6 7 8 9 10 11 12

カーネーション　037
桃 赤 橙 黄 白 緑　香

開花期： 1 2 3 4 5 6 7 8 9 10 11 12

カキツバタ　杜若　060
青紫 白 緑　香

開花期： 1 2 3 4 5 6 7 8 9 10 11 12

オランダカイウ
カラー
Zantedeschia aethiopica

白 他 緑　香

サトイモ科　耐寒性球根
原生地：南アフリカ
◆特徴　白色の苞が美しい、湿地性植物。黄や桃花は別種で畑地性の植物。
◆栽培　日なたから半日陰を好む。水辺や多湿地で生育するが、十分に灌水できるなら花壇にも。冬は腐葉土や土などをかぶせて凍結を防ぐ。

C-D　日なた 半日陰　湿　60〜100cm

開花期： 1 2 3 4 5 6 7 8 9 10 11 12

カスミソウ　霞草
Gypsophila elegans

桃 白 緑　香

ナデシコ科　耐寒性一年草
原生地：西アジア
◆特徴　小さな花を多数つける。一年草で花壇に利用。
◆栽培　日なたと水はけのよい用土を好む。酸性土は嫌う。10月に直まきすると初夏に開花。冷涼地は春にまくと2〜3ヵ月で開花。少肥、乾燥ぎみに管理し強健に育てる。

A-E　日なた　乾　60cm

開花期： 1 2 3 4 5 6 7 8 9 10 11 12

カルミア 011
桃 赤 白 緑　　香
開花期：1 2 3 4 5 6 7 8 9 10 11 12

キンギョソウ　金魚草 037
桃 赤 橙 黄 白 赤 緑　　香
開花期：1 2 3 4 5 6 7 8 9 10 11 12

コデマリ　小手毬
テマリバナ、スズカケ
Spiraea cantoniensis

白 緑　　香

バラ科　耐寒性落葉低木
原生地：中国中部
◆特徴　小花が集まり手毬状。枝は細く、花の重みで先が垂れ下がる。
◆栽培　日なたと水はけのよい用土を好む。剪定は花後に、古枝は花つきが悪いので地ぎわから切る。混み合った枝も整理して風通しを確保。

B〜E　日なた　普　50〜150cm

開花期：1 2 3 4 5 6 7 8 9 10 11 12

クレマチス・アルマンディ
クレマチス・アーマンディ
Clematis armandii

白 緑　　香

キンポウゲ科　半耐寒性つる性宿根草
原生地：中国
◆特徴　葉は常緑で、白色の花を多数つける。4〜5枚の萼片が花弁のよう。
◆栽培　日なたと水はけのよい用土を好む。寒風の当たる場所を避ける。旧枝咲きなので冬の剪定は枝先を軽く切り戻し、枯れ枝など不要枝を切る。

D〜E　日なた　普　500cm〜

開花期：1 2 3 4 5 6 7 8 9 10 11 12

クリムゾンクローバー 037
赤 白 緑　　香
開花期：1 2 3 4 5 6 7 8 9 10 11 12

クルメツツジ　久留米躑躅 011
桃 赤 白 緑　　香
開花期：1 2 3 4 5 6 7 8 9 10 11 12

クレマチス 061
桃 赤 青紫 白 他 緑　　香
開花期：1 2 3 4 5 6 7 8 9 10 11 12

クレマチス・ビチセラ 060
桃 赤 青紫 白 緑　　香
開花期：1 2 3 4 5 6 7 8 9 10 11 12

コブシ　辛夷
ヤマアララギ、コブシハジカミ
Magnolia kobus

白 赤 緑　　香

モクレン科　耐寒性落葉高木
原生地：日本
◆特徴　出葉前に芳香のある6弁花を開き、春を告げる。秋に実が熟す。
◆栽培　日なたと水はけのよい用土を好む。剪定は不要だが、小さく仕立てる場合は花後すぐに長い枝を元から間引く。若木のうちは寒肥を施す。

A〜E　日なた　普　700〜1000cm

開花期：1 2 3 4 5 6 7 8 9 10 11 12

クレマチス・モンタナ
Clematis montana

桃 白 緑　　香

キンポウゲ科　耐寒性つる性宿根草
原生地：中国、ヒマラヤ
◆特徴　改良品種も含む。一季咲きだが、花つきがよい。
◆栽培　日なたと水はけのよい用土を好む。暑さにやや弱いので、夏に半日陰になる風通しのよい場所を選ぶ。旧枝咲き、冬の剪定は枝先を切り戻す程度。

A〜D　日なた　普　500cm〜

開花期：1 2 3 4 5 6 7 8 9 10 11 12

クリンソウ　九輪草 011
桃 赤 白 緑　　香
開花期：1 2 3 4 5 6 7 8 9 10 11 12

ケマンソウ　華鬘草 011
桃 白 緑　　香
開花期：1 2 3 4 5 6 7 8 9 10 11 12

春

サイネリア　087
桃 赤 青紫 橙 黄 白 緑　香
開花期：1 2 3 4 5 6 7 8 9 10 11 12

シザンサス　038
桃 赤 青紫 白 緑　香
開花期：1 2 3 4 5 6 7 8 9 10 11 12

シジミバナ　蜆花
エクボバナ
Spiraea prunifolia

白 緑

バラ科　耐寒性落葉低木
原生地：中国

◆特徴　ユキヤナギに似るが、花は八重咲きで中心部がくぼむ。
◆栽培　日なたと水はけのよい用土を好む。苗木の植えつけは秋〜春が適期。強健で、病害虫にも強い。花後に剪定して樹形を整える。

香　C-E　日なた　普　100〜200cm

開花期：1 2 3 4 5 6 7 8 9 10 11 12

サンザシ　山査子
Crataegus cuneata

白 赤 黄 緑

バラ科　耐寒性落葉低木
原生地：中国

◆特徴　枝に刺があるが、春の花や秋の実が美しい。庭木や盆栽で利用。
◆栽培　日なたと水はけのよい用土を好む。高温多湿を嫌うので西日の当たらない、風通しのよい場所を選ぶ。剪定は冬、長い枝を切りつめる。

香　B-D　日なた　普　100〜300cm

開花期：1 2 3 4 5 6 7 8 9 10 11 12

シバザクラ　芝桜
モスフロックス
Phlox subulata

桃 赤 青紫 白 緑

ハナシノブ科　耐寒性宿根草
原生地：北アメリカ東部

◆特徴　茎は這うように広がり、5弁の花を株いっぱいに咲かせる。
◆栽培　日なたと水はけのよい用土を好む。傾斜地や石組みの間などにもよい。追肥は開花前に。梅雨入り前に刈り込んで蒸れを防ぐ。

香　A-E　日なた　普　5〜10cm

開花期：1 2 3 4 5 6 7 8 9 10 11 12

サツキ　皐月　012
桃 赤 白 緑　香
開花期：1 2 3 4 5 6 7 8 9 10 11 12

ジャーマンアイリス　061
桃 赤 青紫 橙 黄 白 他 緑　香
開花期：1 2 3 4 5 6 7 8 9 10 11 12

ジャーマンカモミール
カミツレ、カモミール、カモマイル
Matricaria recutita

白 緑

キク科　耐寒性一年草
原生地：ヨーロッパ

◆特徴　リンゴの香りのハーブで、花をティーに利用。
◆栽培　日なたと水はけのよい用土を好む。タネは9〜10月に直まきする。関東以西では防寒不要。冷涼地は4月まきがよい。花の中央部分が盛り上がってきたら収穫適期。

香　A-D　日なた　普　30〜60cm

開花期：1 2 3 4 5 6 7 8 9 10 11 12

シャクナゲ　石楠花
ロードデンドロン、セイヨウシャクナゲ
Rhododendron Hybrids

桃 赤 青紫 橙 黄 白 緑

ツツジ科　耐寒性常緑低木
原生地：日本、中国

◆特徴　ヨーロッパで改良したセイヨウシャクナゲが一般的で花色豊富。
◆栽培　夏の西日を避けた場所を選ぶ。酸性土を好むので鹿沼土と腐葉土を入れて植える。花芽分化は6〜7月、剪定は花後すぐに。

香　A-D　日なた　普　100〜400cm

開花期：1 2 3 4 5 6 7 8 9 10 11 12

ジギタリス　061
桃 赤 青紫 黄 白 緑　香
開花期：1 2 3 4 5 6 7 8 9 10 11 12

シャクヤク　芍薬　039
桃 赤 黄 白 緑　香
開花期：1 2 3 4 5 6 7 8 9 10 11 12

シャスタデージー

Leucanthemum × superbum

キク科　耐寒性宿根草
原生地：ヨーロッパ

◆特徴　高性種とわい性種があり、大輪一重咲きや二重咲きなどがある。

◆栽培　水はけのよい用土を好む。水切れに弱いので鉢植えはとくに注意。咲き終わったら草丈の半分まで刈り込み、蒸れを防ぐ。

開花期：5・6

シレネ・ユニフロラ

ハマベマンテマ
Silene uniflora

ナデシコ科　耐寒性宿根草
原生地：ヨーロッパ

◆特徴　茎は這うように広がる。花は萼がふっくらと丸い。

◆栽培　日なたを好むが暑さを嫌うので、関東以西は午後は日陰となるところがよい。花がら摘みをこまめに。一度花が咲き終わったら全体を軽く刈り込むと再開花。

開花期：4・5・6

シャリンバイ　車輪梅

タチシャリンバイ、ハマモッコク
Rhaphiolepis umbellata

バラ科　耐寒性常緑高木
原生地：日本

◆特徴　小枝が車輪状にでて5弁花が咲く。潮風と大気汚染に強いので海岸地帯の街路樹などに植えられる。

◆栽培　日なたと水はけのよい場所を好む。生長が遅いが剪定する場合は花後すぐに行う。花芽分化は8〜10月。

開花期：5

シロヤマブキ　白山吹

Rhodotypos scandens

バラ科　耐寒性落葉低木
原生地：日本

◆特徴　5弁花のヤマブキに似るが、本種は4弁花で別属。

◆栽培　半日陰で土質を選ばない。生長が早く強健。花芽分化は遅い。落葉期に4〜5年経った古枝や枯れ枝は剪定して更新する。株分け、またはタネで繁殖する。

開花期：4・5・6

シュッコンネメシア

062

開花期：3・4・5・6・7・8・9・10・11

ジンチョウゲ　沈丁花

013

開花期：3・4

スイートアリッサム

ニワナズナ、ロブラリア
Lobularia maritima

アブラナ科　耐寒性宿根草
原生地：地中海沿岸

◆特徴　マット状の草姿で小花を多数つける。東京以西は冬花壇でも利用。

◆栽培　日なたと水はけのよい用土を好む。花後に刈り込み追肥すると再び開花するので、これを繰り返す。冷涼地では春に植えて秋まで観賞。

開花期：1・2・3・4・5・6・10・11・12

ジューンベリー

アメリカザイフリボク
Amelanchier laevis

バラ科　耐寒性落葉高木
原生地：北アメリカ東部

◆特徴　春の白い花は美しく、6月に熟す赤い実は甘く生食やジャムに。

◆栽培　日なたと水はけのよい場所を選ぶ。苗木の植えつけは春か秋が適期。強健で、成木の施肥は不要。剪定は落葉期に、混み合う枝を切る。

開花期：4

スイセン　水仙

102

開花期：1・2・3・4

スターチス

062

開花期：4・5・6

春

スイカズラ 吸葛
ニンドウ、ハニーサックル、ロニセラ
Lonicera japonica

白 (黄) 緑

スイカズラ科　耐寒性半常緑つる性木本
原生地：日本、東アジア
◆特徴　芳香のある花は、はじめ白で徐々に黄色に変化。花の蜜は甘い。
◆栽培　日なたと水はけのよい用土を好む。苗の植えつけは春か秋が適期。暴れすぎる枝や細いつるは剪定して、毎年早春に追肥する。

香　A~D　日なた　普　300cm

開花期：1 2 3 4 5 6 7 8 9 10 11 12

セイヨウイボタ
プリベット、ヨウシュイボタ
Ligustrum vulgare

白 緑

モクセイ科　耐寒性半落葉低木
原生地：ヨーロッパ、北西アジア
◆特徴　小さな葉と細い枝が密生し生垣によい。芳香のある花も魅力。
◆栽培　日なたと水はけのよい用土を好む。植えつけは春か秋が適期。刈り込み剪定は花後すぐが適期。冬は寒い地方ほど葉が落ちる。

香　B~D　日なた　普　100~300cm

開花期：1 2 3 4 5 6 7 8 9 10 11 12

スズラン 鈴蘭
ドイツスズラン、キミカゲソウ
Convallaria majalis

桃 白 緑

キジカクシ(ユリ)科　耐寒性宿根草
原生地：ヨーロッパ
◆特徴　観賞用に栽培されているのは本種で、花の香りが強い。
◆栽培　午前中は日が当たり、午後は日陰になる場所を選ぶ。腐葉土を多めに入れて植える。発芽時と花後に液肥をあたえ、数年ごとに秋に株分けする。

香　A~D　半日陰　普　20~30cm

開花期：1 2 3 4 5 6 7 8 9 10 11 12

チューリップ　039

桃 赤 青紫 橙 黄 白 他 緑　香

開花期：1 2 3 4 5 6 7 8 9 10 11 12

チューリップ・ポリクロマ→チューリップ　039

白 緑　香

開花期：1 2 3 4 5 6 7 8 9 10 11 12

スパラキシス　039

桃 赤 橙 黄 白 緑　香

開花期：1 2 3 4 5 6 7 8 9 10 11 12

ゼラニウム　013

桃 赤 青紫 橙 白　香

開花期：1 2 3 4 5 6 7 8 9 10 11 12

テイカカズラ 定家葛
チョウジカズラ
Trachelospermum asiaticum

白 緑

キョウチクトウ科　耐寒性常緑つる性木本
原生地：日本、朝鮮
◆特徴　葉は常緑、つるは気根をだしてよじ登り、小花を多数つける。
◆栽培　日なたから日陰までどこでも育つが日陰では花つきが悪い。暑さに強く強健。春の萌芽前に伸びすぎたつるを整理する。

香　C~E　日なた　普　500cm

開花期：1 2 3 4 5 6 7 8 9 10 11 12

スノーフレーク
スズランズイセン
Leucojum aestivum

香

ヒガンバナ科　耐寒性球根
原生地：ヨーロッパ南部〜東部
◆特徴　線形の葉を茂らせ、スズランに似た花を下向きにつける。
◆栽培　日なたから半日陰、保水性と排水性のある用土を好む。花後追肥し、葉は黄変したら切る。球根は植えたまま大株になり花数もふえる。

A~D　日なた　半日陰　普　30~40cm

開花期：1 2 3 4 5 6 7 8 9 10 11 12

デルフィニウム エラータム系　063

桃 赤 青紫 白 緑　香

開花期：1 2 3 4 5 6 7 8 9 10 11 12

ニオイスミレ 匂い菫　063

桃 青紫 白 緑　香

開花期：1 2 3 4 5 6 7 8 9 10 11 12

White

ニゲラ 064

ネメシア 040

バーベナ
ビジョザクラ
Verbena Hybrids

クマツヅラ科　半耐寒性一年草
原生地：ブラジル
◆特徴　春にポット苗で流通。品種が多く、花色豊富。
◆栽培　秋まき一年草。日なたと水はけのよい用土を好む。苗の定植は強い霜の心配がなくなってから。開花中は花がら摘みと追肥が必要。春まきすると6〜9月に開花。

ドウダンツツジ　満天星躑躅
トウダイツツジ
Enkianthus perulatus

ツツジ科　耐寒性落葉低木
原生地：日本
◆特徴　壺形の花と紅葉が美しい。枝が密につき生垣にも向く。白地に赤の縦斑が入るサラサドウダンは別種。
◆栽培　日なたと水はけのよい用土を好む。樹形をつくる刈り込み剪定は5〜6月が適期。天候に応じて水やりする。

ネモフィラ・マクラータ→ネモフィラ・メンジェシー 063

ハーデンベルギア 064

トキワマンサク　常磐満作
Loropetalum chinense

マンサク科　耐寒性常緑高木
原生地：日本、中国、台湾
◆特徴　基本種は緑葉で白花だが、変種には銅葉で赤花や桃花がある。
◆栽培　日なたと水はけのよい用土を好む。温暖を好むので寒風の当たらない場所を選ぶ。花芽は短枝につくので、伸びすぎた枝は花後に切る。

バイカウツギ　梅花空木
セイヨウバイカウツギ、モックオレンジ
Philadelphus grandiflorus

アジサイ科　耐寒性落葉低木
原生地：ヨーロッパ南東部
◆特徴　セイヨウバイカウツギの園芸品種が多く流通。八重咲きもある。
◆栽培　日なたを好むが、半日陰でも育つ。強健でとくに土壌は選ばない。花芽分化は8〜9月。花後すぐに古枝や細い枝を剪定して枝を更新。

ナニワイバラ　難波茨
Rosa laevigata

バラ科　耐寒性常緑つる性木本
原生地：中国南部、台湾
◆特徴　原種のバラ。純白の大輪一重咲きの花をつける。
◆栽培　日なたと水はけのよい用土を好む。常緑でつるを旺盛に伸ばすので大型フェンスなどに向く。剪定は冬、直立させると花つきが悪くなるので水平方向に誘引する。

ハクモクレン　白木蓮
マグノリア、ハクレン
Magnolia denudata

モクレン科　耐寒性落葉高木
原生地：中国
◆特徴　モクレンより大型。花は昼間開き、夜は閉じる。
◆栽培　日なたと水はけのよい用土を好む。乾燥を嫌うので腐葉土や堆肥を入れて苗木を植える。幼木から徒長枝を切り、花後に剪定を繰り返すと小型で開花可能に。

春

ハゴロモジャスミン 羽衣ジャスミン
Jasminum polyanthum

白 緑　香

モクセイ科　半耐寒性常緑つる性木本
原生地：中国
◆特徴　星形の花は蕾が桃色、開くと白色。鉢物が流通。
◆栽培　日なたと水はけのよい用土を好む。戸外に植えるのは4月以降、家の南側など寒風を避ける。繁茂しすぎたら花後に剪定して誘引し直す。越冬には0℃以上必要。

開花期：1 2 3 **4 5 6** 7 8 9 10 11 12

ハナモモ　花桃　015
桃 赤 白 緑　香
開花期：1 2 **3 4** 5 6 7 8 9 10 11 12

ヒアシンス　103
桃 赤 青紫 橙 黄 白 緑　香
開花期：1 2 **3 4** 5 6 7 8 9 10 11 12

ハナカンザシ
アクロクリニウム
Rhodanthe chlorocephala

桃 白 緑　香

キク科　非耐寒性一年草
原生地：オーストラリア
◆特徴　丸弁のカサカサした触感の花をつける。花つきがよくにぎやか。
◆栽培　日なたと水はけのよい用土を好む。ポット苗が2～5月に流通。乾燥に強いが、霜や雨に弱いので南関東以西では軒下やベランダで育てる。

開花期：1 2 **3 4 5 6** 7 8 9 10 11 12

ハルザキグラジオラス
早咲きグラジオラス
Gladiolus Hybrids

桃 赤 白 他 緑　香

アヤメ科　半耐寒性球根
原生地：地中海沿岸
◆特徴　剣状の葉をだし、芳香のある花が穂状に開花。
◆栽培　日なたと水はけのよい用土を好む。球根植えつけは10～11月、耐寒性がやや弱いので霜よけが必要。花後、葉が黄変したら掘り上げ貯蔵する。小球は翌年開花しない。

開花期：1 2 3 **4 5** 6 7 8 9 10 11 12

ハナニラ　花韮
イフェイオン、スプリングスターフラワー
Tristagma uniflorum

青紫 白 緑　香

ネギ(ユリ)科　耐寒性球根
原生地：アルゼンチン、ウルグアイ
◆特徴　星形の花が多数咲き、よくふえる。葉を傷つけるとニラ臭がある。
◆栽培　日なたと水はけのよい用土を好むが、強健で、半日陰でもよく育つ。球根植えつけは10～11月、花後に追肥。球根は植えたままでよい。

開花期：1 2 **3 4 5** 6 7 8 9 10 11 12

バラ　薔薇　040
桃 赤 青紫 橙 黄 白 緑　香
開花期：1 2 3 **4 5 6 7 8 9 10** 11 12

フクシア　065
桃 赤 青紫 橙 白 緑　香
開花期：1 2 3 **4 5 6** 7 8 9 10 11 12

ハナミズキ　花水木
アメリカヤマボウシ
Cornus florida

桃 赤 白 赤 緑　香

ミズキ科　耐寒性落葉高木
原生地：北アメリカ
◆特徴　花弁のように見える苞が美しく、長く観賞。秋の紅葉も見事。
◆栽培　日なたと水はけのよい用土を好む。乾燥を嫌うので夏の西日や冬の寒風を避け、株元をマルチ。徒長枝は花が咲かないので、冬に切る。

開花期：1 2 3 **4 5** 6 7 8 9 10 11 12

ヒトツバタゴ
ナンジャモンジャ
Chionanthus retusus

白 緑　香

モクセイ科　耐寒性落葉高木
原生地：日本、朝鮮半島、中国
◆特徴　自生地では天然記念物になる珍木。白い花が雪のように咲く。
◆栽培　日なたと排水性と保水性のある用土を好む。植えつけは3月が適期、腐葉土を多めに。生長は遅く、放任しても樹形はまとまる。寒肥を少量施す。

開花期：1 2 3 4 **5** 6 7 8 9 10 11 12

春

マーガレット
モクシュンギク
Argyranthemum frutescens

桃 赤 黄 白 緑 　香

キク科　半耐寒性宿根草
原生地：カナリー諸島
◆特徴　花色や花形が豊富。早春から鉢物が出回る。
◆栽培　日なたと水はけのよい用土を好む。鉢物はひと回り大きな鉢に植え替え、花がら摘みと追肥で長く開花。花後切り戻す。霜に当たらなければ越冬し、大株になる。

D-E　日なた　普　20〜100cm

開花期：1 2 3 4 5 6 7 8 9 10 11 12

モッコウバラ　木香薔薇　105
黄 白 緑　　香
開花期：1 2 3 4 5 6 7 8 9 10 11 12

ライラック　067
桃 青紫 白 緑　　香
開花期：1 2 3 4 5 6 7 8 9 10 11 12

ミヤコワスレ　都忘れ　066
桃 青紫 白 緑　　香
開花期：1 2 3 4 5 6 7 8 9 10 11 12

ミヤマホタルカズラ　066
青紫 白 緑　　香
開花期：1 2 3 4 5 6 7 8 9 10 11 12

ヤグルマギク
ヤグルマソウ、セントーレア
Centaurea cyanus

桃 青紫 白 他 緑　　香

キク科　耐寒性一年草
原生地：ヨーロッパ南東部
◆特徴　野生種は青花、園芸品種に桃色やユニークな黒に近い色などがある。
◆栽培　日なたと風通し、水はけのよい用土を好む。関東以西では秋まき、冷涼地では春まきする。肥料は少なめに、強健に育てる。

A-E　日なた　普　30〜100cm

開花期：1 2 3 4 5 6 7 8 9 10 11 12

ミヤマシキミ　深山樒
スキミヤ
Skimmia japonica

白 赤 緑　　香

ミカン科　耐寒性常緑低木
原生地：日本、台湾
◆特徴　赤や白などの蕾を10〜3月に観賞。春に開花する白花も見事。有毒植物。
◆栽培　雌雄異株。半日陰と保水性のある用土を好む。植えつけは春か秋が適期、腐葉土などを多めにすき込む。剪定は伸びすぎた枝を切る程度。

C-E　半日陰　湿　30〜80cm

開花期：1 2 3 4 5 6 7 8 9 10 11 12

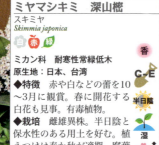
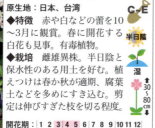

ヤブデマリ　薮手毬
Viburnum plicatum var. *tomentosum*

白 緑　　香

レンプクソウ(スイカズラ)科　耐寒性落葉低木
原生地：日本、台湾、中国
◆特徴　花序の周縁部のみ大きい装飾花で華やかさがある。
◆栽培　日なたと水はけのよい肥沃な用土を好む。暑さにも寒さにも強く、強健で育てやすい。花芽分化は夏、剪定は花後すぐに、樹形を乱す枝を切る。

A-E　日なた　普　100〜300cm

開花期：1 2 3 4 5 6 7 8 9 10 11 12

ムベ　郁子
トキワアケビ
Stauntonia hexaphylla

白 他　　香

アケビ科　耐寒性常緑つる性木本
原生地：日本、東アジア
◆特徴　葉のつけ根に小花を数輪つける。卵形の実は秋に熟して食用になる。
◆栽培　日なたと水はけのよい用土を好む。耐陰性があり日陰でも育つ。剪定は花後、地際や途中から出ているつるは切り、日当たりを確保。

C-E　日なた　普　500cm

開花期：1 2 3 4 5 6 7 8 9 10 11 12

ヤマボウシ　山法師
ヤマグワ
Cornus kousa

桃 白 赤 緑　　香

ミズキ科　耐寒性落葉高木
原生地：日本、朝鮮半島、中国
◆特徴　4枚の花びらに見えるのは苞。秋に熟す実は甘い。
◆栽培　日なたと水はけのよい肥沃な用土を好む。日陰では花つきが悪いが半日陰なら育つ。強健で、施肥や灌水は不要。剪定は落葉期に、長い枝や混み合った枝を間引く。

B-E　日なた　普　300〜800cm

開花期：1 2 3 4 5 6 7 8 9 10 11 12

ユキヤナギ　雪柳
コゴメバナ
Spiraea thunbergii

桃 白 緑　香

バラ科　耐寒性落葉低木
原生地：日本、中国
◆特徴　萌芽直前に、細い枝いっぱいに小さな花が咲いて枝垂れる。
◆栽培　日なたと水はけのよい用土を好む。強健で病害虫も少なく育てやすい。花芽分化は9～10月、刈り込み剪定は花後すぐに行う。

C-E　日なた　普　100～200cm

開花期：1 2 3 4 5 6 7 8 9 10 11 12

ライスフラワー
オゾタムヌス
Ozothamnus diosmifolius

桃 白 緑　香

キク科　半耐寒性常緑低木
原生地：オーストラリア
◆特徴　米粒のような小さな花をつける。切り花やドライフラワーにもよい。
◆栽培　日なたと風通し、水はけのよい用土を好む。南関東以西では庭植え可能。寒冷地は鉢植えで冬は室内へ。高温多湿に弱いので注意。

D-E　日なた　普　30～300cm

開花期：1 2 3 4 5 6 7 8 9 10 11 12

ラグラス
ウサギノオ
Lagurus ovatus

白 緑　香

イネ科　耐寒性一年草
原生地：地中海沿岸
◆特徴　卵形の花穂がウサギの尾を思わせる。ドライフラワーになる。
◆栽培　日なたと水はけのよい用土を好む。秋にタネを直まきし、密に生えた所を間引く。強健で、少肥でよい。6月に褐色になり枯れる。

A-B　日なた　普　15～40cm

開花期：1 2 3 4 5 6 7 8 9 10 11 12

ユキモチソウ
Arisaema sikokianum

白 緑　香

サトイモ科　耐寒性球根
原生地：日本
◆特徴　仏炎苞の開口部から純白で餅のようにふくれた付属体が見える。
◆栽培　日陰でやや湿り気のある用土を好む。花は雨に当たると傷むので注意。寒さに強いが、夏の直射日光で葉焼けするので半日陰で管理する。

B-D　日陰　湿　30～50cm

開花期：1 2 3 4 5 6 7 8 9 10 11 12

ラッセルルピナス　018

桃 赤 青紫 橙 黄 白 緑　香

開花期：1 2 3 4 5 6 7 8 9 10 11 12

リビングストンデージー　042

桃 赤 橙 黄 白 緑　香

開花期：1 2 3 4 5 6 7 8 9 10 11 12

ラークスパー
チドリソウ
Consolida ambigua

桃 赤 青紫 白 緑　香

キンポウゲ科　耐寒性一年草
原生地：ヨーロッパ
◆特徴　葉は羽状に広がり、一重または八重咲きの花を穂状につける。
◆栽培　日なたと水はけのよい、弱アルカリ性土を好む。タネまきは10月、移植を嫌うので注意。乾燥と寒さに強い。高性は支柱を立てる。

A-E　日なた　普　50～120cm

開花期：1 2 3 4 5 6 7 8 9 10 11 12

ラナンキュラス
ハナキンポウゲ
Ranunculus asiaticus

桃 赤 橙 黄 白 緑　香

キンポウゲ科　半耐寒性球根
原生地：ヨーロッパ、西アジア
◆特徴　幾重にも重なった豪華な花が咲く。花の色や大きさは多様。
◆栽培　日なたと水はけのよい用土を好む。植えつけは10月、球根はあらかじめ湿った砂などの上で吸水させる。寒冷地では春に花壇などに定植。

D-E　日なた　普　20～60cm

開花期：1 2 3 4 5 6 7 8 9 10 11 12

アブチロン 020

桃 赤 青紫 橙 黄 白 緑 他 香

開花期： 1 2 3 4 5 6 7 8 9 10 11 12

イソトマ 069

桃 青紫 白 緑 香

開花期： 1 2 3 4 5 6 7 8 9 10 11 12

ウツギ　空木
ウノハナ
Deutzia crenata

白 緑 香

B〜D 日なた 普 200〜300cm

アジサイ科　耐寒性落葉低木
原生地：日本
◆特徴　ベル形の小花を穂状につける。サラサウツギは八重咲き品種。
◆栽培　庭の高木の下などに植える。日なたと水はけのよい用土を好む。丈夫で育てやすく萌芽力もあるので、強剪定可能で小さく仕立てられる。

開花期： 1 2 3 4 5 6 7 8 9 10 11 12

アベリア
ハナツクバネウツギ、ハナゾノツクバネウツギ
Abelia × grandiflora

桃 白 緑 香

B〜D 日なた 半日陰 普 50〜150cm

スイカズラ科　耐寒性半常緑低木
原生地：中国
◆特徴　ベル形の小さな花を長期間開花。斑入り葉品種も美しい。
◆栽培　日なたから半日陰を好む。強健で、乾燥ぎみの用土でもよく育つ。刈り込んでも花が咲き続けるので、生垣によい。寒冷地では落葉する。

開花期： 1 2 3 4 5 6 7 8 9 10 11 12

アンゲロニア 069

桃 青紫 白 緑 香

開花期： 1 2 3 4 5 6 7 8 9 10 11 12

エキナセア 020

桃 赤 青紫 橙 黄 白 他 緑 香

開花期： 1 2 3 4 5 6 7 8 9 10 11 12

インパチェンス
アフリカホウセンカ
Impatiens walleriana

桃 赤 青紫 橙 白 緑 香

A〜E 日なた 普 20〜30cm

ツリフネソウ科　非耐寒性多年草（一年草）
原生地：アフリカ東部
◆特徴　夏花壇の花。小輪から大輪まであり、花形は一重と八重咲きがある。
◆栽培　日なたを好むが、半日陰でも育つ。苗の植えつけは5月以降に。水切れや肥料切れに注意。草姿が乱れたら草丈を半分に切り追肥する。

開花期： 1 2 3 4 5 6 7 8 9 10 11 12

アンスリウム 044

桃 赤 白 他 緑 香

開花期： 1 2 3 4 5 6 7 8 9 10 11 12

オシロイバナ　白粉花 021

桃 赤 橙 黄 白 緑 香

開花期： 1 2 3 4 5 6 7 8 9 10 11 12

ウコン　鬱金
クルクマ、ターメリック
Curcuma longa

白 緑 香

C〜E 日なた 湿 90cm

ショウガ科　耐寒性球根
原生地：熱帯アジア
◆特徴　球根は香辛料に利用。夏の白花が美しい。
◆栽培　日なたと水はけのよい用土を好む。球根の植えつけは3〜6月、乾燥を嫌うので天候に応じて水やりが必要。収穫は秋。東京以西では地上部は枯れるが花壇で越冬。

開花期： 1 2 3 4 5 6 7 8 9 10 11 12

夏

エリゲロン・カルビンスキアヌス
ゲンペイコギク
Erigeron karvinskianus

白（桃）緑

キク科　耐寒性宿根草
原生地：北アメリカ

◆特徴　花は小さいが株を覆うように咲く。花色が白から桃へ変化する。

◆栽培　日なたと水はけのよい用土を好む。寒さにも暑さにも強く強健。次々に咲くので花がら摘みは不要。夏に切り戻すと秋に再び満開になる。

B–D／日なた／普／20〜30cm

開花期：1 2 3 4 **5 6 7 8 9 10** 11 12

カシワバアジサイ　柏葉紫陽花
Hydrangea quercifolia

白 緑

アジサイ科　耐寒性落葉低木
原生地：北アメリカ

◆特徴　カシワのような大きな葉に円錐形の花序。一重と八重咲きがある。

◆栽培　日なたと水はけのよい用土を好むが、半日陰でも育つ。乾燥に弱いので灌水する。剪定は花後に、古枝は元から切る。

D–E／日なた・半日陰／普／100〜200cm

開花期：1 2 3 4 5 **6 7** 8 9 10 11 12

エンジュ　槐
カイジュ
Sophora japonica

白 緑

マメ科　耐寒性落葉高木
原生地：中国中北部

◆特徴　街路樹などに多い。白い花が道一面にこぼれて開花に気づく。

◆栽培　日なたと水はけのよい用土を好む。強健で排気ガスにも強く、病害虫も少ない。刈り込みに耐えるので早めに剪定して小さく仕立てる。

C–D／日なた／普／300〜2000cm

開花期：1 2 3 4 5 6 **7 8** 9 10 11 12

カラミンサ・ネペタ
Clinopodium nepeta

白 緑

シソ科　耐寒性宿根草
原生地：地中海沿岸

◆特徴　ミントの香りのハーブ。花は小さいが夏秋を咲き続ける。

◆栽培　日なたと水はけのよい用土を好むが半日陰でも育つ。株はよく分枝するが、高温多湿で蒸れやすいので混み合った枝を間引く。過乾燥は避ける。

B–D／日なた・半日陰／普／30〜40cm

開花期：1 2 3 4 5 **6 7 8 9 10 11** 12

エンゼルストランペット
ブルグマンシア、キダチチョウセンアサガオ
Brugmansia spp.

桃 橙 黄 白 緑

ナス科　耐寒性落葉低木
原生地：南アメリカ

◆特徴　大輪の花を下向きにつけ、夜に強く香る。開花は断続的。

◆栽培　日なたと水はけのよい用土を好む。強健で、関東以西では落葉するが戸外で越冬。鉢植えは10号以上に植え、寒冷地は室内で越冬。有毒植物。

C–E／日なた／普／100〜300cm

開花期：1 2 3 4 5 **6 7 8 9 10** 11 12

カワラナデシコ　河原撫子　022
桃 赤 白 緑 香

開花期：1 2 3 4 5 **6 7 8 9 10** 11 12

カンパニュラ・メディウム　071
桃 青紫 白 緑 香

開花期：1 2 3 **4 5 6 7** 8 9 10 11 12

キョウチクトウ　夾竹桃　022
桃 赤 白 緑 香

開花期：1 2 3 4 5 6 **7 8 9** 10 11 12

コンボルブルス・トリカラー　023
桃 赤 青紫 白 緑 香

開花期：1 2 3 **4 5 6 7** 8 9 10 11 12

ガウラ
ハクチョウソウ、ヤマモモソウ
Gaura lindheimeri

桃 白 緑 香

アカバナ科　耐寒性宿根草
原生地：北アメリカ

◆特徴　細い花茎にチョウを思わせる小花が穂状に咲き、軽やか。

◆栽培　日なたと水はけのよい用土を好む。暑さに強く強健で、夏秋を咲き続ける。高性品種は倒伏しやすいので支柱を立て、適宜切り戻すとよい。

B–E／日なた／普／40〜100cm

開花期：1 2 3 4 5 **6 7 8 9 10 11** 12

キダチベゴニア　木立ちベゴニア
Begonia

桃 赤 橙 白 赤 黄 白 緑　香

シュウカイドウ科　非耐寒性宿根草
原生地：南アメリカ
◆特徴　品種は多く、直立タイプと枝分かれタイプがある。
◆栽培　鉢栽培向き。半日陰とやや保水性のある用土を好む。春〜秋は戸外の半日陰に置き、十分に追肥する。冬は室内で5℃以上を保ち、乾燥ぎみの水やりをする。

A〜E／半日陰／湿／30〜200cm

開花期：1 2 3 4 5 6 7 8 9 10 11 12

クレオメ
セイヨウフウチョウソウ、スイチョウカ
Cleome bassleriana

桃 赤 白 緑　香

フウチョウソウ科　非耐寒性一年草
原生地：熱帯アメリカ
◆特徴　チョウが群れるように咲く。茎に刺があり、茎や葉に触ると粘る。
◆栽培　日なたと水はけのよい用土を好む。移植を嫌う。直まきした場合は株間30〜40cmに間引く。花後、葉を残した位置で切り、追肥する。

A〜E／日なた／普／60〜100cm

開花期：1 2 3 4 5 6 7 8 9 10 11 12

キャットミント 070
桃 青紫 白 緑　香
開花期：1 2 3 4 5 6 7 8 9 10 11 12

キュウコンベゴニア　球根ベゴニア 091
桃 赤 橙 黄 白 緑　香
開花期：1 2 3 4 5 6 7 8 9 10 11 12

コバノズイナ　小葉髄菜
ヒメリョウブ、アメリカズイナ
Itea virginica

白 緑　香

ズイナ（ユキノシタ）科　耐寒性落葉低木
原生地：北アメリカ
◆特徴　円柱状の花穂をやや下垂させて咲く。秋の紅葉も美しい。
◆栽培　日なたと水はけのよい用土を好む。強い刈り込みは徒長枝をふやし、花つきを悪くする。ひこばえが多いので、間引き剪定で調節。

D〜E／日なた／普／100〜200cm

開花期：1 2 3 4 5 6 7 8 9 10 11 12

クサギ　臭木
Clerodendrum trichotomum

白 青紫 緑　香

シソ（クマツヅラ）科　耐寒性落葉高木
原生地：日本、東アジア
◆特徴　山野に自生。葉は悪臭があるが、花は芳香があり実も美しい。
◆栽培　庭植えは少ないが、樹勢が強く栽培は容易。タネをまくか挿し木で苗を育てる。日なたと水はけのよい肥沃な用土を好む。生長は早い。

A〜E／日なた／普／300〜800cm

開花期：1 2 3 4 5 6 7 8 9 10 11 12

コンボルブルス・クネオルム
Convolvulus cneorum

白 白　香

ヒルガオ科　耐寒性常緑低木
原生地：地中海沿岸
◆特徴　銀白色の葉は常緑でカラーリーフでも利用。蕾は桃、開くと白。
◆栽培　日なたと水はけのよい用土を好む。光が弱いと葉色が悪くなる。蒸れに弱いので注意。枝が這うように伸びるが、大株になると半球状。

C〜D／日なた／普／30〜60cm

開花期：1 2 3 4 5 6 7 8 9 10 11 12

クチナシ　梔子
ガーデニア、ヤエクチナシ、コクチナシ
Gardenia augusta

白 橙 緑　香

アカネ科　耐寒性
原生地：日本、インドシナ
◆特徴　基本は一重、品種にヤエクチナシや小型のコクチナシもある。
◆栽培　日陰でも生育するが日なたのほうが花つきがよい。肥沃な用土を好む。寒さや乾燥に弱いので冬の寒風や夏の西日を避けた場所を選ぶ。

C〜E／日なた／普／100〜900cm

開花期：1 2 3 4 5 6 7 8 9 10 11 12

コンロンカ
ムッサンダ、ハンカチノハナ
Mussaenda spp.

桃 白 緑　香

アカネ科　非耐寒性常緑低木
原生地：熱帯アフリカ、アジア
◆特徴　熱帯花木。花は小さいが、萼片の1枚が大きくなり花弁状。鉢栽培向き。
◆栽培　日なたと水はけのよい用土を好む。花がら摘みはこまめに。剪定は秋、半分まで切って仕立て直す。冬は室内で10℃以上を保つ。

A〜E／日なた／普／50〜200cm

開花期：1 2 3 4 5 6 7 8 9 10 11 12

夏

サポナリア 024
桃 白 緑 　香
開花期：1 2 3 4 5 6 7 8 9 10 11 12

ジニア・エレガンス 110
桃 赤 橙 黄 白 他 緑 　香
開花期：1 2 3 4 5 6 7 8 9 10 11 12

ニーレンベルギア
イトバギキョウ
Nierembergia caerulea
青紫 白 緑 　香
ナス科　半耐寒性宿根草、一年草
原生地：熱帯アメリカ
◆特徴　茎は細く針状の葉をつけ、カップ状の小さな花を多数咲かせる。
◆栽培　日なたと水はけのよい用土を好む。乾燥を嫌うが過湿は根腐れをおこす。花後に刈り込んで追肥すると再開花。タネまきは春か秋。
A–E　日なた　普　20〜40cm
開花期：1 2 3 4 5 6 7 8 9 10 11 12

サルスベリ　猿滑　百日紅 046
桃 赤 白 緑 　香
開花期：1 2 3 4 5 6 7 8 9 10 11 12

ジニア・リネアリス 110
橙 黄 白 緑 　香
開花期：1 2 3 4 5 6 7 8 9 10 11 12

シュッコンカスミソウ　宿根霞草
コゴメナデシコ、ベビーズブレス
Gypsophila paniculata
桃 白 緑 　香
ナデシコ科　耐寒性宿根草
原生地：ヨーロッパ
◆特徴　一重または八重咲きの小花が無数に咲いて優雅な雰囲気。
◆栽培　日なたと風通し、水はけのよい用土を好む。酸性土は嫌う。肥料は少なめに、強健に育てる。花後早めに切り戻すと再開花。
A–E　日なた　普　100cm
開花期：1 2 3 4 5 6 7 8 9 10 11 12

サルビア・ファリナセア 072
青紫 白 緑 　香
開花期：1 2 3 4 5 6 7 8 9 10 11 12

ジニア'プロフュージョン' 092
桃 赤 橙 黄 白 緑 　香
開花期：1 2 3 4 5 6 7 8 9 10 11 12

シラサギカヤツリ
ディクロメナ、シューティングスター
Rhynchospora colorata
白 緑 　香
カヤツリグサ科　半耐寒性宿根草
原生地：北アメリカ
◆特徴　抽水性の水生植物。茎頂に花をつけ、星形に広がる総苞が白い。
◆栽培　日なたで育てる。ウォーターガーデンなど鉢のまま株元まで水につけるか、鉢皿に水をためておく。凍らない程度の寒さなら戸外で越冬。
D–E　日なた　水　20〜30cm
開花期：1 2 3 4 5 6 7 8 9 10 11 12

シマトネリコ
タイワンシオジ
Fraxinus griffithii
白 緑 　香
モクセイ科　耐寒性常緑高木
原生地：日本 台湾 中国 フィリピン インド
◆特徴　枝先に白色の小さな花が房状に咲く。つやのある葉が美しい。
◆栽培　日なたから半日陰、水はけのよい用土を好む。常緑だが、気温の低い地域では落葉することもある。樹高を抑えるためには剪定を。
D–E　日なた　半日陰　普　500〜1500cm
開花期：1 2 3 4 5 6 7 8 9 10 11 12

ストケシア 074
桃 青紫 黄 白 緑 　香
開花期：1 2 3 4 5 6 7 8 9 10 11 12

セイヨウマツムシソウ　西洋松虫草 074
桃 赤 青紫 白 緑 　香
開花期：1 2 3 4 5 6 7 8 9 10 11 12

White

スイレン　睡蓮（耐寒性）
耐寒性スイレン、ウォーターリリー
Nymphaea Hybrids

スイレン科　耐寒性宿根草
原生地：寒帯～温帯
◆特徴　水面に葉を浮かべ、水面近くで開花。優雅な雰囲気がある。
◆栽培　日なたを好む。鉢植えを水鉢に入れて育てる。水深は10cm程度、株の根元に日を当てるようにする。2～3年ごとに、春に植え替える。

開花期：1 2 3 4 5 6 7 8 9 10 11 12

タイサンボク　泰山木、大山木
ギョクラン
Magnolia grandiflora

モクレン科　耐寒性常緑高木
原生地：北アメリカ
◆特徴　雄大な樹形をつくり、初夏に大型で芳香のある花をつける。
◆栽培　日なたと水はけのよい用土を好む。大きく育つので広い敷地が必要。剪定は花後すぐに、枝が広がりすぎないように注意する。

開花期：1 2 3 4 5 6 7 8 9 10 11 12

スイレン　睡蓮（熱帯性）　073
開花期：1 2 3 4 5 6 7 8 9 10 11 12

センニチコウ　千日紅　025
開花期：1 2 3 4 5 6 7 8 9 10 11 12

ツタガラクサ　蔦唐草
コリセウムアイビー、シンバラリア
Cymbalaria muralis

オオバコ（ゴマノハグサ）科　耐寒性つる性宿根草
原生地：ヨーロッパ、北アフリカ
◆特徴　小さなアイビーのような葉を広げ、小さな花を絶え間なく咲かせる。
◆栽培　日なたから半日陰、水はけのよい用土を好む。強健で、こぼれダネでもふえ、石垣などにもはびこる。伸びすぎるつるは切って整理する。

開花期：1 2 3 4 5 6 7 8 9 10 11 12

スモークツリー
ハグマノキ、ケムリノキ
Cotinus coggygria

ウルシ科　耐寒性落葉高木
原生地：南ヨーロッパ、中国中部
◆特徴　雌雄異株。雌株は花後に花梗が伸びて羽毛状になる。銅葉や黄葉品種もある。
◆栽培　日なたと水はけのよい用土を好む。樹高を制限する強剪定は花後に、混み合った枝を切るには落葉期がよい。過湿に弱いので注意。

開花期：1 2 3 4 5 6 7 8 9 10 11 12

タチアオイ　立葵　047
開花期：1 2 3 4 5 6 7 8 9 10 11 12

ダチュラ　111
開花期：1 2 3 4 5 6 7 8 9 10 11 12

セイロンライティア
ライティア
Wrightia antidysenterica

キョウチクトウ科　非耐寒性常緑低木
原生地：スリランカ
◆特徴　熱帯花木。副花冠が発達した白花をつける。
◆栽培　日なたと保水性のある用土を好む。乾燥を嫌うので夏の強光は避ける。咲き終えた枝は適宜切り戻すと次の花が開花。冬越しは室内で10℃以上必要。

開花期：1 2 3 4 5 6 7 8 9 10 11 12

ツルアジサイ　蔓紫陽花
ゴトウヅル
Hydrangea petiolaris

アジサイ科　耐寒性落葉つる性木本
原生地：日本
◆特徴　枝から気根を出してよじ登り、ガクアジサイに似た花をつける。
◆栽培　日なたと水はけのよい用土を好むが半日陰でも育つ。腐葉土を入れて苗を植え、壁面などに誘引。花芽分化は10月、剪定は8月までに行う。

開花期：1 2 3 4 5 6 7 8 9 10 11 12

夏

ツルハナナス
ヤマホロシ
Solanum jasminoides

ナス科　半耐寒性常緑つる性木本
原生地：南アメリカ
◆特徴　星形の花は白、または薄紫から白へ変化。斑入り葉品種もある。
◆栽培　日なたと水はけのよい用土を好む。南関東以西では戸外で越冬。日だまりのフェンスなどに誘引する。冷涼地は鉢植えで、冬は室内に。

開花期：1 2 3 4 5 6 7 8 9 10 11 12

ナツツバキ　夏椿
シャラノキ
Stewartia pseudocamellia

ツバキ科　耐寒性落葉高木
原生地：日本
◆特徴　幹は灰褐色で表面が薄くはがれる。ツバキによく似た花が咲く。
◆栽培　西日を避け、日なたから半日陰、水はけのよい用土を選ぶ。乾燥に弱いので株元に宿根草を植えるとよい。剪定は落葉期、不要枝を切る。

開花期：1 2 3 4 5 6 7 8 9 10 11 12

テマリカンボク　手毬肝木
ヨウシュカンボク、スノーボールツリー
Viburnum opulus 'Roseum'

レンブクソウ(スイカズラ)科　耐寒性落葉低木
原生地：ヨーロッパ、中央アジア
◆特徴　花房はすべて装飾花。オオデマリに似るが、葉は浅く3裂する。
◆栽培　日なたと水はけのよい用土を好むが半日陰でも育つ。乾燥を嫌うので腐葉土を多めに。剪定は冬、長い枝や古枝は花つきが悪いので切る。

開花期：1 2 3 4 5 6 7 8 9 10 11 12

ナンテン　南天　056

開花期：1 2 3 4 5 6 7 8 9 10 11 12

ニチニチソウ　日日草　026

開花期：1 2 3 4 5 6 7 8 9 10 11 12

デュランタ　075

開花期：1 2 3 4 5 6 7 8 9 10 11 12

トルコギキョウ　075

開花期：1 2 3 4 5 6 7 8 9 10 11 12

ナツユキカズラ　夏雪葛
シルバーレースバイン、ルシアンバイン
Polygonum aubertii

タデ科　耐寒性落葉つる性木本
原生地：中国西部
◆特徴　パーゴラやアーチにつるを絡ませると白い花で覆われ見事。
◆栽培　日なたと水はけのよい用土を好む。生長が早く、暑さにも寒さにも強い。剪定は落葉期に、伸びすぎたつるを整理して誘引し直す。

開花期：1 2 3 4 5 6 7 8 9 10 11 12

トケイソウ　時計草
パッションフラワー
Passiflora

トケイソウ科　半耐寒性常緑つる性木本
原生地：南アメリカ中〜西部
◆特徴　葉柄で絡みつきながらつるが伸び、時計の文字盤のような花が咲く。
◆栽培　日なたと水はけのよい用土を好む。花がら摘みや枯れ葉取りはこまめに。つるが伸びすぎると花数が減るので4月に切り戻す。

開花期：1 2 3 4 5 6 7 8 9 10 11 12

ネコノヒゲ　猫の髭
キャットマスターチ、クミスクチン
Orthosiphon aristatus

シソ科　非耐寒性宿根草（一年草）
原生地：マレー諸島
◆特徴　花は輪生し、長い雄しべと雌しべが反り返る。
◆栽培　日なたと水はけのよい用土を好む。乾燥にやや弱いので天候に応じて水やりが必要。花後、茎を切り戻すと再開花。開花中は追肥が必要。寒さに弱いので一年草扱い。

開花期：1 2 3 4 5 6 7 8 9 10 11 12

White

ハイドランジア 'アナベル'
アメリカノリノキ 'アナベル'
Hydrangea arborescens 'Annabelle'

アジサイ科　耐寒性落葉低木
原生地：北アメリカ
◆特徴　手まり形のアジサイよりやや小型の花が集まって半球状の花房となる。
◆栽培　日なたと水はけのよい用土を好む。乾燥と強光に弱いので注意。花芽は春以降に伸びる枝につくので、落葉期も強剪定できる。

A～E　日なた　普　100～300cm
開花期：1 2 3 4 5 6 **7 8 9** 10 11 12

ハツユキソウ　初雪草
Euphorbia marginata

トウダイグサ科　非耐寒性一年草
原生地：北アメリカ
◆特徴　花は小さく目立たないが、開花期に上部の葉が白覆輪になる。
◆栽培　日なたと水はけのよい用土を好む。移植を嫌うので5月に直まきするか、小苗を根鉢をくずさず植える。多湿に弱いので乾燥気味に。

A～E　日なた　乾　90～100cm
開花期：1 2 3 4 5 6 **7 8 9** 10 11 12

パイナップルリリー
Eucomis autumnalis

キジカクシ(ユリ)科　耐寒性球根
原生地：南アフリカ
◆特徴　花穂の頂点に苞葉があり、パイナップルの果実を思わせる。
◆栽培　日なたと水はけのよい用土を好む。球根植えつけは3～4月、乾燥ぎみに管理。関東以西では植えたままで越冬。寒冷地は掘り上げる。

C～E　日なた　普　40～80cm
開花期：1 2 3 4 5 **6 7 8 9** 10 11 12

ハナキリン　花麒麟　048

開花期：1 2 3 4 5 6 **7 8 9** 10 11 12

ハナショウブ　花菖蒲　076

開花期：1 2 3 4 5 **6 7** 8 9 10 11 12

ハイビスカス　048

開花期：1 2 3 4 **5 6 7 8 9 10** 11 12

ハス　蓮　026

開花期：1 2 3 4 5 6 **7 8** 9 10 11 12

ハマユウ　浜木綿
ハマオモト
Crinum asiaticum var. *japonicum*

ヒガンバナ科　半耐寒性球根
原生地：日本
◆特徴　南関東以西の海浜に生える。細長い6弁花を10～16個、夜に開花。
◆栽培　日なたと水はけのよい用土を好む。生長が早いので水切れや肥料切れに注意。東京以西では庭植え可能。鉢植えは軒下などで霜に当てない。

C～E　日なた　普　100～150cm
開花期：1 2 3 4 5 6 **7 8 9** 10 11 12

ハクチョウゲ　白丁花
Serissa foetida

アカネ科　耐寒性常緑低木
原生地：中国、インド
◆特徴　枝葉が密に茂り、初夏に小さな花をつける。生垣にも向く。
◆栽培　日なたから半日陰、水はけのよい用土を好む。剪定は7～10月、萌芽力が強いので適宜刈り込み可能。斑入り葉はやや耐寒性が弱い。

D～E　日なた　半日陰　普　30～100cm
開花期：1 2 3 4 **5 6 7** 8 9 10 11 12

ヒメシャラ　姫沙羅
ヤマチシャ、サルタノキ
Stewartia monadelpha

ツバキ科　耐寒性落葉高木
原生地：日本
◆特徴　ナツツバキと同属。花は小型、赤褐色のなめらかな樹幹が美しい。
◆栽培　西日を避けた日なたと水はけのよい用土を好む。乾燥にやや弱いので、強風と真夏の西日は避ける。剪定は落葉期に、不要枝を切る程度。

A～B　日なた　普　200～1000cm
開花期：1 2 3 4 5 **6 7** 8 9 10 11 12

夏

ブーゲンビレア　094

開花期：1 2 3 4 5 6 7 8 9 10 11 12

フヨウ　芙蓉　028

開花期：1 2 3 4 5 6 7 8 9 10 11 12

フランネルフラワー
アクチノタス
Actinotus helianthi

セリ科　非耐寒性宿根草
原生地：オーストラリア
◆特徴　葉は銀色、フェルトのような質感の花が美しい。
◆栽培　日なたと水はけのよい酸性土を好む。移動可能な鉢植え向き。高温多湿に弱いので雨に当てない。冬も室内の日当たりのよい窓辺なら開花。開花中は薄めの液肥を。

開花期：1 2 3 4 5 6 7 8 9 10 11 12

ブバルディア
ブバリア、カンチョウジ
Bouvardia Hybrids

アカネ科　非耐寒性常緑低木
原生地：中南米の熱帯高地
◆特徴　筒状の長い花を枝先に集める。甘い香りを放ち晩秋まで開花。
◆栽培　日なたと水はけのよい用土を好むが夏は半日陰に。乾燥に弱いので水切れに注意。花後に切り戻す。冬越しは室内で5℃以上必要。

開花期：1 2 3 4 5 6 7 8 9 10 11 12

フロックス・パニキュラータ　077

開花期：1 2 3 4 5 6 7 8 9 10 11 12

ベゴニア・センパフローレンス　050

開花期：1 2 3 4 5 6 7 8 9 10 11 12

ブッドレア　076

開花期：1 2 3 4 5 6 7 8 9 10 11 12

ブルーレースフラワー　077

開花期：1 2 3 4 5 6 7 8 9 10 11 12

ペンステモン
Penstemon

オオバコ（ゴマノハグサ）科
耐寒性宿根草、一年草
原生地：北～中央アメリカ
◆特徴　花色豊富。ベル状の花を穂状につけ華やか。
◆栽培　日なたと水はけのよい用土を好むが、高温多湿を嫌うので夏の西日を避ける。花がら摘みはこまめに。一年草扱いされる品種も多い。

開花期：1 2 3 4 5 6 7 8 9 10 11 12

ブライダルベール
ギバシス
Gibasis pellucida

ツユクサ科　非耐寒性宿根草
原生地：メキシコ
◆特徴　茎は這うように横に伸び、小さな花を株いっぱいにつける。
◆栽培　日なたと水はけのよい用土を好む。強光に弱いので真夏は半日陰で涼しく。茎葉が茂りすぎたら半分に刈り込む。冬は室内で5℃以上。

開花期：1 2 3 4 5 6 7 8 9 10 11 12

ペチュニア
ツクバネアサガオ
Petunia × hybrida

ナス科　非耐寒性一年草、半耐寒性宿根草
原生地：南アメリカ
◆特徴　一年草は小輪～大輪、花色豊富。宿根草はほふくタイプが多い。
◆栽培　日なたと水はけのよい用土を好む。苗の植えつけは4月、花がら摘みと追肥が必要。草丈が伸びすぎたら切り戻して追肥すると再開花。

開花期：1 2 3 4 5 6 7 8 9 10 11 12

ペンタス

ポーチュラカ 113

マルバタマノカンザシ
タマノカンザシ、ヤエタマノカンザシ
Hosta plantaginea

キジカクシ(リュウゼツラン)科　耐寒性宿根草
原生地：中国
◆特徴　大型のギボウシ。花は純白大輪で夜開き、芳香を放つ。
◆栽培　半日陰と水はけのよい肥沃な用土を好む。日なたでも育つが夏の西日は避ける。乾燥で葉が傷むので灌水する。晩秋に葉が枯れたら除去。

A～D　半日陰　普　50～100cm
開花期：1 2 3 4 5 6 7 8 9 10 11 12

ホオノキ　朴木
ホオガシワ、ホオバノキ
Magnolia obovata

モクレン科　耐寒性落葉高木
原生地：日本、千島列島
◆特徴　大きな葉を枝の上方に集め、芳香のある大輪花を上向きにつける。
◆栽培　日なたと水はけのよい用土を好むが、乾燥しやすい場所は避ける。完熟堆肥や腐葉土を十分に入れて植える。剪定は落葉期に不要枝を切る。

A～E　日なた　普　500～3000cm
開花期：1 2 3 4 5 6 7 8 9 10 11 12

ミナヅキ
ピラミッドアジサイ
Hydrangea paniculata 'Grandiflora'

アジサイ科　耐寒性落葉低木
原生地：日本、東アジア
◆特徴　ノリウツギの品種、円錐形の花穂はすべて装飾花。秋にピンクに色づく。
◆栽培　日なたと水はけのよい用土を好むが半日陰でも育つ。乾燥に弱いので鉢植えは水やりに注意。混み合った枝は適宜切るが、剪定は落葉期。

B～D　日なた　普　200～300cm
開花期：1 2 3 4 5 6 7 8 9 10 11 12

ホワイトレースフラワー
レースフラワー、ドクゼリモドキ
Ammi majus

セリ科　耐寒性一年草
原生地：地中海沿岸
◆特徴　羽状の葉をつけ、分枝しながら大きくなり、小花が傘状に広がる。
◆栽培　日なたと水はけのよい用土を好む。タネまきは9～10月、根鉢をくずさず植える。肥料は少なめに。支柱を立て倒伏を防ぐ。

A～E　日なた　普　80～150cm
開花期：1 2 3 4 5 6 7 8 9 10 11 12

ムクゲ　木槿
ハチス、キハチス
Hibiscus syriacus

アオイ科　耐寒性落葉低木
原生地：中国
◆特徴　花色豊富で一重と八重咲きがある。真夏に次々に開花する貴重な花木。
◆栽培　日なたと水はけのよい用土を好む。過乾燥を嫌うので天候に応じて水やりする。剪定は落葉期に、萌芽力が強いので刈り込みができる。

B～E　日なた　普　100～300cm
開花期：1 2 3 4 5 6 7 8 9 10 11 12

ヤマユリ　山百合
Lilium auratum

ユリ科　耐寒性球根
原生地：日本
◆特徴　山地の林縁や傾斜した草地に生える。花は大輪で芳香がある。
◆栽培　半日陰と水はけのよい肥沃な用土を好む。球根植えつけは10～11月。深植えし、冬も水やりする。花がら摘みと追肥で球根の肥大を促進。

A～B　半日陰　普　100～200cm
開花期：1 2 3 4 5 6 7 8 9 10 11 12

マツバボタン　松葉牡丹 113

開花期：1 2 3 4 5 6 7 8 9 10 11 12

ムラサキツユクサ　紫露草 078

開花期：1 2 3 4 5 6 7 8 9 10 11 12

夏

ユーパトリウム　'チョコラータ'
Eupatorium rugosum 'Chocolate'

白 銅

キク科　耐寒性宿根草
原生地：北アメリカ
◆特徴　白い花が茎の先端にまとまって咲き、銅葉との組み合わせが美しい。
◆栽培　日なたと水はけのよい用土を好む。丈夫で育てやすく秋まで花を楽しめる。夏までの切り戻しで草丈を低く抑えられる。

香 C~D 日なた 普 100~150cm
開花期：1 2 3 4 5 6 7 8 9 10 11 12

ヨルガオ　夜顔
ユウガオ、ヤカイソウ、ムーンフラワー
Ipomoea alba

白

ヒルガオ科　非耐寒性つる性一年草
原生地：熱帯
◆特徴　夜に芳香のある白色大輪花が咲き、朝にしぼむ。
◆栽培　日なたと水はけのよい用土を好む。タネまきは5月、本葉2～3枚で定植、腐葉土や元肥を十分に入れる。本葉7～8枚で摘心し、伸びてきたつるを誘引。

香 A~E 日なた 普 500cm
開花期：1 2 3 4 5 6 7 8 9 10 11 12

ユーフォルビア 'ダイアモンドフロスト'
Euphorbia hypericifolia 'Diamond Frost'

白 緑

トウダイグサ科　非耐寒性宿根草
原生地：メキシコ
◆特徴　花のまわりの白く色づく苞は繊細で、あふれるように咲く。
◆栽培　日なたと水はけのよい用土を好む。雨や暑さに強く、長期間咲き続ける。定期的に追肥が必要。大きくなりすぎたら半分に刈り込む。

香 A~E 日なた 普 30~40cm
開花期：1 2 3 4 5 6 7 8 9 10 11 12

リアトリス
079

青紫 白 緑

香
開花期：1 2 3 4 5 6 7 8 9 10 11 12

ルリマツリ　瑠璃茉莉
079

青紫 白 緑

香
開花期：1 2 3 4 5 6 7 8 9 10 11 12

ユリ　アジアティックハイブリッド
アジアティック系ユリ、スカシユリ系ユリ
Lilium Asiatic Group

桃 赤 橙 黄 白 緑

ユリ科　耐寒性球根
原生地：日本、中国
◆特徴　スカシユリやオニユリなどの交雑種。花は上向きに咲くのが多い。
◆栽培　日なたと水はけのよい有機質の多い用土を好む。10～11月に球根3個分の覆土で植える。花後、花がら摘みと追肥で球根の肥大を促進。

香 A~E 日なた 普 60~100cm
開花期：1 2 3 4 5 6 7 8 9 10 11 12

リクニス・フロスジョビス
Lychnis flos-jovis

桃 赤 白 緑

ナデシコ科　耐寒性宿根草
原生地：アルプス中央部
◆特徴　マット状の草姿から花茎が伸び、花弁に切れ込みのある花が咲く。
◆栽培　日なたと水はけのよい用土を好む。真夏の乾燥と高温を嫌うので、関東以西では落葉樹の下などがよい。花後、花茎を元から切る。

香 A~D 日なた 普 20~60cm
開花期：1 2 3 4 5 6 7 8 9 10 11 12

ユリ　オリエンタルハイブリッド
オリエンタル系ユリ
Lilium Oriental Group

桃 赤 白 緑

ユリ科　耐寒性球根
原生地：日本
◆特徴　ヤマユリやカノコユリなどの交雑種。大輪で芳香がある。
◆栽培　半日陰で風通しがよく、水はけと水もちのよい用土を好む。10～11月に球根3個分の覆土で植える。乾燥を嫌うので、株元に宿根草を植える。

香 A~E 半日陰 普 60~120cm
開花期：1 2 3 4 5 6 7 8 9 10 11 12

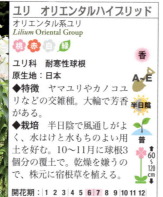

リョウブ　令法
ハタツモリ
Clethra barbinervis

白 緑

リョウブ(キリラ)科　耐寒性落葉高木
原生地：日本、朝鮮
◆特徴　幹はなめらかで斑模様が入る。枝先に白色5弁花を穂状につける。
◆栽培　日なたと水もちと水はけのよい用土を好むが、西日の当たらない場所を選ぶ。放任で樹形が整うので、剪定は古枝を元から切る程度。

香 B~D 日なた 普 300~700cm
開花期：1 2 3 4 5 6 7 8 9 10 11 12

秋

アザレア 031
桃 赤 白 緑 香
開花期： 1 2 3 4 5 6 7 8 9 10 11 12

クジャクアスター 031
桃 青紫 白 緑 香
開花期： 1 2 3 4 5 6 7 8 9 10 11 12

サザンカ　山茶花
Camellia sasanqua
桃 赤 白 緑　香

ツバキ科　耐寒性常緑高木
原生地：日本
◆特徴　自生は白花だが、園芸品種は花色が豊富。花弁は1枚ずつ散る。
◆栽培　日なたと水はけのよい用土を好むが半日陰でも育つ。樹勢が強く、刈り込みができる。6～9月にチャドクガが発生するので駆除する。

C-E／日なた／普／100～600cm

開花期： 1 2 3 4 5 6 7 8 9 10 11 12

キチジョウソウ　吉祥草
Reineckea carnea
白 緑　香

キジカクシ(ユリ)科　耐寒性宿根草
原生地：日本、東アジア
◆特徴　蕾が桃、咲くと白色。花が咲くと縁起がよいとされ、古くから庭植えされる。
◆栽培　半日陰と水はけのよい用土を好む。強光では葉が黄色みを帯びるが、日なたでも日陰でもよく生育。生長はゆるやかで管理は容易。

C-E／半日陰／普／20～30cm

開花期： 1 2 3 4 5 6 7 8 9 10 11 12

コルチカム 031
桃 白 緑　香
開花期： 1 2 3 4 5 6 7 8 9 10 11 12

ダイモンジソウ　大文字草 032
桃 白 他 緑　香
開花期： 1 2 3 4 5 6 7 8 9 10 11 12

キク 菊 114
桃 赤 橙 黄 白 他 緑　香
開花期： 1 2 3 4 5 6 7 8 9 10 11 12

コウテイダリア　皇帝ダリア 031
桃 白 緑　香
開花期： 1 2 3 4 5 6 7 8 9 10 11 12

シモバシラ　霜柱
ユキヨセソウ
Keiskea japonica
白 緑　香

シソ科　耐寒性宿根草
原生地：日本
◆特徴　秋の花と、冬に枯れた茎の根元にできる氷の結晶を観賞する。
◆栽培　鉢植えが流通。落葉樹の下など、半日陰と水はけのよい用土を好む。乾燥は嫌うので腐葉土を入れて植え、天候に応じて水やりする。

B-D／半日陰／湿／40～70cm

開花期： 1 2 3 4 5 6 7 8 9 10 11 12

ギンモクセイ→キンモクセイ 095
白 緑　香
開花期： 1 2 3 4 5 6 7 8 9 10 11 12

コスモス 031
桃 赤 橙 黄 白 緑　香
開花期： 1 2 3 4 5 6 7 8 9 10 11 12

シュウメイギク　秋明菊
キブネギク
Anemone × hybrida
桃 赤 白 他 緑　香

キンポウゲ科　耐寒性宿根草
原生地：中国、日本
◆特徴　交雑品種が出回る。花弁に見えるのは萼、一重と八重咲きがある。
◆栽培　半日陰とやや湿り気のある用土を好む。高温乾燥を嫌うので西日を避ける。花がら摘みをこまめに、咲き終わった花茎は元から切る。

B-D／半日陰／湿／40～100cm

開花期： 1 2 3 4 5 6 7 8 9 10 11 12

秋

ススキ
オバナ、カヤ
Miscanthus sinensis

白 緑

イネ科　耐寒性宿根草
原生地：日本、朝鮮、中国
◆特徴　秋の七草のひとつ。葉は細長く、夏の終わりに白い花穂をつける。斑入り葉品種は葉を夏から観賞。
◆栽培　日なたと水はけのよい用土を好む。繁殖力が強すぎるので鉢植えもよい。春に地上部を刈り取る。

A〜E　日なた　普　120〜200cm

観賞期：| 1 | 2 | 3 | 4 | 5 | 6 | 7 | 8 | 9 | 10 | 11 | 12 |

シンフォリカルポス
セッコウボク、スノーベリー
Symphoricarpos albus

桃 白 桃 緑

スイカズラ科　耐寒性落葉低木
原生地：北アメリカ
◆特徴　夏にピンクの花を開花。その後にできる実を冬まで観賞。
◆栽培　秋に鉢物が流通。日なたと水はけのよい用土を好む。暑さや寒さに強く強健で育てやすく、庭植えもよい。鉢植えは水切れに注意。

A〜D　日なた　普　100cm

観賞期：| 1 | 2 | 3 | 4 | 5 | 6 | 7 | 8 | 9 | 10 | 11 | 12 |

ジンジャー
ジンジャーリリー、ハナシュクシャ
Hedychium spp.

桃 赤 橙 黄 白 緑

ショウガ科　半耐寒性球根
原生地：アジアの温帯〜熱帯
◆特徴　細長い葉をつけ、穂状に花をつけ、華やか。
◆栽培　日当たりがよく、やや湿気のある用土で育つ。球根植えつけは4〜5月、短日植物なので夏の終わりに開花。東京近辺では戸外で越冬するので、枯れた地上部を整理。

D〜E　日なた　湿　150cm

開花期：| 1 | 2 | 3 | 4 | 5 | 6 | 7 | 8 | 9 | 10 | 11 | 12 |

シロバナマンジュシャゲ　白花曼珠沙華
シロバナヒガンバナ、リコリス
Lycoris × *albiflora*

白 緑

ヒガンバナ科　耐寒性球根
原生地：日本、中国
◆特徴　ヒガンバナとショウキズイセンの自然交雑種といわれる。変異が大きい。
◆栽培　日なたから半日陰、土質を選ばずどこでもよく生育する。球根植えつけは7月。球根は植えたままのほうがよく分球して大株になる。

C〜E　日なた　半日陰　普　40cm

開花期：| 1 | 2 | 3 | 4 | 5 | 6 | 7 | 8 | 9 | 10 | 11 | 12 |

シンジュノキ　真珠の木
ペルネッティア、ゴーテリア
Gaultheria mucronata

桃 白 桃 赤 青紫 白 緑

ツツジ科　耐寒性常緑低木
原生地：南アメリカ
◆特徴　開花は5〜6月、秋に色づく球形の実を観賞。
◆栽培　酸性で水はけのよい用土を好む。日なたを好むが暑さに弱いので夏は涼しい半日陰に。多肥を避け、冬の寒風に当てない。乾燥を嫌うので水やりに注意。

B〜D　日なた　普　20〜100cm

観賞期：| 1 | 2 | 3 | 4 | 5 | 6 | 7 | 8 | 9 | 10 | 11 | 12 |

ソバ　蕎麦
Fagopyrum esculentum

桃 白 緑

タデ科　非耐寒性一年草
原生地：中国、北アジア
◆特徴　食用のソバの花を観賞。桃花の'高嶺ルビー'なども向く。
◆栽培　日なたと水はけのよい用土を好む。生長が早く、タネまきから開花まで60日程度。多肥は軟弱に育って倒伏しやすくなるので注意。

A〜D　日なた　普　30〜100cm

開花期：| 1 | 2 | 3 | 4 | 5 | 6 | 7 | 8 | 9 | 10 | 11 | 12 |

タマスダレ　玉簾
Zephyranthes candida

ヒガンバナ科　耐寒性球根
原生地：南アメリカ
◆特徴　常緑の細い葉を茂らせ、白い花を咲かせる。
◆栽培　日なたなら用土は選ばない。球根は春に植える。強健で育てやすく、数年は植えたままでよい。過密になり花数が減少したら春に掘り上げ、分球してすぐに植え直す。

開花期：1 2 3 4 5 6 7 8 9 10 11 12

パンパスグラス
シロガネヨシ
Cortaderia selloana

イネ科　耐寒性宿根草
原生地：南アメリカ
◆特徴　雄大な花穂は広い庭のアクセントに向く。葉縁が鋭いので注意。
◆栽培　日なたと水はけのよい用土を好む。冬に葉が傷むので、春先に枯れた穂と葉を取り除く。古株は春に株分けして植え直す。

開花期：1 2 3 4 5 6 7 8 9 10 11 12

ダリア

開花期：1 2 3 4 5 6 7 8 9 10 11 12

ホトトギス　杜鵑草
開花期：1 2 3 4 5 6 7 8 9 10 11 12

ペニセタム・ビロースム
ギンギツネ
Pennisetum villosum

イネ科　耐寒性宿根草
原生地：熱帯アフリカ
◆特徴　観賞用のグラス。白色のやわらかな穂がキツネの尾のよう。
◆栽培　日なたと水はけのよい用土を好む。多湿を嫌うので乾燥ぎみに管理。関東以西では庭植えすると大株になり、花数がふえて見事。

開花期：1 2 3 4 5 6 7 8 9 10 11 12

バコパ
ステラ
Sutera spp.

ゴマノハグサ科　半耐寒性宿根草
原生地：南アフリカ、カナリー諸島
◆特徴　周年流通。新品種増加中で、大輪や斑入り葉品種もある。
◆栽培　日なたと水はけのよい用土を好む。高温多湿の蒸れに弱いので、夏は半分まで刈り込む。南関東以西の温暖地は戸外で越冬し、開花。

開花期：1 2 3 4 5 6 7 8 9 10 11 12

ユーパトリウム
開花期：1 2 3 4 5 6 7 8 9 10 11 12

リンドウ　竜胆
開花期：1 2 3 4 5 6 7 8 9 10 11 12

ハマギク　浜菊
Nipponanthemum nipponicum

キク科　耐寒性宿根草
原生地：日本
◆特徴　青森～茨城の海岸沿いに生える野生ギク。庭植えされる。白花が印象的。
◆栽培　日なたと水はけのよい用土を好む。乾燥や寒さに強く強健で、常緑で冬を越す。翌年、初夏までに摘心して草丈を調節し、枝数をふやす。

開花期：1 2 3 4 5 6 7 8 9 10 11 12

ユッカ
アツバキミガヨラン
Yucca gloriosa

キジカクシ(リュウゼツラン)科　半耐寒性常緑低木
原生地：北アメリカ
◆特徴　剣形の葉を茂らせ、花茎を伸ばしてベル形の花を多数つける。
◆栽培　日なたと水はけのよい用土を好む。植えつけは5～7月が適期。強健で、管理は枯れた花穂や下葉を除去する程度。株分けで繁殖。

開花期：1 2 3 4 5 6 7 8 9 10 11 12

冬

ウメ 梅
ムメ
Prunus mume

桃 赤 白 緑　　香

バラ科　耐寒性落葉高木
原生地：中国　　B~E　日なた
◆特徴　花も実も楽しめるが、花ウメ専用の品種は実がつきにくい。
◆栽培　日なたと水はけのよい用土を好む。剪定は花後または落葉期。実の収穫は6月、果樹としては1株だけでは結実しにくい品種が多い。

普　200~400cm

開花期：1 2 3 4 5 6 7 8 9 10 11 12

クリスマスローズ　033
桃 赤 青紫 白 他 緑　　香
開花期：1 2 3 4 5 6 7 8 9 10 11 12

ツバキ　椿　056
桃 赤 白 緑　　香
開花期：1 2 3 4 5 6 7 8 9 10 11 12

クレマチス・アンスンエンシス
ウインターベル
Clematis anshnensis

白 緑　　香

キンポウゲ科　耐寒性つる性宿根草
原生地：中国　　C~E　日なた
◆特徴　冬咲きのクレマチス。白いベル形の花を下向きにつける。
◆栽培　日なたと水はけのよい用土を好む。寒さに強く、関東地方で庭植え可能。新旧両枝咲き、花後の剪定は今年伸びた枝の半分を切る。

普　300cm~

開花期：1 2 3 4 5 6 7 8 9 10 11 12

エリカ'ファイヤーヒーズ'→アワユキエリカ　033
桃 白 緑　　香
開花期：1 2 3 4 5 6 7 8 9 10 11 12

ガーデンシクラメン　055
桃 赤 白 緑　　香
開花期：1 2 3 4 5 6 7 8 9 10 11 12

クレマチス・シルホサ
Clematis cirrhosa

白 緑　　香

キンポウゲ科　耐寒性つる性宿根草
原生地：地中海沿岸　　C~E　日なた
◆特徴　夏落葉性で、下向きのベル形の白色の花が秋~春を咲き続ける。
◆栽培　日なたと水はけのよい用土を好む。雪の降る地域は鉢植えで軒下や室内で管理。つるが伸びすぎたら4月までに任意の位置で切る。

普　300cm~

開花期：1 2 3 4 5 6 7 8 9 10 11 12

クリサンセマム・パルドサム
ノースポール
Leucanthemum paludosum

白 緑　　香

キク科　耐寒性一年草
原生地：地中海沿岸　　A~E　日なた
◆特徴　一重咲き白花で、寄せ植えにもよい。ノースポールは品種名。
◆栽培　日なたと水はけのよい用土を好む。強い霜の降りない南関東以西では秋に苗を植えると初夏まで咲き続ける。花がら摘みはこまめに。

普　15~30cm

開花期：1 2 3 4 5 6 7 8 9 10 11 12

スズランエリカ
Erica formosa

白 緑　　香

ツツジ科　非耐寒性常緑低木
原生地：南アフリカ　　A~E
◆特徴　よく分枝し小さな葉をつけ、壺形の小さな花を密につける。
◆栽培　日なたと水はけのよい用土を好む。春まで室内の日なたで育てるが、凍らない程度の低温で長く咲き続ける。乾燥も過湿も嫌うので注意。

普　20~60cm

開花期：1 2 3 4 5 6 7 8 9 10 11 12

White
—144—

スノードロップ
ガランサス、マツユキソウ
Galanthus spp.

白 緑

ヒガンバナ科　耐寒性球根
原生地：ヨーロッパ、ロシア南部

◆特徴　温暖地では立春を過ぎると、雪国では雪どけとともに開花する。
◆栽培　水はけのよい用土で、落葉樹の下など夏に日陰になる場所が適す。乾燥を嫌うが過湿にも弱い。球根は9月に植え、花後に追肥する。

香　A〜D　半日陰　普　10〜20cm

開花期：1 2 3 4 5 6 7 8 9 10 11 12

プリムラ・マラコイデス
ケショウザクラ、オトメザクラ
Primula malacoides

桃 青紫 白 緑

サクラソウ科　半耐寒性宿根草（一年草）
原生地：中国

◆特徴　室内用品種は大輪。戸外用には小輪多花性で耐寒性品種もある。
◆栽培　日なたと水はけのよい用土を好む。室内用は暖房の効いた部屋は避け涼しい場所に。戸外用品種は南関東以西では2月から開花。

香　A〜E　日なた　普　20〜40cm

開花期：1 2 3 4 5 6 7 8 9 10 11 12

ビワ　枇杷
Eriobotrya japonica

白 橙 緑

バラ科　耐寒性常緑高木
原生地：中国、日本

◆特徴　冬に咲く花は白色で芳香がある。6月に熟す実は生食できる。
◆栽培　日なたと水はけのよい用土を好む。寒さや乾燥を嫌うので、寒風を避けて植える。摘花や摘果で数を制限すると大きい実が収穫できる。

香　C〜E　日なた　普　500〜1000cm

開花期：1 2 3 4 5 6 7 8 9 10 11 12

ポインセチア　056

桃 赤 橙 黄 白 緑

開花期：1 2 3 4 5 6 7 8 9 10 11 12

プリムラ・ポリアンサ　083

桃 赤 青紫 橙 黄 白 緑　香

開花期：1 2 3 4 5 6 7 8 9 10 11 12

ハボタン　葉牡丹　034

黄 桃 白 緑　香

観賞期：1 2 3 4 5 6 7 8 9 10 11 12

パンジー＆ビオラ　083

桃 赤 青紫 橙 黄 白 他 緑　香

開花期：1 2 3 4 5 6 7 8 9 10 11 12

ヤツデ　八手
テングノハウチワ
Fatsia japonica

白 他 緑

ウコギ科　耐寒性常緑低木
原生地：日本

◆特徴　大きな葉に掌状の切れ込みがある。晩秋から白花が咲く。
◆栽培　半日陰と水はけのよい用土を好むが、日なたでも日陰でもよく育つ。寒風を避けて植えるとよい。強健で、灌水や施肥などの管理は不要。

香　C〜E　半日陰　普　100〜300cm

開花期：1 2 3 4 5 6 7 8 9 10 11 12

ヘレボルス・ニゲル
クリスマスローズ
Helleborus niger

白 緑

キンポウゲ科　耐寒性宿根草
原生地：ヨーロッパ中部・南部

◆特徴　本来のクリスマスローズ。早咲きはクリスマスのころから開花する。
◆栽培　半日陰と水はけのよい用土を好む。高温多湿を嫌うので、夏は風通しを確保。秋に新葉が展開しはじめたら、古い葉を切る。

香　A〜D　半日陰　普　20〜30cm

開花期：1 2 3 4 5 6 7 8 9 10 11 12

ユーフォルビア・レウコセファラ
Euphorbia leucocephala

白 緑

トウダイグサ科　非耐寒性常緑低木
原生地：中南米

◆特徴　ポインセチアのように、花のまわりの白く色づく苞を観賞。
◆栽培　日なたと水はけのよい用土を好む。冬は室内で10℃以上を保つ。過湿を嫌うが水切れにも注意。春に植え替えて戸外へ。夏は半日陰に。

香　A〜E　日なた　普　30〜60cm

開花期：1 2 3 4 5 6 7 8 9 10 11 12

その他
Other Colors

6色に分類した花色に入れられない、
黒色や緑色、
茶褐色の色合いの花色や実色を集めました。
個性的な色や形が楽しめ、
寄せ植えや花壇のアクセントになります。

バイモ　貝母
アミガサユリ
Fritillaria thunbergii

他　緑

ユリ科　耐寒性球根
原生地：中国

◆特徴　葉は細長く、先端は巻きひげになる。淡緑色の花は内側が網目模様。

◆栽培　日なたと水はけのよい用土を好むが、夏涼しい半日陰になる場所を選ぶ。球根植えつけは10～11月、乾燥ぎみに管理。

香　C-D　日なた　普　40～60cm

開花期：1 2 3 4 5 6 7 8 9 10 11 12

フリチラリア・ペルシカ
Fritillaria persica

他　緑

ユリ科　耐寒性球根
原生地：トルコ南部

◆特徴　大型で、黒いベル形花を穂状につけたユニークな花姿となる。

◆栽培　日なたと水はけのよい用土を好む。球根植えつけは10～11月。寒さに強いが、暑さに弱いので梅雨前に球根を掘り上げ、砂などに埋める。

香　A-D　日なた　普　80～100cm

開花期：1 2 3 4 5 6 7 8 9 10 11 12

春

アルケミラ・モリス
レディスマントル
Alchemilla mollis

他　緑

バラ科　耐寒性宿根草
原生地：東ヨーロッパ

◆特徴　灰緑色の葉に明るい黄緑色の花が印象的。葉は周年観賞。

◆栽培　日なたから半日陰、水はけのよい用土を好む。高温多湿を嫌うので南関東以西では半日陰がよい。春に枯れ葉や古葉を取り除く。

香　B-D　日なた　半日陰　普　30～40cm

開花期：1 2 3 4 5 6 7 8 9 10 11 12

ヤグルマギク　128

桃　青紫　白　他　緑　香

開花期：1 2 3 4 5 6 7 8 9 10 11 12

ネモフィラ・メンジェシー　063

青紫　他　緑　香

開花期：1 2 3 4 5 6 7 8 9 10 11 12

カンガルーポー　100

桃　赤　橙　黄　他　緑　香

開花期：1 2 3 4 5 6 7 8 9 10 11 12

チューリップ　039

桃　赤　青紫　橙　黄　白　他　緑　香

開花期：1 2 3 4 5 6 7 8 9 10 11 12

ユーフォルビア・カラキアス
Euphorbia characias

他　緑

トウダイグサ科　耐寒性常緑低木
原生地：地中海沿岸

◆特徴　枝は直立し、緑色の苞をつけた小さな花が円柱状に多数つく。

◆栽培　日なたと水はけのよい用土を好む。高温多湿に弱いので夏は半日陰がよい。花茎の切り口から出る乳液でかぶれることがあるので注意。

香　C-D　日なた　普　50～120cm

開花期：1 2 3 4 5 6 7 8 9 10 11 12

夏

アカンサス・モリス
ハアザミ
Acanthus mollis

キツネノマゴ科　耐寒性宿根草
原生地：地中海沿岸
◆特徴　大型の宿根草で、萼が茶褐色で花弁が白の雄大な花穂をつける。
◆栽培　夏の西日を避け、風通しと水はけのよい場所を選ぶ。管理は咲き終わった花茎を元から切り、春に古葉を取る程度、追肥も不要。

開花期：1 2 3 4 5 6 7 8 9 10 11 12

タチアオイ　立葵　047

開花期：1 2 3 4 5 6 7 8 9 10 11 12

ハイブリッドカラー　093

開花期：1 2 3 4 5 6 7 8 9 10 11 12

アンスリウム　044

開花期：1 2 3 4 5 6 7 8 9 10 11 12

ジニア・エレガンス　110

開花期：1 2 3 4 5 6 7 8 9 10 11 12

チョコレートコスモス
Cosmos atrosanguineus

キク科　半耐寒性宿根草
原生地：メキシコ
◆特徴　コスモスの印象はなく、花の色も香りもチョコレートのよう。
◆栽培　日当たりと風通し、水はけのよい用土を好む。過湿にも乾燥に弱い。南関東以西では地上部を枯らし、霜の降りない軒下で越冬。

開花期：1 2 3 4 5 6 7 8 9 10 11 12

クロバナロウバイ　黒花蝋梅
ニオイロウバイ
Calycanthus floridus

ロウバイ科　耐寒性落葉低木
原生地：北アメリカ
◆特徴　夏咲きのロウバイで、花や樹皮に甘い芳香がある。花は茶褐色。
◆栽培　日なたと水はけのよい用土を好むが、真夏の西日は避ける。強健。剪定は冬の落葉期に、混み合った枝や伸びすぎた枝を切る。

開花期：1 2 3 4 5 6 7 8 9 10 11 12

ニコチアナ　048

開花期：1 2 3 4 5 6 7 8 9 10 11 12

ヒマワリ　向日葵　112

開花期：1 2 3 4 5 6 7 8 9 10 11 12

コガマ
Typha orientalis

ガマ科　耐寒性宿根草
原生地：日本
◆特徴　ガマより小型で葉が細い。雌花穂の上に雄花穂がつながる。
◆栽培　日当たりのよい水辺に生える抽水性の水生植物。春に大きめの鉢に植え、株元が水につかる程度に。冬は地上部が枯れるが水深を保つ。

開花期：1 2 3 4 5 6 7 8 9 10 11 12

ニコチアナ・ラングスドルフィ
Nicotiana langsdorfii

ナス科　非耐寒性宿根草（一年草）
原生地：ブラジル
◆特徴　淡緑色で小さなラッパを思わせる花が多数下垂。茎や葉は粘つく。
◆栽培　日なたと水はけのよい用土を好む。強健で育てやすく長期間開花。花がら摘みはこまめに。一年草扱いだが、毎年こぼれダネで育つ。

開花期：1 2 3 4 5 6 7 8 9 10 11 12

Other Colors

夏 　　　　　　　　　　　　　秋

フウセンカズラ　風船葛
バルーンバイン
Cardiospermum halicacabum

白 他 緑

ムクロジ科　非耐寒性つる性一年草
原生地：熱帯アメリカ

◆特徴　花は小さく目立たないが、黄緑色の風船のような実を観賞。
◆栽培　日なたと水はけのよい用土を好む。細い支柱やネットに誘引する。緑のカーテンにも向く。来年用に実が褐色に熟したら採種する。

香 / A～E / 日なた / 普 / 300〜cm

観賞期：｜1｜2｜3｜4｜5｜6｜7｜8｜9｜10｜11｜12｜

アケビ　木通　118
白 他 他 緑　香

観賞期：｜1｜2｜3｜4｜5｜6｜7｜8｜9｜10｜11｜12｜

ダイモンジソウ　大文字草　032
桃 白 他 緑　香

開花期：｜1｜2｜3｜4｜5｜6｜7｜8｜9｜10｜11｜12｜

ベロペロネ
コエビソウ
Justicia brandegeeana

他 緑

キツネノマゴ科　半耐寒性常緑低木
原生地：メキシコ

◆特徴　美しく色づいた苞が鱗状に重なる。筒状の白花が苞の間から順に咲く。
◆栽培　日なたと水はけのよい用土を好む。東京以西では強い霜に当たらなければ戸外で越冬。室内の日当たりで15℃以上あれば咲き続ける。

香 / D～E / 日なた / 普 / 30〜100cm

開花期：｜1｜2｜3｜4｜5｜6｜7｜8｜9｜10｜11｜12｜

サルビア・ディスカラー
サルビア・ディスコロール
Salvia discolor

他 緑

シソ科　半耐寒性宿根草
原生地：ペルー

◆特徴　葉に香りがある。灰白色の萼に黒の花弁で、うつむいて咲く。
◆栽培　日なたと水はけのよい用土を好む。暑さには強いが、真夏の西日を避けた場所がよい。南関東以西では軒下で、冷涼地は室内で越冬。

香 / D～E / 日なた / 普 / 50cm

開花期：｜1｜2｜3｜4｜5｜6｜7｜8｜9｜10｜11｜12｜

ヤコウボク　夜香木
ナイトジャスミン、ヤコウカ
Cestrum nocturnum

他 緑

ナス科　非耐寒性常緑低木
原生地：西インド諸島

◆特徴　熱帯花木、筒状の黄緑色の花が夜に開いて香り、朝に閉じる。
◆栽培　日なたと水はけのよい用土を好むが、真夏は半日陰に置く。咲き終えた枝は1/3まで切ると新たな枝が伸びて開花。冬越しは5℃以上。

香 / A～E / 日なた / 普 / 50〜300cm

開花期：｜1｜2｜3｜4｜5｜6｜7｜8｜9｜10｜11｜12｜

キク　菊　114
桃 赤 橙 黄 白 他 緑　香

開花期：｜1｜2｜3｜4｜5｜6｜7｜8｜9｜10｜11｜12｜

ダリア　053
桃 赤 青紫 橙 黄 白 他 緑　香

開花期：｜1｜2｜3｜4｜5｜6｜7｜8｜9｜10｜11｜12｜

ユリノキ　百合木
ハンテンボク、チューリップノキ
Liriodendron tulipifera

他 緑

モクレン科　耐寒性落葉高木
原生地：北アメリカ中部

◆特徴　公園や街路樹に多い。葉は大きく半てん形、花はチューリップ形。
◆栽培　日なたを好み、土壌はとくに選ばない。生長が早く、強風に弱いので植える場所に注意。強剪定できるので、大きさを制限できる。

香 / B～E / 日なた / 普 / 500〜2000cm

開花期：｜1｜2｜3｜4｜5｜6｜7｜8｜9｜10｜11｜12｜

フウセントウワタ　風船唐綿
Asclepias fruticosa

白 他 緑

キョウチクトウ(ガガイモ)科　半耐寒性落葉低木
原生地：日本、アジア温帯

◆特徴　花は目立たないが、黄緑色にふくらむ実を観賞。
◆栽培　日なたと水はけのよい用土を好む。南関東以西の温暖地では越冬するが、一年草扱いで育てる。タネまきは4〜5月、月1回追肥し、天候に応じて水やりする。

香 / D～E / 日なた / 普 / 100〜200cm

観賞期：｜1｜2｜3｜4｜5｜6｜7｜8｜9｜10｜11｜12｜

Other Colors

冬

ペニセタム・セタケウム
ファウンテングラス
Pennisetum setaceum

他 赤 緑

イネ科　半耐寒性宿根草
原生地：熱帯アフリカ
◆特徴　茶褐色の長い穂が風になびいて美しい。緑葉と銅葉品種がある。
◆栽培　日なたと水はけのよい用土を好む。伸びすぎて草姿が乱れたら株元で刈り込むと芽吹く。南関東以西では冬は霜の降りない軒下に移動する。

D~E　日なた　普　60~90cm

開花期：1 2 3 4 5 **6 7 8 9 10** 11 12

ワレモコウ　吾赤紅
Sanguisorba officinalis

他 緑

バラ科　耐寒性宿根草
原生地：日本、アジア温帯
◆特徴　秋に草丈を伸ばし、小さな花を楕円形の穂状に集める。
◆栽培　日なたと水はけ、水もちのよい用土を好む。暑さを嫌うので南関東以西では夏の西日を避け、株元を腐葉土などでマルチして乾燥を防ぐ。

A~D　日なた　普　30~150cm

開花期：1 2 3 4 5 6 7 **8 9 10** 11 12

クリスマスローズ　033

桃 赤 青紫 白 他 緑　香

開花期：1 **2 3 4** 5 6 7 8 9 10 11 12

ヘレボルス・アルグティフォリウス
Helleborus argutifolius

他 緑　香

キンポウゲ科　耐寒性宿根草
原生地：コルシカ、サルジニア
◆特徴　茎が伸びて木立状になり、淡緑色の花を咲かせる。
◆栽培　日なたから半日陰、水はけのよい用土を好む。暑さや寒さ、直射日光や乾燥にも比較的強いが、温暖地では夏の西日を避けた場所に植える。開花前に古葉を取る。

A~D　日なた　普　60~100cm

開花期：**1 2 3** 4 5 6 7 8 9 10 11 12

ヘレボルス・フェチダス
Helleborus foetidus

他 緑　香

キンポウゲ科　耐寒性宿根草
原生地：ヨーロッパ
◆特徴　原種系のクリスマスローズで、立ち上がった茎に葉と花をつける。
◆栽培　半日陰と水はけのよい用土を好む。高温多湿を嫌うので、夏は風通しよく育てる。花後、茎の上部の花がついた部分を切る。

A~D　半日陰　普　40~100cm

開花期：**1 2 3** 4 5 6 7 8 9 10 11 12

ヘレボルス・デュメトルム
Helleborus dumetorum

他 緑　香

キンポウゲ科　耐寒性宿根草
原生地：ヨーロッパ東部
◆特徴　原種系のクリスマスローズ。草丈が低く、小輪多花性。
◆栽培　半日陰と水はけのよい用土を好む。秋～春は日当たりのよい落葉樹の下などがよい。夏は休眠し地上部を枯らす。鉢植えは乾燥ぎみに。

A~D　半日陰　普　15~30cm

開花期：1 **2 3** 4 5 6 7 8 9 10 11 12

ラケナリア・ビリディフロラ
Lachenalia viridiflora

他 緑

キジカクシ(ユリ)科　半耐寒性球根
原生地：南アフリカ
◆特徴　ラケナリアの原種。ひすいを思わせる美しい緑色の花が魅力。
◆栽培　日なたと水はけのよい用土を好む。球根植えつけは9月。乾燥ぎみに管理し、冬は5℃以上を確保。花後葉が枯れたら断水する。

D~E　日なた　普　15~25cm

開花期：**1 2** 3 4 5 6 7 8 9 10 11 **12**

カラーリーフ（赤系）
Color Leaf Plants-Red

カラーリーフは、葉の色や形、草姿を観賞する植物です。葉色別に赤系、黄系、白系、緑系の4グループに分類しました。

コプロスマ
Coprosma spp.
（赤、黄、白）

アカネ科　半耐寒性常緑低木
原生地：ニュージーランド
◆**特徴**　白斑のキルキーやトリカラーのレペンスなど、園芸品種が出回る。
◆**栽培**　日なたと水はけのよい用土を好む。冬は紅葉し、南関東以西では軒下で越冬。寒冷地は室内に。多肥は葉色を悪くするので控える。

観賞期：1 2 3 4 5 6 7 8 9 10 11 12

カレックス・コマンス
Carex comans
 赤 緑

カヤツリグサ科　耐寒性宿根草
原生地：ニュージーランド
◆**特徴**　観賞用グラス。銅葉の葉色の品種が多く出回る。
◆**栽培**　日なたと水はけのよい用土を好む。過乾燥を嫌うが、灌水は不要。生育旺盛なので、施肥も不要。古くなった葉を切り取る程度でよい。株分けで繁殖。

観賞期：1 2 3 4 5 6 7 8 9 10 11 12

オオバジャノヒゲ '黒龍'
コクリュウ
Ophiopogon planiscapus 'Nigrescens'
 赤 白

キジカクシ(ユリ)科　耐寒性宿根草
原生地：日本、東アジア
◆**特徴**　黒紫色の葉色がユニーク。グラウンドカバーや寄せ植えに好適。
◆**栽培**　日なたや日陰でも耐えるが、半日陰と水はけのよい用土を好む。暑さや寒さ、雨や雪に耐え、強健。腐葉土を入れて植えつける。

観賞期：1 2 3 4 5 6 7 8 9 10 11 12

ストロビランテス・ダイエリアヌス
ウラムラサキ
Strobilanthes dyerianus
（赤）

キツネノマゴ科　非耐寒性常緑低木
原生地：ミャンマー
◆**特徴**　大型の葉に紫紅色の模様が入り、美しい。
◆**栽培**　半日陰と水はけのよい用土、高温多湿を好む。初夏〜秋は花壇や寄せ植えにも利用。秋に開花させると葉色が悪くなる。冬越しは室内で12℃以上を。

観賞期：1 2 3 4 5 6 7 8 9 10 11 12

アジュガ
セイヨウキランソウ
Ajuga reptans
桃 青 緑 赤 （赤、白）

シソ科　耐寒性宿根草
原生地：ヨーロッパ〜イラン
◆**特徴**　開花は春。銅葉や赤や白の斑入り葉を周年観賞。
◆**栽培**　半日陰と保水性のよい用土を好む。強い日ざしと乾燥を嫌うので注意。花後に刈り込み、混んだ茎葉は間引いて蒸れを防ぐ。3〜4年ごとに秋に株分けするとよい。

観賞期：1 2 3 4 5 6 7 8 9 10 11 12

カラーリーフゼラニウム
フイリバゼラニウム、モミジバゼラニウム
Pelargonium Fancy leaved Group
桃 赤 橙  （黄、白）

フウロソウ科　半耐寒性宿根草
原生地：南アメリカ
◆**特徴**　葉に赤や黄、白などの斑模様が入る。花は春咲き。
◆**栽培**　日なたと水はけのよい用土を好む。東京以西では霜の当たらない軒下などで越冬し、周年利用する。草姿が乱れたら切り戻す。寒冷地は室内で越冬。

観賞期：1 2 3 4 5 6 7 8 9 10 11 12

ヒューケラ
ツボサンゴ、サンゴバナ
Heuchera Hybrids
桃 赤 黄 白 赤 黄 緑

ユキノシタ科　耐寒性宿根草
原生地：北アメリカ
◆**特徴**　葉色が豊富。常緑で、戸外で周年観賞する。
◆**栽培**　日なたと水はけのよい場所を選ぶ。暑さに弱いので古葉は取り除いて蒸れを防ぐ。大株になると生育が悪くなるので、春か秋に株分けして植え直す。

観賞期：1 2 3 4 5 6 7 8 9 10 11 12

カラーリーフ（黄系）
Color Leaf Plants-Yellow

カラーリーフを使うと、
花壇や寄せ植えの表現の幅が広がります。
カラーリーフだけで構成することも可能です。

フウチソウ　風知草
ウラハグサ
Hakonechloa macra

イネ科　耐寒性宿根草
原生地：日本、中国、北アメリカ
◆特徴　緑葉が基本だが、黄葉に緑の筋が入るキンウラハグサが一般的。
◆栽培　半日陰と水はけのよい用土を好む。夏の強光で葉焼けをおこし、多湿も乾燥も嫌う。葉が混み合うと蒸れで傷むので、間引く。

C-E　半日陰　普　20〜40cm
観賞期：1 2 3 4 5 6 7 8 9 10 11 12

カレックス 'エバーゴールド'
ベアグラス
Carex hachijoensis 'Evergold'

カヤツリグサ科　耐寒性宿根草
原生地：日本
◆特徴　細い葉に黄白色の縞模様が入る。葉は曲線を描く。
◆栽培　日なたから日陰まで、どこでもよく育つ。室内の観葉植物でも利用。強健で、地植えにすると大株になる。冬の寒風で葉が傷んだら、春先に切る。株分けで繁殖。

C-E　日なた　普　10〜30cm
観賞期：1 2 3 4 5 6 7 8 9 10 11 12

ギボウシ　擬宝珠
ホスタ
Hosta Hybrids

キジカクシ(リュウゼツラン)科　耐寒性宿根草
原生地：日本、中国、朝鮮半島
◆特徴　葉の色や大きさが多様で、カラーリーフで利用。開花は6〜7月。
◆栽培　明るい半日陰で保水性のある用土を好むが、過湿を嫌う。乾きすぎると葉が傷むので天候に応じて水やりする。春と秋に施肥する。

A-D　半日陰　普　20〜100cm
観賞期：1 2 3 4 5 6 7 8 9 10 11 12

ツルニチニチソウ　蔓日日草
ビンカ、ツルギキョウ
Vinca major

キョウチクトウ科　耐寒性つる性宿根草
原生地：地中海沿岸
◆特徴　茎をほふくさせ長く伸びる。緑葉に黄斑品種も。
◆栽培　日なたと水はけのよい用土を好む。乾燥に強く生育旺盛。茎が混み合ったら間引き、風通しを確保。東京以西では常緑で越冬。観葉植物でも利用。

B-E　日なた　普　30〜200cm
観賞期：1 2 3 4 5 6 7 8 9 10 11 12

リシマキア・ヌンムラリア
ヨウシュコナスビ
Lysimachia nummularia

サクラソウ科　耐寒性宿根草
原生地：ヨーロッパ
◆特徴　葉は常緑。茎が地を這い、葉を密につける。春に黄花が咲く。
◆栽培　半日陰のグラウンドカバーに。周年観賞する。水はけと水もちのよい用土を好む。乾燥に弱い。生育が早いが蒸れやすいので注意。

A-D　半日陰　普　50〜100cm
観賞期：1 2 3 4 5 6 7 8 9 10 11 12

タイム
Thymus vulgaris
(黄、白)

シソ科　耐寒性常緑低木
原生地：地中海沿岸
◆特徴　枝が立ち上がるタイプ。黄斑や白斑がある。
◆栽培　日なたと風通し、水はけのよい用土を好む。高温多湿に弱いので傾斜地や石組みの間などに向く。花後刈り込んで通風を図る。鉢植えは2〜3年ごとに植え替える。

A-E　日なた　普　10〜20cm
観賞期：1 2 3 4 5 6 7 8 9 10 11 12

フッキソウ　富貴草
キチジョウソウ
Pachysandra terminalis

ツゲ科　耐寒性常緑低木
原生地：日本、東アジア
◆特徴　茎は地を這い、ひし形の葉が輪生。緑葉と黄斑品種がある。春に白花が咲く。
◆栽培　半日陰と水はけのよい用土を好むが、耐陰性があり日陰でも育つ。丈夫で育てやすくグラウンドカバーに最適。伸びすぎた茎は切る。

B-D　半日陰　普　20〜30cm
観賞期：1 2 3 4 5 6 7 8 9 10 11 12

カラーリーフ（白系）
Color Leaf Plants-White

カラーリーフは、
真夏や冬など花が少ない季節の彩りになり、
とくに白系の葉は、
日陰の庭で活躍します。

フェスツカ
ウシノケグサ、ギンシンソウ
Festuca glauca

イネ科　耐寒性宿根草
原生地：ヨーロッパ中北部
◆特徴　常緑。青みがかった銀葉を花壇の縁取りに利用。
◆栽培　日なたと風通し、水はけのよい用土を好む。乾燥に強く、やせ地でもよく育つ。高温多湿に弱いので花穂は早めに切る。株分けは2～3年ごと、春か秋が適期。
観賞期：1 2 3 4 5 6 7 8 9 10 11 12

アサギリソウ　朝霧草
アルテミシア
Artemisia schmidtiana

キク科　耐寒性宿根草
原生地：東アジア
◆特徴　半球状の草姿で、銀白色の羽状の葉が密生。黄葉品種もある。
◆栽培　日なたと水はけのよい用土を好む。暑さに弱いので関東以西では夏涼しい半日陰がよい。蒸れに弱いので適宜刈り込んで通風を図る。
観賞期：1 2 3 4 5 6 7 8 9 10 11 12

シロタエギク　白妙菊
ダスティミラー
Senecio cineraria

キク科　耐寒性宿根草
原生地：地中海沿岸
◆特徴　銀葉の代表種。切れ込みのある葉に腺毛が密生。
◆栽培　日なたと水はけのよい用土を好む。強健で春以降大きく育ち、蒸れに注意すれば夏越しする。古株は葉色が悪くなるので、早めに切り戻して株元の新芽を育てる。
観賞期：1 2 3 4 5 6 7 8 9 10 11 12

モクビャッコウ　木百香
Crossostephium chinense

キク科　半耐寒性常緑低木
原生地：南西諸島、台湾、中国
◆特徴　銀白色のへら形の葉は秋～冬にとくに美しい。
◆栽培　日なたと風通し、水はけのよい用土を好むが、酸性土を嫌う。大きくなりすぎたら枝を刈り込むとわき芽が伸びる。南関東以西は庭植え可能だが強い霜に当てない。
観賞期：1 2 3 4 5 6 7 8 9 10 11 12

ハツユキカズラ　初雪葛
テイカカズラ'ハツユキカズラ'
Trachelospermum asiaticum

（赤、白）

キョウチクトウ科　耐寒性常緑つる性木本
原生地：日本、朝鮮半島
◆特徴　つる性。白や桃の斑模様が夏～秋に美しい。
◆栽培　半日陰と水はけのよい用土を好む。日なたや日陰でもよく育つが、真夏の強光で葉焼けをおこし、日陰では葉色が悪い。強健だが、水切れすると葉を落とすので注意。
観賞期：1 2 3 4 5 6 7 8 9 10 11 12

グレコマ'ヴァリエガタ'
フイリカキドオシ、グラウンドアイビー
Glechoma hederacea 'Albovariegata'

シソ科　耐寒性つる性宿根草
原生地：ヨーロッパ
◆特徴　白の斑入り葉品種が出回る。茎は長く伸びる。
◆栽培　日なたとやや湿気のある用土を好む。暑さ寒さ、乾燥に強く、強健で旺盛に生育する。繁茂しすぎたら適宜間引いてコントロールする。挿し芽で繁殖。
観賞期：1 2 3 4 5 6 7 8 9 10 11 12

ディコンドラ
ダイコンドラ
Dichondra spp.

ヒルガオ科　耐寒性宿根草
原生地：南アメリカ
◆特徴　緑葉のレペンス、銀葉のアルゲンティアが出回る。
◆栽培　レペンスは半日陰とやや湿気のある用土を好む。アルゲンティアは日なたと乾燥ぎみの用土を好む。関東以西では戸外で越冬するが、地上部が枯れ込むこともある。
観賞期：1 2 3 4 5 6 7 8 9 10 11 12

カラーリーフ（緑系）
Color Leaf Plants-Green

カラーリーフは、
花よりも観賞期間が格段に長く、
主役としても脇役としても利用できます。

スティパ
エンジェルヘアーグラス、ハネガヤ
Stipa tenuissima

イネ科　耐寒性宿根草
原生地：メキシコ、アルゼンチン
◆特徴　葉は細くやわらかで風になびく。初夏の花穂も緑で先端が淡い。
◆栽培　日なたと水はけのよい用土を好む。暑さや寒さ、乾燥に強く強健。過湿を嫌うので注意。秋に枯れるが、すぐに新芽を出し冬も生育。

観賞期：1 2 3 4 5 6 7 8 9 10 11 12

ハラン　葉蘭
Aspidistra elatior

キジカクシ（ユリ）科　耐寒性宿根草
原生地：中国
◆特徴　常緑大型の葉は緑葉に、星斑や縞斑もある。
◆栽培　強光に弱いので、半日陰から日陰、乾寒風を避け、水はけのよい用土で育てる。枯れ葉を取る程度で管理は不要。鉢植えは2〜3年に1回、株分けして植え替える。

観賞期：1 2 3 4 5 6 7 8 9 10 11 12

フィカス・プミラ
オオイタビ
Ficus pumila

クワ科　半耐寒性常緑つる性木本
原生地：東アジア
◆特徴　つるは気根を出してよじ登り、葉は小さく密につく。白斑もある。
◆栽培　日なたと水もちのよい用土を好む。生育旺盛なので夏の蒸れに注意し、伸びすぎたつるは切る。南関東以西では寒風を避ける。

観賞期：1 2 3 4 5 6 7 8 9 10 11 12

ワイヤープランツ
ミューレンベッキア
Muehlenbeckia complexa

タデ科　耐寒性常緑つる性木本
原生地：ニュージーランド
◆特徴　赤褐色の針金のようなつるに葉は小さい。
◆栽培　日なたでも明るい室内でもよく育つ。水はけと水もちのよい用土を好み、水切れさせると株が弱るので注意。関東以西では戸外で越冬。寒冷地は室内で管理。

観賞期：1 2 3 4 5 6 7 8 9 10 11 12

トクサ　木賊　研草
Equisetum hyemale

トクサ科　耐寒性宿根草
原生地：日本
◆特徴　スギナと近縁。地中の地下茎から中空の茎を直立。
◆栽培　日なたと水はけのよい用土を好むが、夏の西日を避ける。過湿を嫌うので注意。古い茎は先端が枯れるので春の新芽が伸びる直前に地際で刈り取る。

観賞期：1 2 3 4 5 6 7 8 9 10 11 12

コキア
ホウキギ、ホウキグサ
Bassia scoparia

ヒユ（アカザ）科　非耐寒性一年草
原生地：アジア
◆特徴　枝が密に茂り、ふんわりとした球形の草姿を観賞。秋に紅葉する。
◆栽培　日なたと水はけのよい用土を好む。タネまきは4〜5月。花壇には直まきするか、小苗を植えるとしっかり根を張り、大株になる。強健。

観賞期：1 2 3 4 5 6 7 8 9 10 11 12

ヘンリーヅタ
Parthenocissus henryana

ブドウ科　耐寒性落葉つる性木本
原生地：中国
◆特徴　壁面緑化や吊り鉢用。掌状の緑葉は葉脈が白、葉裏が紫。
◆栽培　日なたと水はけのよい用土を好む。半日陰でも育つが、紅葉は日なたが鮮やか。伸びすぎたつるは切る。関東以西では戸外で越冬。

観賞期：1 2 3 4 5 6 7 8 9 10 11 12

四季の花色図鑑　植物名索引
※色字はマスター項目です

ア

- **アイスランドポピー**……………36、86、98、118
- **アイビーゼラニウム**…………………8、36、58
- **アイリス**………………………………58、98、118
- **アイリス・レティキュラータ**………………82
- アオマツリ→ルリマツリ……………………79
- アオモミ→マンサク…………………………105
- アカシア→ギンヨウアカシア………………100
- **アガスターシェ・オーランティアカ**………90
- **アガパンサス**…………………………68、130
- **アカリファ'キャッツテール'**……………51
- アカリファ・ヒスピダ→ベニヒモノキ……54
- **アカンサス・モリス**………………………147
- アキザクラ→コスモス………………………31
- アキサンゴ→サンシュユ……………………101
- **アキレア**…………………19、42、90、107、130
- アキレア→キバナノコギリソウ……………108
- **アクイレギア**……………8、36、58、98、118
- アクイレギア→ミヤマオダマキ……………66
- アクチノタス→フランネルフラワー………8
- **アークトチス ハーレクイーングループ**…8、36、86、98、118
- アクロクリニウム→ハナカンザシ…………126
- **アグロステンマ**………………………8、118
- **アケビ**………………………………118、148
- **アケボノエリカ**…………………………10
- アケボノフウロ→………………………8、118
- **アゲラタム**………………………19、68、130
- アコニタム→トリカブト……………………81
- **アサガオ**…………………19、42、68、130
- アサギズイセン→フリージア…………………89
- **アサギリソウ**………………………………152
- **アサリナ**…………………………………19、68
- **アザレア**……………………………31、51、141
- アジアティック系ユリ→ユリ アジアティックハイブリッド……140
- **アジサイ**……………………19、42、68、130
- アシビ→アセビ………………………………8
- **アジュガ**…………………………………150
- アスクレピアス・クラサヴィカ→…………43
- アスクレピアス・ツベロサ…………………90、107
- **アスター**………………19、43、69、107、130
- **アスチルベ**……………………………20、43
- **アストランティア**………………………19、42、130
- アスペルラ→…………………………………58
- アセビ………………………………………8、118
- **アッツザクラ**……………………………9、118
- アツバキミガヨラン→ユッカ………………143
- **アーティチョーク**…………………………68
- **アデニウム**…………………………………20
- アニゴザントス→カンガルーポー…………100
- **アニソドンテア**……………………………20
- **アネモネ**……………………………9、36、58
- **アフェランドラ'ダニア'**………………107
- **アブチロン**……………20、90、107、131
- アブチロン→ウキツリボク…………………44
- **アプテニア**…………………………………20、43
- アフリカンセンカ→ディモルフォセカ……87
- アフリカホウセンカ→インパチェンス……131
- アフリカワスレナグサ→アンチューサ……59
- アフリカンデージー→オステオスペルマム…108
- **アフリカンマリーゴールド**…………90、108
- **アベリア**………………………………20、131
- **アマランサス**……………………………51
- アマランサス・コーダタス→ヒモゲイトウ…54
- **アマリリス**……………………9、36、118
- アミガサユリ→バイモ……………………146
- アムソニア→チョウジソウ…………………63
- アメジストセージ→サルビア・レウカンサ…80
- アメリカザイフボク→ジューンベリー……123
- アメリカシャクナゲ→カルミア……………11
- アメリカスイナ→コバノズイナ……………133
- アメリカセンニチコウ→キバナセンニチコウ…45
- **アメリカデイゴ**……………………………43
- アメリカナデシコ→ビジョナデシコ………41
- アメリカノリノキ'アナベル'→ハイドランジア'アナベル'……137
- **アメリカフヨウ**…………………………20、43
- アメリカヤマボウシ→ハナミズキ…………126
- アメリカンブルー→エボルブルス'アメリカンブルー'……69
- **アヤメ**………………………………59、118
- アラセイトウ→ストック………………………82
- **アラビス**…………………………………9
- アララギ→イチイ……………………………52
- アリウム→アリウム・ギガンチウム………58
- **アリウム・ギガンチウム**…………………58
- **アリウム・クリストフィー**………………9
- アリウム・シクルム→ネクタロスコルドン・シクルム……26
- **アリウム・トリクエトルム**……………119
- アリウム・ペンデュリナム→アリウム・トリクエトルム……119
- **アリウム・モリー**…………………………98

- **アリッサム・サクサティリス**……………98
- **アルケミラ・モリス**………………………146
- **アルストロメリア**…………9、36、86、98
- アルテミシア→アサギリソウ………………152
- アルテルナンテラ'千日小坊'………………108
- **アルメリア**……………………………9、119
- **アロエ**………………………………………96
- **アワユキエリカ**……………………………33
- **アンゲロニア**……………………20、69、131
- **アンスリウム**…………20、44、131、147
- **アンチューサ**………………………………59
- アンディーブ→チコリー……………………75

イ

- **イイギリ**……………………………………52
- **イエローサルタン**…………………………98
- イエローフラッグ→キショウブ……………100
- **イオノプシジウム**…………………………82
- イカダカズラ→ブーゲンビレア……………94
- **イカリソウ**………………………9、59、119
- **イキシア**…………………………9、37、99、119
- イクソラ→サンタンカ………………………92
- **イソギク**…………………………………114
- **イソトマ**…………………………20、69、131
- **イチイ**………………………………………52
- **イチゴ**…………………………9、36、119
- イトハギ→ミヤギノハギ……………………82
- イトバギキョウ→ニーレンベルギア………134
- イヌギリ→イイギリ…………………………52
- イヌサフラン→コルチカム…………………31
- イノンド→ディル……………………………111
- イフェイオン→ハナニラ……………………126
- **イブキジャコウソウ**………………………13
- イブニングトランペットフラワー→カロライナジャスミン……99
- **イベリス・ウンベラタ**………………10、37、119
- **イベリス・センペルビレンス**………………119
- **イモカタバミ**………………………10、119
- イヨミズキ→トサミズキ……………………103
- イリス・レティキュラータ→アイリス・レティキュラータ……82
- イロマツヨイ→ゴデチア……………………46
- イワナズナ→アリッサム・サクサティリス……98
- インカノユリ→アルストロメリア………………86
- **イングリッシュラベンダー**………………69
- **インパチェンス**………………21、43、69、131

ウ

- ウイキョウ→フェンネル……………………112
- ヴィテックス→セイヨウニンジンボク……74
- **ウインターコスモス**………………………114
- ウインターベル→クレマチス・アンスンエンシス……144
- ウォーターヒアシンス→ホテイアオイ……78
- ウォーターリリー→スイレン（耐寒性）……135
- ウォーターリリー→スイレン（熱帯性）……73
- **ウォールフラワー**………………55、96、116
- ウキツリボク→……………………………44
- **ウグイスカグラ**……………………………36
- ウグイスノキ→ウグイスカグラ……………36
- **ウコン**…………………………………131
- ウコンバナ→ダンコウバイ………………102
- ウサギノオ→ラグラス……………………129
- ウシノケグサ→フェスツカ………………152
- ウズ→トリカブト……………………………81
- **ウツギ**……………………………………131
- ウノハナ→ウツギ…………………………131
- **ウメ**……………………………………55、144
- ウモウゲイトウ→ケイトウ…………………45
- ウラハグサ→フウチソウ…………………151
- ウラムラサキ→ストロビランテス・ダイエリアヌス……150
- **ウンナンサクラソウ**………………………33
- ウンランモドキ→ネメシア…………………40

エ

- **エキザカム**…………………………………69
- **エキナセア**……………………20、69、131
- エキノプス→ルリタマアザミ………………79
- エクボソウ→プラティア……………………127
- エクボバナ→シジミバナ……………………122
- **エゴノキ**…………………………10、119
- エスコルチア→ヒメハナビシソウ…………104
- エゾギク→アスター…………………………43
- エゾネギ→チャイブ…………………………63
- エゾムラサキ→ワスレナグサ………………67
- **エニシダ**……………………………………99
- エビスグサ→シャクヤク……………………39
- **エボルブルス'アメリカンブルー'**………69
- エラチオールベゴニア……………33、55、96、116
- エリカ・ヴェントリコーサ→アケボノエリカ……10

- エリカ'ファイヤーヒース'(144)→アワユキエリカ……33
- **エリゲロン・カルビンスキアヌス**………21、132
- エリシマム→ウォールフラワー……………116
- エリスロニウム→キバナカタクリ…………100
- **エリンジウム**………………………………70
- **エレムレス**……………………………90、108
- **エレモフィラ**………………………………59
- エンジェルヘアーグラス→スティパ………153
- エンジェロニア→アンゲロニア……………69
- **エンジュ**…………………………………132
- **エンゼルストランペット**………21、90、132

オ

- オイランソウ→フロックス・パニキュラータ……77
- **オウバイ**…………………………………99
- オオアマナ→オーニソガラム・ウンベラツム……120
- オオアラセイトウ→ムラサキハナナ………66
- オオイタビ→フィカス・プミラ……………153
- オオイワギリソウ→グロキシニア…………45
- オオキバナカタバミ→オキザリス・ペスカプラエ……99
- オオセンボンヤリ→ガーベラ………………37
- オオツルボ→シラー・ペルビアナ…………62
- **オオデマリ**…………………………………120
- **オオバジャノヒゲ'黒龍'**………………150
- オオヒエンソウ→デルフィニウム ベラドンナ系……14
- オオベニウチワ→アンスリウム……………44
- **オオベンケイソウ**…………………………31
- オオミツルコケモモ→クランベリー………52
- **オガタマノキ**………………………………120
- オキザリス→イモカタバミ…………………10
- **オキザリス・ペスカプラエ**………………99
- **オキシペタラム**……………………………70
- **オジギソウ**…………………………………21
- オーシャンブルー→ノアサガオ……………76
- **オシロイバナ**…………21、44、90、108、131
- **オステオスペルマム**………………10、99、119
- オゾタムヌス→ライスフラワー……………129
- **オトメギキョウ**……………………………59
- オトメザクラ→プリムラ・マラコイデス……145
- オーナメンタルケール→ハボタン…………34
- オニゲシ→オリエンタルポピー……………86
- オーニソガラム・ウンベラツム……………120
- オニノシコグサ→シオン……………………80
- **オニユリ**……………………………………90
- オバナ→ススキ……………………………142
- オーブリエタ→オーブリエチア……………59
- **オーブリエチア**……………………………59
- **オミナエシ**…………………………………108
- オモカゲグサ→ヤマブキ…………………106
- オランダイチゴ→イチゴ……………………36
- **オランダカイウ**…………………………120
- オランダセキチク→カーネーション………37
- オランダナデシコ→カーネーション………37
- **オリエンタルポピー**…………………10、37、86
- オルラヤ→オルレア…………………………120
- **オルレア**…………………………………120
- **オレガノ'ケントビューティー'**…………21
- オンコ→イチイ………………………………52

カ

- カイコウズ→アメリカデイゴ………………43
- カイドウ→ハナカイドウ……………………15
- **ガイラルディア**………………………44、108
- カウスリップ→プリムラ・ヴェリス………104
- **ガウラ**………………………………21、132
- カオヨグサ→シャクヤク……………………39
- カオヨバナ→カキツバタ……………………60
- カガチ→ホオズキ……………………………94
- カガリビバナ→ガーデンシクラメン………55
- カガリビバナ→シクラメン…………………55
- **カキツバタ**……………………………60、118
- ガクアジサイ(21、130)→アジサイ………68
- カクトラノオ→フィソステギア……………27
- カゲロウソウ→コツラ・バルバータ………101
- カザグルマ→クレマチス……………………61
- **ガザニア**…………………………10、37、86、99
- **カシワバアジサイ**…………………………132
- **カスミソウ**………………………10、120
- カッコウアザミ→アゲラタム………………68
- カッコウセンノウ→リクニス・フロスククリ……30
- カップスイセン→スイセン………………102
- ガーデニア→クチナシ……………………133
- **ガーデンシクラメン**………………33、55、144
- カナリーナス→フォックスフェイス………115
- カナリーヒース(116)→アワユキエリカ……33
- **カーネーション**……………10、37、86、99、120

—154—

カノコユリ 21	キャットミント 70、133	クンショウギク→ガザニア 86
カプシカム→ゴシキトウガラシ 109	キャンディタフト→イベリス・ウンベラタ 119	**ケ**
ガーベラ 10、37、86、99	キュウコンアイリス→アイリス 58	ケアノサス→カリフォルニアライラック 60
ガマズミ 52、115	キュウコンベゴニア 22、44、91、108、133	ゲイシュンカ→オウバイ 99
カマツレ→ハゲイトウ 54	**キョウガノコ** 22	**ケイトウ** 23、45、92、109
カマッシア 59	**キョウチクトウ** 22、44、132	**ゲウム** 38、87、101
カミツレ→ジャーマンカモミール 122	ギョクラン→タイサンボク 135	ケシ→アイスランドポピー 36
カメリア→ツバキ 56	**ギョリュウ** 23	ケショウザクラ→プリムラ・マラコイデス 145
カモマイル→ジャーマンカモミール 122	**ギョリュウバイ** 33、55	**ケマンソウ** 11、121
カモミール→ジャーマンカモミール 122	**キリ** 60	ケムリノキ→スモークツリー 135
ガモレピス→マーガレットコスモス 117	**ギリア・トリコロル** 60	ケラトスティグマ→セラトスティグマ 81
カヤ→ススキ 142	**ギリア・レプタンス** 60	ゲラニウム・サンギネウム→アケボノフウロ 8
カラー→オランダカイウ 120	キリモドキ→ジャカランダ 73	**ケローネ** 23
カラー→ハイブリッドカラー 93	**キリンギク→リアトリス** 79	ゲンチアナ→リンドウ 82
カラスオウギ→ヒオウギ 93	**キリンソウ** 108	ゲンチアナセージ→サルビア・パテンス 72
カラタネオガタマ 99	**キルタンサス** 33、96、116	ゲンペイウツギ→ハコネウツギ 40
カラナデシコ→セキチク 13	**キンギョソウ** 11、37、87、100、121	ゲンペイコギク→エリゲロン・カルビンスキアヌス 132
カラボケ→ボケ 42	**キングサリ** 100	**コ**
カラミンサ・グランディフロラ 22	キンケイギク→コレオプシス・グランディフロラ 109	ゴウガンボク→ネムノキ 26
カラミンサ・ネペタ 132	**キンシバイ** 109	コウショック→モミジアオイ 50
カラーリーフゼラニウム 150	ギンジソウ→フェスツカ 54	ゴウダソウ→ルナリア 30
ガランサス→スノードロップ 145	**キンセンカ** 87、100	**コウテイダリア** 31、141
カリオプテリス→ダンギク 81	ギンセンソウ→ルナリア 30	コウヤカミツレ→ダイヤーズカモミール 110
カリステフス→アスター 43	キンチャクソウ→カルセオラリア 86	コエビソウ→ベロペロネ 148
カリステモン 37	ギンパヒマワリ→シロタエヒマワリ 110	コーカサスマツムシソウ→スカビオサ・コーカシカ 73
ガーリックバイン→ニンニクカズラ 76	キンポウジュ→カリステモン 37	**コガマ** 147
カリフォルニアポピー→ハナビシソウ 88	**キンモクセイ** 95	**コキア** 153
カリフォルニアライラック 10、60	キンモクセイ(141)→キンモクセイ 95	コクチナシ→クチナシ 133
カリブラコア 22、44、108	**ギョヨウアカシア** 100	コクリュウ→オオバジャノヒゲ '黒龍' 150
カリン 10	キンレンカ→ナスタチウム 88	ゴゴメウツギ→シュッコンカスミソウ 134
カルセオラリア 37、86、99	**ク**	コゴメバナ→ユキヤナギ 129
カルミア 11、37、121	**クガイソウ** 71	**ゴシキトウガラシ** 45、71、91、109
カレックス 'エバーゴールド ' 151	**クサギ** 133	コシキブ→コムラサキ 80
カレックス・コマンス 150	クサキョウチクトウ→フロックス・パニキュラータ 77	**コスモス** 31、52、95、115、141
カレーバイン→ビグノニア 89	クササンタンカ→ペンタス 29	コダチダリア→コウテイダリア 31
カレンデュラ→キンセンカ 87	クサフヨウ→アメリカフヨウ 20	コダチハズカズラ→ツンベルギア・エレクタ 75
カレンデュラ '冬知らず ' 116	クサヤマブキ→キンシバイ 109	チョウカ→シャガ 61
カロライナジャスミン 99	**クジャクアスター** 31、80、141	**コチョウソウ→シザンサス** 38
カワラナデシコ 22、44、132	クジャクソウ→フレンチマリーゴールド 94	コットン→ワタ 114
カンガルーポー 11、38、87、100、146	**クチナシ** 133	**コツラ・バルバータ** 101
カンザキジャノメギク→ベニジウム 96	クッションマム→キク 114	**ゴデチア** 23、46、71
ガンジツソウ→フクジュソウ 117	クビジンソウ→ヒナゲシ 41	**コデマリ** 121
カンチョウジ→ブバルディア 108	**クフェア・イグネア** 91	ゴーテリア→シンジュノキ 142
カンナ 21、44、91、108	**クフェア・ヒソッピフォリア** 23	ゴトウヅル→ツルアジサイ 135
カンパニュラ・グロメラタ 70	クミスクチン→ネコノヒゲ 136	**コトネアスター** 52
カンパニュラ 'ジューンベル '→カンパニュラ・フラギリス 70	グラウンドアイビー→グレコマ 'ヴァリエガタ ' 152	**コバズイナ** 133
カンパニュラ・フラギリス 70	**グラジオラス** 22、44、69、91、109	**コバノランタナ** 71
カンパニュラ・プンクタータ→ホタルブクロ 29	**クランベリー** 52	**コブシ** 121
カンパニュラ・ベルシキフォリア 70	**クリサンセマム・バルドサム** 144	コブシハジカミ→コブシ 121
カンパニュラ・メディウム 22、71、132	**クリサンセマム・ムルチコーレ** 100	**コプロスマ** 150
カンパニュラ・ラプンクロイデス 71	クリスマスチェリー→フユサンゴ 41	コボウズオトギリ→ヒペリカム・アンドロサエマム 49
ガンライコウ→ハゲイトウ 54	**クリスマスベゴニア** 33、55	コマチソウ→ムシトリナデシコ 17
キ	クリスマスベル→サンダーソニア 92	コマチフジ→ハーデンベルギア 64
キイチゴ→ブラックベリー 28	クリスマスホーリー 55	コムギセンノウ→ビスカリア 16
キキョウ 22、70	**クリスマスローズ** 33、82、144、149	**コムラサキ** 80
キキョウナデシコ→フロックス・ドラモンディー 41	クリスマスローズ→ヘレボルス・ニゲル 145	コモンタイム→タイム 13
キク 31、51、95、114、141、148	クリノボディウム→カラミンサ・グランディフロラ 22	コモンラベンダー→イングリッシュラベンダー 69
キクイモドキ→ヒメヒマワリ 112	クリーピングジニア→サンビタリア 109	コリセウムアイビー→ツタガラクサ 135
キクニガナ→チコリー 100	**クリムゾンクローバー** 37、121	**コルチカム** 31、141
キショウブ 100	**クリンソウ** 11、38、121	ゴールデンガーリック→アリウム・モリー 98
キスミークイック→ハナキリン 48	クルクマ→ウコン 131	ゴールデンチェーン→キングサリ 100
キダチアロエ→アロエ 96	**クルクマ 'シャローム '** 23	**コレオプシス・グランディフロラ** 109
キダチチョウセンアサガオ→エンゼルストランペット 132	**クルメツツジ** 11、38、121	**コレオプシス・ロゼア** 23
キダチベゴニア 90、148	グレープヒアシンス→ムスカリ・アルメニアカム 66	**コロニラ・ヴァレンティナ** 101
キダチロカイ→アロエ 96	**クレオメ** 23、45、133	**コンギク** 80
キチジョウソウ 151	グレコマ 'ヴァリエガタ ' 152	**コンボルブルス・クネオルム** 133
キチジョウソウ（カラーリーフ）→フッキソウ 151	**クレピス** 11	**コンボルブルス・サバティウス** 71
キツネノテブクロ→ジギタリス 61	**クレマチス** 11、38、61、121	**コンボルブルス・トリカラー** 23、45、71、132
キツネユリ→グロリオサ 45	クレマチス・アーマンディ→クレマチス・アルマンディ 121	コーンリリー→イキシア 119
ギバシス→ブライダルベール 138	**クレマチス・アルマンディ** 121	**コンロンカ** 133
キハチス→ムクゲ 139	**クレマチス・アンスンエンシス** 144	**サ**
キバナエニシダ→ヒメエニシダ 104	クレマチス インテグリフォリア系 60	サイプレスバイン→ルコウソウ 30
キバナカタクリ 100	**クレマチス・シルホサ** 144	**サイネリア** 11、38、87、101、122
キバナコスモス 44、91、108	**クレマチス・ピチセラ** 38、60、121	**サクラ** 12
キバナセンニチコウ 45、90	**クレマチス・モンタナ** 121	サクラギソウ→フクロナデシコ 16
キバナタマスダレ→ステルンベルギア 115	クレロデンドルム・ウガンデンセ 71	サクラマンテマ→フクロナデシコ 16
キバナニオイヤグルマ→イエローサルタン 98	**グロキシニア** 23、45、71	**ザクロ** 92
キバナノコギリソウ 108	**クロコスミア** 45、91、108	**サザンカ** 31、52、141
キバナルリソウ→セリンセ 62	クロタネソウ→ニゲラ 109	**サツキ** 12、38、122
キブネギク→シュウメイギク 141	**クロッカス** 61、101	サツキツツジ→サツキ 12
ギボウシ 151	**クロッサンドラ** 91、109	砂漠のバラ→アデニウム 20
キミカゲソウ→スズラン 124	**クロバナロウバイ** 147	**サフラン** 80
キャッツテール→アカリファ 'キャッツテール ' 51	**グロリオサ** 45、91、109	
キャットマスターチ→ネコノヒゲ 136		

索引
—155—

サフランクロッカス→サフラン ……………… 80	シュッコンネメシア ……………… 13、62、123	セイヨウアジサイ→アジサイ ……………… 68
サフランモドキ→ゼフィランサス・グランディフロラ …… 32	シュッコンバーベナ ……………… 24、47、73	セイヨウイボタ ……………………………… 124
サポナリア ……………………………… 24、134	シュッコンバーベナ→バーベナ・リギダ ……… 76	セイヨウオダマキ→アクイレギア …………… 8
サルスベリ ……………………………… 24、46、134	シュッコンヒメコスモス→ブラキカム・ディベルシフォリア …… 28	セイヨウキョウチクトウ→キョウチクトウ …… 22
サルタノキ→ヒメシャラ ……………………… 137	シュッコンロベリア→ロベリア・スペシオーサ …… 51	セイヨウキランソウ→アジュガ …………… 150
サルビア→サルビア・スプレンデンス ………… 46	シューティングスター→シラサギカヤツリ … 134	セイヨウキンシバイ→ヒペリカム・カリシナム … 112
サルビア'イエローマジェスティ' …………… 115	シュラブローズ→バラ ………………………… 40	セイヨウシャクナゲ→シャクナゲ ………… 122
サルビア'インディゴスパイア' ……………… 73	ジューンベリー …………………… 46、123、134	セイヨウニンジンボク ……………………… 74
サルビア'パープルレイン' ……………………… 72	ショウゴバナ→クロッサンドラ ……………… 91	セイヨウノコギリソウ→アキレア ………… 107
サルビア・インボルクラータ ………………… 24	ショウジョウボク→ポインセチア …………… 56	セイヨウバイカウツギ→バイカウツギ …… 125
サルビア・ウリギノーサ ……………………… 72	ショカツサイ→ムラサキハナナ ……………… 66	セイヨウヒイラギ→クリスマスホーリー …… 55
サルビア・エレガンス ………………………… 52	シラサギカヤツリ …………………………… 134	セイヨウフウチョウソウ→クレオメ ……… 133
サルビア・グアラニティカ …………………… 72	シラー・シベリカ …………………………… 62	セイヨウマツムシソウ …………… 25、47、74、134
サルビア・コクシネア ……………………… 24、46	シラー・ペルビアナ ………………………… 62	セイロンライティア ………………………… 135
サルビア・シルベストリス→サルビア・ネモローサ … 72	シルバーレースバイン→ナツユキカズラ … 136	セキチク ………………………………… 13、39
サルビア・スプレンデンス ……………… 24、46、73、92	シレネ・ディオイカ …………………………… 12	セキリュウ→ザクロ …………………………… 92
サルビア・ディスカラー ……………………… 148	シレネ・ユニフロラ ………………………… 123	セダム→メキシコマンネングサ …………… 105
サルビア・ディスカラー→サルビア・ディスカラー … 148	シロガネヨシ→パンパスグラス …………… 143	セダム・スペクタビレ→オオベンケイソウ … 31
サルビア・ネモローサ ………………………… 72	シロタエギク ………………………………… 152	セッコウボク→シンフォリカルポス ……… 142
サルビア・パテンス …………………………… 72	シロタエヒマワリ …………………………… 110	ゼニアオイ …………………………………… 74
サルビア・ファリナセア …………………… 72、134	シロバナヒガンバナ→シロバナマンジュシャゲ … 142	ゼフィランサス・グランディフロラ ………… 32
サルビア・ホルミナム …………………… 24、72	シロバナマンジュシャゲ …………………… 142	セラトスティグマ …………………………… 81
サルビア・ミクロフィラ ……………………… 46	シロミノミズキ→サンゴミズキ ……………… 55	ゼラニウム ……………………… 13、39、62、87、124
サルビア・レウカンサ ……………………… 32、80	シロヤマブキ ………………………………… 123	セリンセ ……………………………………… 62、102
サワアジサイ→ヤマアジサイ ………………… 79	ジンジャー …………………………………… 142	セロシア→ノゲイトウ ……………………… 48
サワギキョウ ………………………………… 73	ジンジャーリリー→ジンジャー …………… 142	センジュギク→アフリカンマリーゴールド … 90
サワフジバカマ→フジバカマ ………………… 81	ジンジュノキ ……………………… 32、53、81、142	センダイハギ ………………………………… 102
サンゴジュ …………………………………… 52	ジンチョウゲ …………………………… 13、123	センテッドゼラニウム→ローズゼラニウム … 19
サンゴバナ→ヒューケラ ……………………… 41	シンニンギア→グロキシニア ………………… 45	セントレアー→ヤグルマギク ……………… 128
サンゴバナ→ヒューケラ（カラーリーフ）…… 150	シンバラリア→ツタガラクサ ……………… 135	センニチコウ ………………………… 25、74、135
サンゴミズキ ………………………………… 55	シンフォリカルポス ………………………… 142	センニチコウボウ→アルテルナンテラ '千日小坊' …… 31
サンザシ ……………………………………… 122		センニチソウ→センニチコウ ……………… 25
サンシキスミレ→パンジー＆ビオラ ………… 83	**ス**	センボンタンポポ→クレピス ………………… 11
サンシキヒルガオ→コンボルブルス・トリカラー …… 23	スイカズラ …………………………………… 124	センリョウ ………………………………… 56、116
サンジャクバーベナ …………………………… 73	スイギョク→ホテイアオイ …………………… 78	
サンシュユ ………………………………… 53、122	ズイコウ→ジンチョウゲ ……………………… 13	**ソ**
サンダーソニア ……………………………… 92	スイシカイドウ→ハナカイドウ ……………… 15	ソシンロウバイ ……………………………… 117
サンタンカ …………………………… 24、46、92、109	スイセン ………………………………… 102、123	ソバ …………………………………… 32、142
サンピタリア …………………………… 92、109	スイセン→フランネルソウ …………………… 49	ソープワート→サポナリア …………………… 24
	スイセン・バルボコディウム ……………… 102	ソメイヨシノ→サクラ ………………………… 12
シ	スイチョウカ→クレオメ …………………… 133	ソヨゴ ………………………………………… 56
シオン ………………………………………… 80	スイートアリッサム ………………… 13、62、123	ソライロアサガオ→セイヨウアサガオ ……… 74
シキザキベゴニア→ベゴニア・センパフローレンス … 50	スイートバイオレット→ニオイスミレ ……… 13	ソライロサルビア→サルビア・パテンス …… 72
ジギタリス …………………… 12、38、61、122	スイートピー ………………………… 13、39、62	ソリダスター ………………………………… 110
シクラメン ……………………………… 33、55	スイートフェンネル→フェンネル ………… 112	
シコンノボタン ……………………………… 80	スイレン（耐寒性）…… 25、47、73、92、110、135	**タ**
シザンサス ……………………… 12、38、122	スイレン（熱帯性）…… 25、47、73、92、110、135	耐寒性スイレン→スイレン（耐寒性）……… 135
シジミバナ …………………………………… 122	スオウバナ→ハナズオウ …………………… 15	ダイコンソウ→ゲウム ………………………… 38
シチヘンゲ→ランタナ ………………………… 95	スカビオサ→セイヨウマツムシソウ ………… 74	ダイコンドラ→ディコンドラ ……………… 152
シナマンサク ………………………………… 101	スカビオサ エコーシリーズ ………………… 62	タイサンボク ………………………………… 135
シナワスレナグサ→シノグロッサム …………… 12	スカビオサ・コーカシカ ……………………… 73	タイツリソウ→ケマンソウ …………………… 11
ジニア 'プロフュージョン' …… 24、46、92、110、134	スキミア→ミヤマシキミ ……………………… 128	タイマツバナ→モナルダ・ディディマ ……… 50
ジニア・エレガンス …… 24、46、92、110、134、147	スズカケ→コデマリ ………………………… 121	タイム ………………………………………… 13
ジニア・リネアリス ………………… 92、110、134	ススキ ………………………………………… 142	タイム→イブキジャコウソウ ………………… 13
シネラリア→サイネリア ……………………… 87	スズラン ………………………………… 13、124	タイム（カラーリーフ）…………………… 151
シノグロッサム ………………………………… 12	スズランエリカ ……………………………… 144	ダイモンジソウ ……………………… 32、141、148
シバザクラ …………………………… 12、61、122	スズランズイセン→スノーフレーク ……… 124	ダイヤーズカモミール ……………………… 110
シベリアヒナゲシ→アイスランドポピー …… 36	スターオブベツレヘム→オーニソガラム・ウンベラツム …… 120	ダイヤモンドリリー→ネリネ ………………… 54
シマトネリコ ………………………………… 134	スタキス→ラムズイヤー ……………………… 18	タイワンシオジ→シマトネリコ …………… 134
シモクレン→モクレン ………………………… 66	スターチス …………………… 13、62、87、102、123	タイワンレンギョウ→デュランタ …………… 75
シモツケ ……………………………………… 24	スティパ ……………………………………… 153	タクゴ→ツワブキ …………………………… 115
シモバシラ …………………………………… 141	ステイロディスカス→マーガレットコスモス …… 117	ダスティミラー→シロタエギク …………… 152
シャガ ………………………………………… 61	ステラ→バコパ ……………………………… 143	タスマニアビオラ→パンダスミレ …………… 64
ジャカランダ ………………………………… 73	ステルンベルギア …………………………… 115	タチアオイ ……………………… 25、47、74、111、135、147
シャクナゲ ……………………… 12、38、61、87、122	ストケシア ……………………… 25、74、110、134	タチジャコウソウ→タイム …………………… 13
シャクヤク …………………… 12、39、101、122	ストック ……………………………… 33、55、82、116	タチシャリンバイ→シャリンバイ ………… 123
ジャコウソウモドキ→ケローネ ……………… 23	ストロビランテス・ダイエリアヌス ……… 150	タチバナモドキ→ピラカンサ ……………… 150
ジャコウレンリソウ→スイートピー ………… 39	ストロベリーキャンドル→クリムゾンクローバー …… 37	ダチュラ ……………………………… 74、111、135
シャスタデージー ……………………… 102、123	スナップドラゴン→キンギョソウ …………… 37	タツタナデシコ ……………………………… 14
ジャノメエリカ ………………………………… 34	スノードロップ ……………………………… 145	ダッチアイリス→アイリス …………………… 58
ジャノメギク→ハルシャギク ……………… 111	スノーフレーク ……………………………… 124	ダツラ→ダチュラ …………………………… 111
ジャパニーズプリムローズ→クリンソウ …… 11	スノーベリー→シンフォリカルポス ……… 142	タナバタユリ→カノコユリ …………………… 21
ジャパニーズモーニンググローリー→アサガオ …… 68	スノーボールツリー→テマリカンボク …… 136	タニウツギ …………………………………… 14
シャボンソウ→サポナリア …………………… 24	スパイダーフラワー→シコンノボタン ……… 80	タバコソウ→クフェア・イグネア …………… 91
ジャーマンアイリス ……………… 12、61、87、101、122	スパイダーリリー→ヒガンバナ ……………… 54	タマクルマバソウ→アスペルラ ……………… 58
ジャーマンカモミール ……………………… 122	スパラキシス ………………… 14、39、87、102、124	タマザキヒメハナシノブ→ギリア・レプタンサ …… 60
シャラノキ→ナツツバキ ……………………… 136	スピードリオン→ケローネ …………………… 23	タマサンゴ→フユサンゴ …………………… 54
シャリンバイ ………………………………… 123	スピラエア→シモツケ ………………………… 24	タマスダレ …………………………………… 143
シャーレポピー→ヒナゲシ ………………… 41	スプリングスターフラワー→ハナニラ …… 126	タマノオ→ミセバヤ ………………………… 32
シュウカイドウ ……………………………… 73	スプリングメルヘン→フェリシア …………… 64	タマノカンザシ→マルバタマノカンザシ … 139
シュウメイギク ………………………… 32、141	スモークツリー ……………………………… 25、135	ターメリック→ウコン ……………………… 131
シュッコンアサガオ→ノアサガオ …………… 76		ダリア ……………………… 32、53、80、95、115、143、148
シュッコンアスター→クジャクアスター …… 31	**セ**	ダールベルグデージー …………………… 110
シュッコンカスミソウ ………………… 24、134	セイヨウアサガオ ……………………… 47、74	ダンギク ……………………………………… 81
シュッコンスイートピー ……………………… 25	セイヨウアサツキ→チャイブ ………………… 63	ダンコウバイ ………………………………… 102

索引

—156—

タンジー……111	トウガラシ→ゴシキトウガラシ……109	**ハ**
チ	トウショウブ→グラジオラス……109	ハアザミ→アカンサス・モリス……147
チェイランサス→ウォールフラワー……116	トウダイツツジ→ドウダンツツジ……125	バイオレットクレス→イオノプシジウム……82
チェッカーベリー……53	**ドウダンツツジ**……125	**バイカウツギ**……125
チェリーセージ→サルビア・ミクロフィラ……46	トウテイラン→ベロニカ・オルナータ……77	バイカモツケ→リキュウバイ……130
チオドクサ……14、63	トウワタ→アスクレピアス・クラサヴィカ……43	ハイキンポウゲ→ラナンキュラス'ゴールドコイン'……107
チコリー……75	トキワアケビ→ムベ……128	ハイドランジア→アジサイ……68
チシャノキ→エゴノキ……119	トキワザクラ→プリムラ・オブコニカ……83	**ハイドランジア'アナベル'**……137
チドリソウ→ラークスパー……129	トキワサンザシ→ピラカンサ……127	**バイナップリリー**……137
チャイニーズホーリー→クリスマスホーリー……55	トキワナズナ→イベリス・センペルビレンス……119	バイナップルセージ→サルビア・エレガンス……52
チャイニーズランタン→サンダーソニア……92	**トキワマンサク**……39、125	**ハイビスカス**……26、48、93、111、137
チャイニーズランタン→ホオズキ……94	**トクサ**……153	ハイブッシュ系→ブルーベリー……66
チャイブ……63	ドクゼリモドキ→ホワイトレースフラワー……139	**ハイブリッドカラー**……26、48、93、111、147
チューリップ……14、39、62、88、103、124、146	**トケイソウ**……75、136	**バイモ**……146
チューリップ・クリシアナ・クリサンタ(103)→チューリップ……39	トコナデシコ→タツナデシコ……14	**ハクチョウゲ**……137
チューリップ・グルダ(103)→チューリップ……39	トサカケイトウ→ケイトウ……45	ハクチョウソウ→ガウラ……132
チューリップ・ポリクロマ(124)→チューリップ……39	**トサミズキ**……103	ハグマノキ→スモークツリー……135
チューリップノキ→ユリノキ……148	トーチリリー→トリトマ……88	**ハクモクレン**……125
チョウジカズラ→テイカカズラ……124	トラキメネ→ブルーレースフラワー……77	ハクレン→ハクモクレン……125
チョウジグサ→ジンチョウゲ……13	トラディスカンチア→ムラサキツユクサ……78	**ハゲイトウ**……54、115
チョウジソウ……75	トランペットハニーサックル→ツキヌキニンドウ……47	**ハコネウツギ**……40
チョウセンアサガオ→ダチュラ……111	**トリカブト**……81	**バコパ**……81、143
チョウセンアザミ→アーティチョーク……68	**トリトマ**……40、88、103	**ハゴロモルウソウ**……48
チョウメイギク→デージー……39	トルコギキョウ→……25、75、136	**ハゴロモジャスミン**……126
チョコレートコスモス……147	**トレニア**……25、47、75	**バージニアストック**……15
チロリアンランプ→ウキツリボク……44	トレニア・コンカラー(75)、→トレニア……75	**ハス**……26、48、137
	トレニア・バイロニー(111)→トレニア……75	バーズアイズ→ギリア・トリコロル……60
ツ		ハタツモリ→リョウブ……140
ツキヌキニンドウ……47	**ナ・ニ・ヌ**	バタフライブッシュ→クレロデンドルム・ウガンデンセ……71
ツクバネアサガオ→ペチュニア……113	ナイトジャスミン→ヤコウボク……148	バタフライブッシュ→ブッドレア……76
ツタガラクサ……135	**ナスタチウム**……40、88、103	バタフライフラワー→シザンサス……38
ツタスミレ→パンダスミレ……64	ナツシロギク→マトリカリア……105	ハチス→ハス……26
ツタバキリカズラ→アサリナ……68	ナツスミレ→トレニア……75	ハチス→ムクゲ……139
ツタバゼラニウム→アイビーゼラニウム……8	**ナツズイセン**……25	ハツカグサ→ボタン……17
ツノナス→フォックスフェイス……115	**ナツツバキ**……136	**ハツコイソウ**……56、82、96、117
ツバキ……34、56、144	ナツハギ→ミヤギノハギ……82	パッションフラワー→トケイソウ……136
ツボサンゴ→ヒューケラ……41	**ナツユキカズラ**……136	**ハツユキカズラ**……152
ツボサンゴ→ヒューケラ(カラーリーフ)……150	ナトリグサ→ボタン……17	**ハツユキソウ**……137
ツマクレナイ→ホウセンカ……50	**ナニワイバラ**……125	**ハーデンベルギア**……64、125
ツマベニ→ホウセンカ……50	**ナノハナ**……103	ハナイチゲ→アネモネ……58
ツメキリソウ→マツバボタン……113	ナバナ→ナノハナ……103	ハナウリサ→トレニア……75
ツリウキソウ→フクシア……65	ナンジャモンジャ→ヒトツバタゴ……126	**ハナカイドウ**……15
ツリガネカズラ→ビグノニア……89	**ナンテン**……56、136	**ハナカンザシ**……15、126
ツリガネソウ→カンパニュラ・メディウム……71	ナンテンギリ→イイギリ……52	ハナカンナ→カンナ……91
ツリーダリア→コウテイダリア……31	**ニオイスミレ**……63、124	**ハナキリン**……27、48、93、111、137
ツリバナ……53	**ニオイバンマツリ**……76	ハナキンポウゲ→ラナンキュラス……129
ツルアジサイ……135	ニオイムラサキ→ヘリオトロープ……81	ハナグルマ→ガーベラ……37
ツルギキョウ→ツルニチニチソウ……151	ニオイロウバイ→クロバナロウバイ……147	ハナサフラン→クロッカス……101
ツルニチニチソウ……151	**ニゲラ**……14、64、136	ハナシュクシャ→ジンジャー……142
ツルハナナス……74、136	**ニコチアナ**……25、48、111、147	**ハナショウブ**……27、76、137
つるバラ→バラ……40	**ニコチアナ・ラングスドルフィ**……147	**ハナズオウ**……15
ツワブキ……115	ニシキユリ→ヒアシンス……103	ハナスベリヒユ→ポーチュラカ……113
ツンベルギア・エレクタ……75	**ニチニチソウ**……26、47、76、136	ハナゾノツクバネウツギ→アベリア……131
	ニチリンソウ→ヒマワリ……112	ハナタバコ→ニコチアナ……48
テ	**ニューギニアインパチェンス**……26、48、76、93	ハナツクバネウツギ→アベリア……131
ディアスシア……32、53	ニューギニアホウセンカ→ニューギニアインパチェンス……93	ハナツルクサ→アプテニア……43
テイオウカイザイク……25、48、93、111	ニューヨークアスター→ユウゼンギク……79	ハナヅルソウ→アプテニア……43
テイカカズラ……124	**ニーレンベルギア**……75、134	ハナトラノオ→フィソステギア……27
テイカカズラ'ハツユキカズラ'→ハツユキカズラ……152	ニワナズナ→スイートアリッサム……123	ハナナ→ナノハナ……103
ディクロメナ→シラサギカヤツリ……134	ニンドウ→スイカズラ……124	バナナツリー→カラタネオガタマ……99
ディコンドラ……152	**ニンニクカズラ**……76	**ハナニラ**……64、126
ディディスカス→ブルーレースフラワー……77	ヌバタマ→ヒオウギ……93	ハナハマサジ→スターチス……62
ディプラデニア→マンデビラ……29		**ハナビシソウ**……15、40、88、103
ディモルフォセカ……87、102	**ネ・ノ**	ハナベゴニア→クリスマスベゴニア……33
デイリリー→ヘメロカリス……94	ネクタロスコルドム・シクルム……26	花ホタル→コツラ・バルバータ……101
ディル……111	**ネコノヒゲ**……136	**ハナミズキ**……15、40、126
デージー……14、39	熱帯スイレン→スイレン（熱帯性）……73	**ハナモモ**……15、40、126
デザートキャンドル→エレムレス……108	ネブ→ネムノキ……26	ハニーサックル→スイカズラ……124
テッセン→クレマチス……38	ネペタ→キャットミント……70	ハニーサックル→ロニセラ・テルマニアーナ……114
テマリカンボク……136	ネム→ネムノキ……26	ハネガヤ→スティパ……153
テマリバナ→オオデマリ……120	**ネムノキ**……26	ハネズ→モクレン……66
テマリバナ→コデマリ……121	ネムリグサ→オジギソウ……21	**バビアナ**……64、103
デュランタ……75、126	**ネメシア**……14、40、63、88、103、125	バプティシア→ムラサキセンダイハギ……78
デルフィニウム　エラータム系……14、63、124	ネモフィラ・メンジェシー……63	**ハブランサス・ロブスタス**……27
デルフィニウム　ベラドンナ系……14、63、102	**ネリネ**……32、54、81	バーベイン→バーベナ・ハスタータ……26
テンガイユリ→オニユリ……90	ノアサガオ→……76	**バーベナ**……14、40、64、88、125
テングノハウチワ→ヤツデ……145	**ノウゼンカズラ**……93	**バーベナ・ハスタータ**……26、76
テンジクアオイ→ゼラニウム……13	ノウゼンハレン→ナスタチウム……88	**バーベナ・リキダ**……76
テンジクボタン→ダリア……53	**ノゲイトウ**……26、48	**ハボタン**……34、145
	ノコンギク→コンギク……80	ハマオモト→ハマユウ……137
ト	ノシュンギク→ミヤコワスレ……66	ハマカンザシ→アルメリア……9
ドイツアヤメ→ジャーマンアイリス……61	ノースポール→クリサンセマム・パルドサム……144	**ハマギク**……143
ドイツスズラン→スズラン……124	ノダフジ→フジ……65	ハマベマンテマ→シレネ・ユニフロラ……123
トウガタマ→カラタネオガタマ……99	ノボリフジ→ラッセルルピナス……18	ハマボッコク→シャリンバイ……123
		ハマユウ……137
		早咲きグラジオラス→ハルザキグラジオラス……126

―索引―
―157―

バラ……………………15、40、64、88、103、126	フェリシア……………………………………64	ヘメロカリス………………27、49、94、112
ハラン…………………………………………53	フェンネル…………………………………112	ペラルゴニウム…………………………17、41
ハリマツリ→デュランタ……………………75	フォーオクロック→オシロイバナ…………21	ヘリオトロープ………………………………81
ハルコガネバナ→サンシュ…………101、115	フォックスグローブ→ジギタリス…………61	ヘリオプシス………………………………65、127
ハルザキグラジオラス………………15、126	フォックステールリリー→エレメレス…108	ヘリオプシス→ヒメヒマワリ……………112
ハルシャギク………………………………111	フォックスフェイス………………………115	ヘリクリサム→テイオウカイザイク………48
バルーンバイン→フウセンカズラ………148	フクシア……………………16、41、65、126	ヘリトリオシベ→クロッサンドラ…………91
バルーンフラワー→キキョウ………………70	フクジュソウ………………………………117	ベルガモット→モナルダ・ディディマ……50
ハンカチノハナ→コンロンカ……………133	フクラシバ→ソヨゴ…………………………56	ベルゲニア→ヒマラヤユキノシタ…………16
パンジー＆ビオラ……34、55、83、96、116、145	フクロナデシコ………………………………16	ベルネッティア→シンジュノキ…………142
パンダスミレ…………………………………64	ブーゲンビリア……………27、49、94、138	ベルフラワー→オトメギキョウ……………59
ハンテンボク→ユリノキ…………………148	フサザキズイセン→スイセン……………102	ヘレボルス→クリスマスローズ……………33
パンパスグラス……………………………143	フジ…………………………………17、65、127	ヘレボルス・アルグティフォリウス……149
ヒ	ブシ→トリカブト……………………………81	ヘレボルス・デュメトルム………………149
ヒアシンス……………………15、64、88、103、126	フジバカマ……………………………………81	ヘレボルス・ニゲル………………………145
ヒイラギナンテン…………………………104	ブタノマンジュウ→シクラメン……………55	ヘレボルス・フェチダス…………………149
ヒエンソウ→デルフィニウム エラータム系…63	フッキソウ…………………………………151	ベロニカ・オルナータ……………………77
ヒオウギ………………………………………93	ブッシュローズ→バラ………………………40	ベロニカ・スピカタ…………………………77
ビオラ→パンジー＆ビオラ…………………83	ブッソウゲ→ハイビスカス…………………48	ベロペロネ…………………………………148
ヒガンバナ……………………………………54	ブッドレア…………………49、76、93、111、138	ペンステモン………………29、49、78、138
ビグノニア……………………………………89	ブドウムスカリ→ムスカリ・アルメニアカム…138	ペンステモン・バルバタス…………………49
ヒゲナデシコ→ビジョナデシコ……………41	ブバリア→ブバルディア…………………138	ペンタス………………………29、50、78、139
ヒゴロモソウ→サルビア・スプレンデンス…46	ブバルディア………………………28、49、138	ペンツィア…………………………………105
ビジョザクラ→バーベナ…………………125	フユザキベゴニア→クリスマスベゴニア……	ヘンリーヅタ………………………………153
ビジョナデシコ…………………………15、41	フサンゴ…………………………………54、95	ヘンルーダ…………………………………114
ビスカリア……………………………………16	フユシラズ→カレンデュラ'冬知らず'…116	**ホ**
ビターボタン→タンジー…………………111	フヨウ……………………………………28、138	ホイヘラ→ヒューケラ………………………41
ヒッペアストラム→アマリリス………………9	ブライダルベール…………………………138	ポインセチア………………34、56、96、117、145
ヒデリソウ→マツバボタン………………113	フライドエッグ→リムナンテス…………106	ホウキギ→コキア…………………………153
ビデンス→ウインターコスモス…………114	ブラキカム・ディベルシフォリア…………28、77	ホウキグサ→コキア………………………153
ヒトツバタゴ………………………………126	ブラシノキ→カリステモン…………………37	ホウセンカ…………………………29、50、78
ヒナギク→デージー…………………………39	ブラックベリー…………………………28、49	ホオガシワ→ホオノキ……………………139
ヒナゲシ…………………………………15、41	プラティア…………………………………127	ホオズキ………………………………………94
ヒペリカム・アンドロサエマム………27、49、93	ブランネルソウ……………………………28、49	ホオノキ……………………………………139
ヒペリカム・カリシナム……………………112	フランネルフラワー'フェアリーホワイト'…138	ホオバノキ→ホオノキ……………………139
ヒボケ→ボケ…………………………………42	フリージア……………17、41、64、89、104、127	ボケ…………………………………17、42、127
ヒマラヤユキノシタ……………………16、41	フリチラリア・ペルシカ…………………146	ホザキアヤメ→バビアナ……………………64
ヒマラヤクサギ→ボタンクサギ……………29	プリベット→セイヨウイボタ……………124	ホスタ→ギボウシ…………………………151
ヒマワリ……………………………48、93、112、147	プリムラ・ベリス……………………………104	ホソバクジャクソウ→メキシカンマリーゴールド…95
ヒメアラセイトウ→バージニアストック…15	プリムラ・オブコニカ……………34、83、96、117	ホソバヒャクニチソウ→ジニア・リネアリス…110
ヒメイワダレソウ……………………………54	プリムラ・キューエンシス………………104	ホタルカズラ→ミヤマホタルカズラ………66
ヒメウツギ…………………………………127	プリムラ・ジュリアン(34、56、83、96、117)→プリムラ・ポリアンサ…83	ホタルブクロ………………………………29、78
ヒメエニシダ………………………………104	プリムラ・ポリアンサ……34、56、83、96、117、145	ボタン……………17、41、65、89、105、127
ヒメキンギョソウ………………16、41、64、103	プリムラ・マラコイデス……………34、145	ボタンイチゲ→アネモネ……………………58
ヒメコウジ→チェッカーベリー……………53	フリンジドラベンダー………………………65	ボタンクサギ…………………………………29
ヒメシャラ…………………………………137	ブルーエルフィン→クレロデンドルム・ウガンデンセ…71	ポーチュラカ………………29、50、94、113、139
ヒメツルソバ…………………………………27	ブルーカーペット→コンボルブルス・サバティウス…71	ボッグセージ→サルビア・ウリギノーサ…72
ヒメハナシノブ→ギリア・トリコロル……60	ブルグマンシア→エンゼルストランペット…132	ポットマム→キク…………………………114
ヒメハナビシソウ…………………………104	ブルーサルビア→サルビア・ファリナセア…72	ポットマリーゴールド→キンセンカ………87
ヒメヒオウギズイセン→クロコスミア……45	ブルースター→オキシペタラム……………70	ホテイアオイ…………………………………78
ヒメヒマワリ………………………………112	ブルビネラ…………………………89、105、127	ホテイソウ→ホテイアオイ…………………78
ヒメミズキ→ヒュウガミズキ……………104	ブルーベリー………………………………66、127	ホトトギス……………………………81、143
ヒメリュウキンカ…………………………104	ブルモナリア…………………………………65	ボドネア→ピンクノウゼンカズラ…………27
ヒメリョウブ→コバノズイナ……………133	ブルーレースフラワー………………28、77、138	ポピー→アイスランドポピー………………36
ヒモゲイトウ…………………………………54	ブルンバーゴ→ルリマツリ…………………79	ボラゴ→ボリジ……………………………78
ヒャクジツコウ→サルスベリ………………46	ブルンフェルシア→ニオイバンマツリ……76	ポリゴナム→ヒメツルソバ…………………27
ヒャクニチソウ→ジニア・エレガンス……110	フレンチマリーゴールド……………49、94、112	ボリジ…………………………………………78
ヒュウガミズキ……………………………104	フレンチラベンダー……………………66、127	ホリホック→タチアオイ……………………47
ヒューケラ………………………………16、41、138	フロックス・ドラモンディー……………16、41	ポレモニウム…………………………………78
ヒューケラ（カラーリーフ）……………150	フロックス・パニュキラータ………28、49、77、138	ボロニア・ピンナタ…………………………34
ピラカンサ………………………53、115、127	フロックス・マキュラータ…………………28、77	ボロニア・ヘテロフィラ(34)→ボロニア・ピンナタ…34
ピラミッドアジサイ→ミナヅキ…………139	プロワリア……………………………………77	ホワイトツリー→エレモフィラ……………59
ヒルザキツキミソウ…………………………16	**ヘ**	ホワイトレースフラワー…………………139
ヒルザキモモイロツキミソウ→ヒルザキツキミソウ…16	ベアグラス→カレックス'エバーゴールド'…151	ボンバナ→ミソハギ…………………………29
ヒロハノレンリソウ→シュッコンスイートピー…15	ベインテッドセージ→サルビア・ホルミナム…72	**マ**
ビワ…………………………………………145	ベゴニア・センパフローレンス…………28、50、138	マガリバナ→イベリス・ウンベラタ……119
ビンカ→ニチニチソウ………………………26	ペチコートスイセン→スイセン・バルボコディウム…102	マーガレット…………………17、42、105、128
ビンカ（カラーリーフ）→ツルニチニチソウ…151	ペチュニア……………28、49、77、113、138	マーガレットコスモス……………………117
ピンクノウゼンカズラ………………………27	ベニウツギ→タニウツギ……………………14	マグノリア→ハクモクレン………………125
フ	ベニジウム……………………………………96	マグノリア→モクレン………………………66
ファイヤーリリー→キルタンサス…………116	ベニセタム・セタケウム…………………149	マツカサアザミ→エリンジウム……………70
ファウンテングラス→ペニセタム・セタケウム…149	ベニセタム・ビロースム…………………143	マツバギク…………17、65、89、105、127
ファンシーゼラニウム→ペラルゴニウム…41	ベニチョウジ→クフェア・イグネア…………91	マツバトウダイ→ユーフォルビア・キパリッシアス…106
フィカス・プミラ…………………………153	ベニバナ………………………………………94	マツバボタン………………29、50、94、113、139
フィソステギア………………………………27	ベニバナサルビア→サルビア・コクシネア…46	マツモトセンノウ……………………………29
フィイリカドイシ→グレコマ'ヴァリエガタ'…152	ベニバナツメクサ→クリムゾンクローバー…37	マツユキソウ→スノードロップ…………145
フィイリバゼラニウム→カラーリーフゼラニウム…150	ベニバナトチノキ……………………………28	マトリカリア…………………………105、127
フウキギク→サイネリア……………………87	ベニバナマロニエ→ベニバナトチノキ……28	マホニア'チャリティ'……………………117
フウセンカズラ……………………………148	ベニヒモノキ…………………………………54	マユミ…………………………………………54
フウセントウワタ…………………………148	ベビーサンローズ→アプテニア……………43	マリーゴールド→アフリカンマリーゴールド…90
フウチソウ…………………………………151	ベビーズブレス→シュッコンカスミソウ…134	マリーゴールド→フレンチマリーゴールド…94
フウリンソウ→カンパニュラ・メディウム…71		マリーゴールド→メキシカンマリーゴールド…95
フェスツカ…………………………………152		マルコルミア→バージニアストック………15

マルバタマノカンザシ	139
マンサク	105
マンジュシャゲ→ヒガンバナ	54
マンデビラ	29、50
マンネングサ→メキシコマンネングサ	105
マンネンロウ→ローズマリー	67
マンリョウ	56

ミ

ミオソティス→ワスレナグサ	67
ミストフラワー→ユーパトリウム	82
ミズヒキ	54
ミズヒキソウ→ミズヒキ	54
ミセバヤ	32
ミソハギ	29
ミナヅキ	139
ミナ・ロバータ	95、115
ミニシクラメン→ガーデンシクラメン	55
ミムラス	42、89、105
ミムルス→ミムラス	42
ミモザアカシア→ギンヨウアカシア	100
ミヤギノハギ	82
ミヤコワスレ	17、66、128
ミヤマオダマキ	17、66
ミヤマシキミ	128
ミヤマホタルカズラ	66、128
ミヤマヨメナ→ミヤコワスレ	66
ミューレンベッキア→ワイヤープランツ	153

ム

ムギセンノウ→アグロステンマ	118
ムギナデシコ→アグロステンマ	118
ムギワラギク→テイオウカイザイク	48
ムクゲ	29、50、78、139
ムシトリナデシコ	17
ムスカリ→ムスカリ・アルメニアカム	66
ムスカリ・アルメニアカム	66
ムッサンダ→コンロンカ	133
ムベ	128
ムメ→ウメ	144
ムラサキクンシラン→アガパンサス	68
ムラサキサルビア→サルビア・ホルミナム	72
ムラサキシキブ→コムラサキ	80
ムラサキセンダイハギ	78
ムラサキツユクサ	30、78、139
ムラサキナズナ→オーブリエチア	66
ムラサキハシドイ→ライラック	67
ムラサキハナナ	66
ムラサキバレンギク→エキナセア	20
ムーンフラワー→ヨルガオ	140

メ・モ

メキシカンバイオレット→エキザカム	69
メキシカンブッシュセージ→サルビア・レウカンサ	80
メキシカンマリーゴールド	94、113
メキシコハナヤナギ→クフェア・ヒソッピフォリア	23
メキシコマンネングサ	105
メドーセージ→サルビア・グアラニティカ	72
メランポジウム	113
メリケンコギク→ユウゼンギク	79
モクシュンギク→マーガレット	128
モクセイ→キンモクセイ	95
モクビャッコウ	152
モクフヨウ→フヨウ	28
モクレン	66
モスフロックス→シバザクラ	122
モックオレンジ→バイカウツギ	125
モッコウバラ	105、128
モナルダ→モナルダ・ディディマ	30、50、79
モミジアオイ	30、50
モミジバゼラニウム→カラーリーフゼラニウム	150
モミジバルコウ→ハゴロモルコウソウ	48
モモ→ハナモモ	15
モモイロタンポポ→クレピス	11
モモバギキョウ→カンパニュラ・ペルシキフォリア	70
モンキーフラワー→ミムラス	42

ヤ

ヤエクチナシ→クチナシ	133
ヤエタマノカンザシ→マルバタマノカンザシ	139
ヤカイソウ→ヨルガオ	140
ヤグラザクラ→プリムラ・キューエンシス	104
ヤグルマギク	17、67、128、146
ヤグルマソウ→ヤグルマギク	128
ヤグルマテンニンギク→ガイラルディア	44

ヤコウカ→ヤコウボク	148
ヤコウボク	148
ヤツデ	145
ヤナギチョウジ→ペンステモン・バルバタス	49
ヤナギトウワタ→アスクレピアス・ツベロサ	107
ヤナギハナガサ→サンジャクバーベナ	73
ヤブサンゴ→サンゴジュ	52
ヤブデマリ	128
ヤブラン	79
ヤマアジサイ	30、51、79
ヤマアララギ→コブシ	121
ヤマグワ→ヤマボウシ	128
ヤマチャ→ヒメシャラ	137
ヤマトナデシコ→カワラナデシコ	22
ヤマニシキギ→マユミ	54
ヤマブキ	106
ヤマボウシ	17、128
ヤマホロシ→ツルハナナス	136
ヤマモモソウ→ガウラ	132
ヤマユリ	139
ヤマジサ→サンゴジュ	52
ヤリズイセン→イキシア	119
ヤロー→アキレア	107
ヤロー→キバナノコギリソウ	108

ユ・ヨ

ユウガオ→ヨルガオ	140
ユウギリソウ	30、79
ユウゼンギク	30、79
ユキモチソウ	129
ユキヤナギ	18、129
ユキヨセソウ→シモバシラ	141
ユーストマ→トルコギキョウ	75
ユッカ	143
ユーパトリウム	82、143
ユーパトリウム'チョコラータ'	140
ユーフォルビア・カラキアス	146
ユーフォルビア・キパリッシアス	106
ユーフォルビア'ダイアモンドフロスト'	140
ユーフォルビア・ポリクロマ	106
ユーフォルビア・レウコセファラ	145
ユリ アジアティックハイブリッド	30、50、95、113、140
ユリオプスデージー	117
ユリ オリエンタルハイブリッド	30、50、140
ユリズイセン→アルストロメリア	86
ユリノキ	148
ヨウシュイボタ→セイヨウイボタ	124
ヨウシュカンボク→テマリカンボク	136
ヨウシュリシマキア→リシマキア・ヌンムラリア	151
ヨウシュハナシノブ→ポレモニウム	78
ヨウゾメ→ガマズミ	52
ヨウラクソウ→シュウカイドウ	32
ヨシノザクラ→サクラ	12
ヨツズミ→ガマズミ	52
ヨモギギク→タンジー	111
ヨルガオ	140
ヨーロッパキイチゴ→ラズベリー	51

ラ

ライスフラワー	18、129
ライティア→セイロンライティア	135
ライラック	18、67、128
ラウレンティア→イソトマ	69
ラークスパー	18、42、67、129
ラグラス	129
ラケナリア	83、96、117
ラケナリア・ビリディフロラ	149
ラズベリー	51、95、113
ラッセルピナス	18、42、67、89、106、129、
ラッパズイセン→スイセン	102
ラナンキュラス	18、42、89、106、129
ラナンキュラス'ゴールドコイン'	107
ラベンダー→イングリッシュラベンダー	69
ラビットアイ系→ブルーベリー	66
ラベンダー→フリンジドラベンダー	65
ラベンダー→フレンチラベンダー	66
ラベンダー→レースラベンダー	83
ラムズイヤー	18
ランギク→ダンギク	81
ランタナ	30、51、95、113
ランプランサス→マツバギク	89

リ

リアトリス	79、140
リーガースベゴニア→エラチオールベゴニア	55

リキュウバイ	130
リクニス→フランネルソウ	49
リクニス・シーボルディー→リクニス	94
リクニス・フロスククリ	30
リクニス・フロスジョビス	30、140
リグラリア・プルゼワルスキー	113
リコリス→シロバナマンジュシャゲ	142
リコリス・スクワミゲラ→ナツズイセン	25
リシマキア・アトロプルプレア	18
リシマキア・ヌンムラリア	151
リシマキア・プンクタータ	114
リシマキア'ボジョレー'→リシマキア・アトロプルプレア	18
リッピア→ヒメイワダレソウ	27
リナリア・マロッカナ→ヒメキンギョソウ	16
リビングストンデージー	18、42、89、106、129
リムナンテス	106
琉球アサガオ→ノアサガオ	76
リューココリーネ	18、67
リョウブ	140
リラ→ライラック	67
リリオペ→ヤブラン	79
リンドウ	32、82、143
リンドウザキカンパニュラ→カンパニュラ・グロメラタ	70

ル

ルー	114
ルコウソウ	30、51
ルシアンバイン→ナツユキカズラ	136
ルナリア	30
ルピナス→ラッセルルピナス	18
ルピナス・テキセンシス	19、67
ルリカラクサ→ネモフィラ・メンジェシー	63
ルリギク→ストケシア	74
ルリジサ→ボリジ	78
ルリタマアザミ	79
ルリチシャ→ボリジ	78
ルリチョウソウ→ロベリア・エリヌス	67
ルリトウワタ→オキシペタルム	70
ルリマツリ	79、140
ルリマツリモドキ→セラトスティグマ	81

レ

レインリリー→ゼフィランサス・グランディフロラ	32
レケナウルティア→ハツコイソウ	56
レースフラワー→ホワイトレースフラワー	139
レースラベンダー	83
レッドアマランサス→アマランサス	51
レッドキャンピオン→シレネ・ディオイカ	12
レディイヤードロップ→フクシア	65
レディスマントル→アルケミラ・モリス	146
レプトスペルマム→ギョウリュウバイ	33
レンギョウ	107
レンゲツツジ	89、106
レンテンローズ→クリスマスローズ	33

ロ

ロウバイ→ソシンロウバイ	117
ローズゼラニウム	19
ローズマリー	18、67、130
ローズリーフセージ→サルビア・インボルクラータ	24
ローダンセマム	19、130
ローダンセマム・ガヤヌム→ローダンセマム	19
ロードデンドロン→シャクナゲ	122
ロドヒポキシス→アッツザクラ	9
ロニセラ→スイカズラ	124
ロニセラ→ツキヌキニンドウ	47
ロニセラ・テルマニアーナ	114
ロブラリア→スイートアリッサム	123
ロベリア・エリヌス	19、67、130
ロベリア・スペシオーサ	51、79
ロベリア・セシリフォリア→サワギキョウ	73
ローマカミツレ→ローマンカモミール	130
ローマンカモミール	130

ワ

ワイヤープランツ	153
ワスレナグサ	19、67、130
ワタ	114
ワタチョロギ→ラムズイヤー	18
ワレモコウ	149

[図鑑執筆]
山田幸子
佐々木秀典

[取材撮影協力]
新井園
アンディ＆ウィリアムス ボタニックガーデン
小山内 健
軽井沢レイクガーデン
北島るみ子
クレマチスの丘
斎藤よし江
樹芸
蓼科高原バラクラ イングリッシュガーデン
豊田ガーデン
日本ガーデンデザイン専門学校
柏芳園
花フェスタ記念公園
フラワーオークションジャパン
Flower Shop LOBELIA
穂坂光雄、八重子
ミヨシ ペレニアルガーデン
村田永楽園
ランの館

[写真撮影]
楠田 守
山口隆司
林 桂多
森 清
米沢 耕

[写真提供]
山田幸子
佐々木秀典
アルスフォト企画
川部鉱太郎（スタジオ アスティ）
小須田 進
おぎはら植物園
講談社資料センター

[編集協力]
大滝慶子

[組版協力]
朝日メディアインターナショナル
ワキザカ

[装幀・デザイン]
箭内早苗＋有原文絵（プラス・アイ）

花の名前が探せる　花合わせに便利
決定版　四季の花色図鑑

2016年2月26日　　第1刷発行

講談社 編
発行者　鈴木 哲
発行所　株式会社 講談社
　　　　〒112-8001　東京都文京区音羽 2-12-21
　　　　（販売）03-5395-3606
　　　　（業務）03-5395-3615
編　集　株式会社講談社エディトリアル
代　表　田村 仁
　　　　〒112-0013　東京都文京区音羽 1-17-18
　　　　護国寺 SIA ビル 6F
　　　　（編集部）03-5319-2171
印刷所　大日本印刷株式会社
製本所　大口製本印刷株式会社

定価はカバーに表示してあります。
本書のコピー、スキャン、デジタル化等の無断複製は、著作権法上の例外を除き禁じられています。
本書を代行業者等の第三者に依頼してスキャンやデジタル化することは、たとえ個人や家庭内の利用でも著作権法違反です。
落丁本・乱丁本は購入書店名を明記のうえ、講談社業務あてにお送りください。
送料は講談社負担にてお取り替えいたします。
なお、この本の内容についてのお問い合わせは、講談社エディトリアルあてにお願いいたします。

N.D.C.627　159 p　26cm　　©Kodansha 2016, Printed in Japan　　ISBN978-4-06-219936-0